W0397647

Heiko Kleve / Jan V. Wirth

Die Praxis der Sozialarbeitswissenschaft

Eine Einführung

3., korrigierte Auflage

Schneider Verlag Hohengehren GmbH

Umschlaggestaltung:
PE-mediendesign, Elke Boschner, 88521 Ertingen

Gedruckt auf umweltfreundlichem Papier (chlor- und säurefrei hergestellt).

Bibliografische Information der Deutschen Nationalbibliothek

Die Deutsche Nationalbibliothek verzeichnet diese Publikation in der Deutschen Nationalbibliografie; detaillierte bibliografische Daten sind im Internet über ›http://dnb.d-nb.de‹ abrufbar.

ISBN 978-3-8340-1163-3

Schneider Verlag Hohengehren, Wilhelmstr. 13, 73666 Baltmannsweiler

Homepage: www.paedagogik.de

Das Werk und seine Teile sind urheberrechtlich geschützt. Jede Verwertung in anderen als den gesetzlich zugelassenen Fällen bedarf der vorherigen schriftlichen Einwilligung des Verlages. Hinweis zu § 52a UrhG: Weder das Werk noch seine Teile dürfen ohne vorherige schriftliche Einwilligung des Verlages öffentlich zugänglich gemacht werden. Dies gilt auch bei einer entsprechenden Nutzung für Unterrichtszwecke!

© Schneider Verlag Hohengehren, 73666 Baltmannsweiler 2013
Printed in Germany – Druckerei Djurcic, Schorndorf

Inhaltsverzeichnis

Übungsverzeichnis

Abbildungsverzeichnis

Tabellenverzeichnis

Theorie ohne Praxis ist leer,
Praxis ohne Theorie ist blind.
Immanuel Kant (1724 – 1804)
Philosoph

Nichts ist praktischer als
eine gute Theorie.
Kurt Lewin (1890 – 1947)
Sozialpsychologe

Die Theorie bestimmt,
was wir beobachten können.
Albert Einstein (1879 – 1955)
Physiker

VORWORT

Auch der Wißbegierigste kann es in seiner Bildung
zu keiner höhern Vollkommenheit bringen,
als wenn er über die Unwissenheit,
die dem Menschen eigen ist,
recht unterrichtet erfunden wird.

(Nicolaus von Cues 1440)

Themen, die zu Büchern, sogar zu Lehrbüchern werden sollen, lassen sich häufig nicht spontan entfalten. Sie können nicht von heute auf morgen geplant und gleich geschrieben werden, denn ihre Entwicklung braucht Zeit: Reifezeit.

In den letzten fünf Jahren haben wir eine ganze Reihe von Beiträgen zur Ausgestaltung wissenschaftlich reflektierter Sozialarbeit in Lehre und Praxis produziert. Dabei wurde uns ein Thema immer wichtiger, das bisher noch vernachlässigt wurde: Die *Praxis der Sozialarbeitswissenschaft*. Titel und Untertitel des Buches zeigen unsere doppelte Frage und Absicht an: Es geht uns im Folgenden um die Frage, *ob* und *wie die Sozialarbeitswissenschaft so handhabbar gemacht werden kann, dass sie zur Bewältigung des Alltags in sozialarbeiterischen Interaktionen bzw. Organisationen sowie in Hochschulen brauchbar und leicht umzusetzen ist.* Unser Buch richtet sich daher an Praktizierende, Lehrende und Studierende gleichermaßen. Also an alle diejenigen, die – ob gezielt oder nicht gezielt – tagtäglich der theoretischen und praktischen Sozialen Arbeit Gestalt verleihen. Die einzelnen Kapitel dieses Buches verweisen auf Texte, die sich jeweils mit unterschiedlichen Facetten dieser Frage beschäftigen, und zwar

- mit der *Wiedererlangung des Staunens* (1. Kapitel) als wichtige Haltung dem 'allzu Bekannten' gegenüber und Selbsttechnik der Beobachtung des Alltäglichen, um dessen Besonderheiten wertschätzen und unvoreingenommen beschreiben zu können (vgl. Kleve 2006a);

- der *Unterscheidung von Theorie und Ideologie* (2. Kapitel), um uns damit vor eigenem Dogmatismus und damit verbundener Selbsttäuschung zu bewahren. Die Arbeit an dieser Unterscheidung soll uns helfen zu verdeutlichen, dass Theorien immer kritisch hinterfragt und ggfs. hinsichtlich ihrer Aussagereichweiten begrenzt werden müssen (vgl. Kleve 2003b);

- der *Supervision* (3. Kapitel), die z. B. in der praxisbegleitenden Ausbildung als Möglichkeit genutzt werden kann, sich die Praxis der Sozialarbeitswissenschaft reflexiv anzueignen und diese einzuüben (vgl. Kleve 2005);

- der *Systematisierung und Analysierung von sozialarbeitsrelevanten Theorien* (4. und 5. Kapitel), um praktizierenden, lernenden und lehrenden Sozialarbeitern und Sozialpädagogen Werkzeuge in die Hand zu geben, um ihre Wahrnehmung zu schärfen und sie in der Tat mit Theorien praxisorientiert umgehen können (vgl. Kleve 2006b);

- der Möglichkeit, durch die *Nutzung von systemischen Aufstellungen* einen kognitiven Grundmodus des Menschen, nämlich das Erleben und seine Darstellung (6. Kapitel) wieder in die Theorie und Lehre Sozialer Arbeit zurückzuholen (vgl. Kleve 2006c);
- unserer grundsätzlichen *Forderung zu einer weiteren Etablierung einer Sozialarbeitswissenschaft* (7. Abschnitt und Schlussbaustein des Buches), die freilich der Vielschichtigkeit und Vielfalt unserer Sozialarbeitspraxis angemessen bleiben muss.

Alle Texte wurden von uns für dieses Buch *völlig neu bearbeitet;* der zentrale Teil, der als viertes und fünftes Kapitel die Praxis der Sozialarbeitswissenschaft als systematische Theorieanalyse zu präsentieren versucht, wurde zudem um die exemplarischen Lernausflüge zur Theoriereflexion erweitert.

Zur Systematik des Buches ist zu sagen, dass die Kapitel durcheinander gelesen werden könnten, wenn man das möchte. Die nachfolgenden Kapitel sind zum größten Teil auch ohne das Lesen und Verstehen der vorherigen Kapitel verständlich. Den Nutzen dieses Lehr- und Arbeitsbuches suchen wir zu steigern durch

- das Erklären von Schlüsselbegriffen in Infokästen,
- durch das Anbieten von Übungsfragen,
- durch Anlegen eines Indexes zu allen wichtigen Begriffen,
- durch zahlreiche Grafiken und Tabellen
- sowie durch Randnoten (Marginalien).

!

Schlüsselbegriffe

Ist im Fließtext ein Pfeil wie dieser → vor einem Wort angebracht, folgt dessen kursorische Erklärung in einem Infokasten mit einem grafischen Ausrufezeichen am Rand (siehe rechts). Der Ort des Infokastens variiert manchmal aus Gründen des Seitenlayouts.

Ü

Übungsfragen

Wir werden Übungsmöglichkeiten anbieten, die ebenfalls in einer Box wie dieser zu finden sind und mit einer entsprechenden Hinweisgrafik am Rande (siehe rechts) versehen sind.

Bei normalerweise nicht so geläufigen Fremdwörtern haben wir die lexikalische Bedeutung in einer Randnote am äußeren Seitenrand untergebracht. Kurzangaben zu ausgesucht wichtigen Personen haben wir in Fußnoten untergebracht. Zahlreiche Grafiken und Tabellen erläutern das im Kontext Gesagte, ergänzen und / oder unterstreichen es, um Ihnen die Orientierung auf Ihrer 'inneren Landkarte' von Sozialarbeitswissenschaft zu erleichtern.

Die Kapitel dieses Buches wären nicht zustande gekommen, wenn wir beide – insbesondere jedoch Heiko Kleve – in den letzten zehn Jahren nicht die Chance gehabt hätten, in zahlreichen Lehrveranstaltungen unterschiedlicher Hochschulen im ganzen deutschsprachigen Raum unsere theoretischen und methodisch-didaktischen Ideen zur Sozialarbeitswissenschaft zu erproben. Daher bedanken wir uns ganz herzlich bei allen Studierenden dieser Seminare und Vorlesungen für ihre zumeist intensive und kritische Mitarbeit! Heiko Kleve möchte zudem dem Fachbereich Sozialwesen der Fachhochschule Potsdam, namentlich Dekan Peter Knösel, dafür danken, dass für die Entwicklung der Beiträge zur Sozialarbeitswissenschaft regelmäßig eine Lehrentlastung beansprucht werden durfte. Außerdem möchte sich Jan V. Wirth sehr herzlich bei Heiko Kleve für dessen nachträgliche Einladung zur gemeinsamen Autorschaft bedanken. Für die Unterstützung und Geduld von unseren Familien – namentlich von Tanja Kleve-Bachmann und Noah Kleve sowie von Roswitha, Anja, Elise und Elena Wirth – möchten beide Autoren großen Dank aussprechen. Ohne ihre Toleranz hinsichtlich der nicht nur zeitlich intensiven Arbeit an diesem Buch hätte das jetzt vorliegende Ergebnis nicht zustande kommen können.

Heiko Kleve & Jan V. Wirth; Berlin, im Herbst des Jahres 2009

Werkstattnotizen

JVW: „Als du mich gefragt hast, ob wir Koautoren werden und ich den ersten Entwurf von dir gelesen habe, habe ich gesehen, dass das eine spannende Sache werden könnte. Ich erinnere mich, dass du sagtest, es handele sich um ein experimentelles Buch. Ich dachte so für mich, ein Buch zu zweit zu schreiben, ja, das kann wohl zu einem gewagten Unternehmen werden. Aber das meintest du natürlich nicht. Was meintest du damit genau?“

HK: „Ich meinte, dass es bisher keine Bücher gibt, die die Sozialarbeitswissenschaft als Praxis darstellen. Sicherlich gibt es inzwischen eine ganze Reihe von Schriften, in denen etwas über das Programm oder die Theorien der Sozialarbeitswissenschaft zu lesen ist. Aber wie Sozialarbeitswissenschaft als praktischer Prozess betrieben werden kann, ist noch nicht beschrieben worden. Das ist natürlich ein gewagtes Unternehmen, weil wir damit aus dem Mainstream des sozialarbeitswissenschaftlichen Diskurses aussteigen.“

JVW: „Das denke ich auch. Ich habe das Gefühl, wir gehen auf eine längere Reise mit etwas ungewissem Ausgang. Da ist es schon mal gut, dass du dich in deiner bisherigen Arbeit schon viel mit Ungewissheit beschäftigt hast. Aber im Ernst: Wenn es tatsächlich so wäre, ist es wichtig zu schauen, was wir beide auf diese Reise mitnehmen können, meinst du nicht auch? Ich erinnere mich dabei an einen Aphorismus, der ungefähr so lautet: Wer einen Hammer sein Werkzeug nennt, sieht überall Nägel. Als Sozialarbeiter und Sozialpädagogen brauchen wir in der Praxis aber eher Schweizer Taschenmesser, um im Bild zu bleiben.“

HK: „Wir gehen ja nicht selbst auf die Reise, sondern schreiben eher einen Reiseführer für Studierende und Praktizierende der Sozialen Arbeit. Dieser Reiseführer bietet aber sicherlich das, wofür das Schweizer Taschenmesser bekannt ist: Flexibilität. Wer sich auf das Buch einlässt, gewinnt zumindest unterschiedliche Perspektiven für das Bestehen in einer Praxis, die herausfordernd, spannungsreich, aber auch sehr anstrengend sein kann.“

JVW: „Ja, die Veralltäglichung von professioneller Flexibilität ist auch mir eines der wichtigsten Anliegen in der Theorie und Praxis Sozialer Arbeit. Insofern stimmt für mich die Aussage, dass man Sozialpädagogen und Sozialarbeiter nicht fragen sollte, welchen Standpunkt sie einnehmen, sondern wie viele sie gleichzeitig einnehmen! Schade ist, dass sich dieser „Standpunkt zu Standpunkten“ noch nicht überall durchgesetzt hat oder sogar von Professoren Sozialer Arbeit als ‘anything goes’ pauschal stigmatisiert wird, wie ich der Antwort von Michael Klassen auf ‘Die sieben Fragen’ in den Blättern der Wohlfahrtspflege entnehme. Dort unterlaufen ihm m. E. zwei Irrtümer: a) Er setzt den zwingend benötigten Theorie- und Methodenpluralismus in der Sozialen Arbeit pauschal mit ‘anything goes’ gleich. Und b) er stellt eine nun wirklich anerkannte Erfahrung in Beratung und Therapie in Frage, nämlich, dass der Erfolg von Interventionen vor allem ein Ergebnis der Selbstanpassung des intervenierten Systems ist.“

HK: „Ja, da bin ich deiner Auffassung: Sozialarbeiterinnen und Sozialarbeiter sollten nicht nach ihrem Standpunkt (im Singular), sondern nach ihren Standpunkten (im Plural) gefragt werden. Mit anderen Worten, zu einer Sache sollte man mindestens zwei Meinungen haben. Allerdings stimme ich deiner Kritik an Michael Klassens zweiten Punkt nicht zu: Ich finde, dass der Konstruktivismus überzogen wird, wenn wir behaupten, dass eine Intervention nur vom intervenierten System abhängt. Wenn du auf die Praxis schaust, dann kannst du passendere von unpassenderen Interventionen unterscheiden. Wir können, anders gesagt, auf die Interaktionen (zwischen Sozialarbeitern und Klienten) schauen und dann bestimmte Muster von Interventionen beobachten, die mit höherer Wahrscheinlichkeit zum Erfolg (zur Hilfe zur Selbsthilfe der Klienten) führen als andere. Allerdings wird zu diesem Thema zu wenig geforscht. In meinem Buch 'Ambivalenz, System und Erfolg' (2007) habe ich versucht, sozialarbeiterische Strategien zu benennen, die, wenn sie beachtet werden, die Wahrscheinlichkeit von erfolgreicher Sozialarbeit erhöhen können. Genau das intendiert aus meiner Sicht auch dieses Buch: Die Praxis der Sozialarbeitswissenschaft in der wissenschaftlichen und didaktischen Interaktion erfolgreicher zu machen."

EINLEITUNG

Der Sozialarbeiter ist sein eigener Klient –
da ein Mensch sich selbst und einen anderen Menschen
nie ganz verstehen wird.

(Ruth Bang 1960)

Die Sozialarbeitswissenschaft bzw. die Fachwissenschaft Soziale Arbeit[1] etabliert sich langsam – aber allmählich und unübersehbar. Jedenfalls hört man es so immer häufiger hier und dort. So zeigen es immer öfter auch die Lehrpläne an und so dürfen wir also noch etwas zaghaft sagen. Die Bachelor- und Masterstudiengänge in diesem Bereich strukturieren sich inzwischen um die Sozialarbeitswissenschaft herum und verquicken sich allmählich mit deren theoretischen Angeboten. Die Dominanz so genannter Bezugswissenschaften – wie z. B. der Soziologie oder der Psychologie – in Lehre und Praxis scheint zumindest formal gebrochen und überwunden zu sein. Sichtbar wird diese Entwicklung an den zahlreichen Beiträgen, die in den letzten Jahren in diesem Kontext erschienen sind. Vor allem im Anschluss an Ernst Engelkes Einführungsbuch *Soziale Arbeit als Wissenschaft* aus dem Jahr 1992 begründete sich ein gewichtiger und kompetenter Diskurs dazu (siehe etwa Wendt 1994; Merten u. a. 1996; Puhl 1996; Wöhrle 1998). Inzwischen sind zahlreiche weiterführende Werke veröffentlicht worden, die den recht steinigen Weg der Sozialarbeitswissenschaft

- *dokumentieren* (siehe etwa Mühlum 2004),
- *systematisieren* (siehe etwa Klüsche u. a. 1999; Engelke 2003; Erath 2006) oder
- *vertiefen* (siehe etwa Mühlum u. a. 1997; Bango 2001; Göppner/Hämäläinen 2004; Sidler 2004).

Was allerdings unserer Meinung nach bisher noch fehlt, sind Publikationen, die sich intensiv mit der Frage auseinandersetzen, wie die Sozialarbeitswissenschaft in Lehre und Praxis didaktisch wertvoller und methodisch nachvollziehbarer ausgefüllt werden kann. Das vorliegende Buch soll ein erster Beitrag sein und einen Orientierungspunkt bieten, um solche Fragen voranzubringen und einige diesbezügliche Antworten sowohl für Studierende, Lehrende als auch für Praktizierende anzubieten.

Praxis (griech. *prâxis; prâgma*) da Durchführen einer Tätigkeit

Die *Studierenden* unter Ihnen führen wir knapp in wissenschaftstheoretische, methodische und supervisorische Fragestellungen ein. Außerdem werden wir mit ausgewählten, für Soziale Arbeit wichtigen Theorien bekannt machen und zeigen,

Theorie (griech. *theoría*) etwas anschauen, die Überlegung, die Erkenntnis

[1] Die Begriffe *Sozialarbeitswissenschaft* und *Wissenschaft der Sozialen Arbeit* werden synonym verwendet. Soziale Arbeit umfasst Sozialpädagogik *und* Sozialarbeit, denn diese haben viel mehr gemein, als sie trennt.

wie Studierende selbst relativ leicht und systematisch Theorien reflektieren können. Den *Lehrenden* unter Ihnen hingegen möchten wir neue Anregungen geben, wie sie eine der – konstruktivistischen – Sozialarbeitswissenschaft angemessene Methodik und dazu passende Lehrgespräche gestalten können. Und die *Praktizierenden* unter Ihnen werden – das hoffen wir immerhin – weiter dafür sensibilisiert, wie sie ihre alltäglichen Handlungsvollzüge wohl bedachter und theoretisch informierter reflektieren können.

Unsere Angebote sind, wie soeben angedeutet, *konstruktivistisch* (→ Konstruktivismus). Es handelt sich dabei allgemein gesagt um eine erkenntnistheoretische Grundüberzeugung, die Falko von Ameln wie folgt ganz brauchbar zusammengefasst hat (vgl. 2004, S. 3):

Der Konstruktivismus ist eine Denkströmung, die sich aus einer Vielzahl ganz unterschiedlicher Einzeldisziplinen – von der Biologie bis zur Philosophie, von der Pädagogik bis zur Neurophysiologie und von der Kybernetik bis zu den Sprachwissenschaften – speist und auf diese zurückwirkt:

!

Konstruktivismus

1) Das, was wir als unsere Wirklichkeit erleben, ist nicht ein passives Abbild der 'Realität', sondern Ergebnis einer aktiven Erkenntnisleistung.
2) Da wir über kein außerhalb unserer Erkenntnismöglichkeiten stehendes Instrument verfügen, um die Gültigkeit unserer Erkenntnis zu überprüfen, können wir über die Übereinstimmung zwischen subjektiver Wirklichkeit und objektiver Realität keine gesicherten Aussagen treffen.

Mit dieser Perspektive handeln wir uns einige blinde Flecken ein, aber nicht mehr als mit jeder anderen verfügbaren Theorie. Zudem glauben wir, dass die praktischen Gewinne des konstruktivistischen Denkens die Nachteile bei weitem überwiegen, insbesondere wenn wir an das Hauptgebiet der Sozialen Arbeit denken: Die psychosozial vermittelnde und beratende Praxis.

Neben der oben von uns vorgebrachten Grundthese vertreten wir außerdem die Auffassung, dass unsere professionelle Handlungspraxis – zumindest implizit, das heißt, ohne dass wir es immer gleich bemerken – theoriebasiert ist. Ähnlich wie die Leute, die Wissenschaft betreiben, also eine vom unmittelbarem Handlungsdruck der Interaktion befreite Praxis vollziehen, theoretisieren jene Leute, welche in praktischen Zusammenhängen handeln und unter Zeitdruck entscheiden müssen.

Das heißt, dass das „Schaffen von Wissen“ wie uns auch das neuere Wissensmanagement veranschaulicht, unmittelbar mit der Praxis verbunden ist und aus ihr gewonnen wird:

„Wissen ist die Veredelung von Information durch Praxis. Jedes Wissen setzt Praxis voraus“ (Willke 2004, S. 18).

Darauf gründen die klassischen Thesen des Pragmatismus, wie ihn z. B. John Dewey[2] betrieb:

> Im **Pragmatismus**
>
> beweist sich die Wahrheit einer Aussage allein durch ihren lebenspraktischen Nutzen.

Kybernetik (von griech *kybernetes* Steuermann [-skunst]

Wir könnten als Beleg dafür auch die Thesen des kritischen Rationalismus (siehe Kapitel IV) Karl Poppers[3] oder der konstruktivistischen Kybernetik[4] (siehe Kapitel I) Heinz von Foersters heranziehen.[5] Darüber hinaus soll betont werden, dass sich das Buch aus *postmodernen* Quellen speist (siehe dazu grundsätzlich für die Soziale Arbeit Kleve 1999/2007 und Wirth 2005). Was heißt das? Zuerst wäre wohl das Folgende ganz wichtig: Wir erklären mit dem höchst einflussreichen sozialwissenschaftlichen Diskurs der Postmoderne im Rücken den Abschied von den großen → Metaerzählungen der Moderne, wie ihn Jean-François Lyotard[6] (1979) beschrieben hat. Denn Lyotard zufolge ist die Moderne durch die Herrschaft von folgenden Leitideen charakterisiert, die alle Wissensanstrengungen und Lebenspraktiken einer Zeit auf diese Ziele hin richtet (siehe Welsch 1988, S. 12 ff.):

> **Metaerzählungen der Moderne**
>
> - die Emanzipation der Menschheit in der Aufklärung,
> - die Zielgerichtetheit (Teleologie) im Idealismus,
> - die Hermeneutik des Sinns im Historismus,
> - die Beglückung aller Menschen durch Reichtum im Kapitalismus,
> - die Befreiung der Menschheit zur Autonomie im Marxismus.

Der Abschied von den großen Erzählungen der Moderne öffnet uns (und den künftigen) SozialarbeiterInnen den Horizont und gibt den Raum frei für die vielen kleinen fragmentarisch, zumeist paradoxen Überlieferungen, Hypothesen und Geschichten, die auch die Wissenschaften als miteinander konkurrierende und nicht abschließbare Theorien befruchten, beleben und insofern vor dem Verfall bewahren. Soziale Arbeit ist ein Projekt der Postmoderne, weil sie einen *eigenen Wissen-*

---

[2] John Dewey (1959–1952) war ein wirkmächtiger Philosoph und Pädagoge aus den USA.

[3] Karl Popper (1902–1994) war ein österreichisch-britischer Philosoph und gilt als Begründer des kritischen Rationalismus.

[4] Der konstruktivistischen Kybernetik zufolge bedeutet Erkenntnis das kognitive „Erfinden" von Daten durch Beobachter.

[5] Heinz von Foerster (1911–2002) war ein österreichischer Physiker. Er gilt als Gründervater der Kybernetik und war ein leidenschaftlicher Verfechter des radikalen Konstruktivismus.

[6] Jean-François Lyotard (1924–1998) war ein französischer Philosoph und gilt als Schlüsselautor der philosophischen Postmoderne-Diskussion.

schaftstypus entwickelt, der die Vielheit (Pluralität) anderer wirklicher und möglicher Geschichten und Diskurse beachtet und diese nicht versucht auszuschließen. Die kontroversen Diskussionen in der Sozialen Arbeit über Wissenschaft sind für uns gerade „keine Schwächen" (Engelke 2004, S. 70) oder zu behebende Defizite, sondern ganz wichtige Ressourcen und farbenfroher Ausdruck schöpferischer, lebendiger Diskurse. Nun, fragen Sie vielleicht: Ist die Erzählung vom Anbruch einer neuen Epoche, der so genannten Postmoderne, nicht auch wieder eine neue große Erzählung? Sie hätten Recht. Auch die Erzählung von der Postmoderne ist eine Art neue große Erzählung, aber diese ist nur noch als in sich *plurale* und *paradoxe* Erzählung zu haben, womit wir bei einer anderen wichtigen Erkenntnis postmoderner Sozialer Arbeit angelangt wären:

„Die Letztfundierung in einem Paradox gilt als eines der zentralen Merkmale postmodernen Denkens. Die Paradoxie ist die Orthodoxie unserer Zeit" (Luhmann 1998, S. 1144).

Das frühkonstruktivistische Schlagwort des italienischen Philosophen Giovanni Battista Vico (1668–1744) „Das Wahre ist dasselbe wie das Gemachte" (*Vero ipsum factum*) kann uns als ein nächster Fluchtpunkt für weitere Arbeit dienen (siehe von Glasersfeld 1995; 1997, S. 38). Wir möchten zudem in Anlehnung an Jochen Hörisch (2005) zur Verwendung eines gesund *machenden*, eines „apothekarischen" bzw. regenerierenden → Wahrheitsbegriffs einladen (vgl. ebd., Klappentext):

!

Wahrheit

Wahr sind Theoreme, wenn sie uns mit neuen Kräften versehen, uns helfen und erfrischen, wahr sind Theorien, die es eher auf Heilung als auf das Heil der Letztbegründung abgesehen haben.

Der wirkliche Gewinn von theoretischer Erkenntnis für Soziale Arbeit zeigt sich immer erst im wirksamen Handeln, im nutzerorientierten Praxiserfolg. Wir können die weithin ungelöste Frage nicht aufarbeiten, ob sich dieser Erfolg im professionellen Handeln überhaupt empirisch messen und sicher bestimmen lässt. Wir haben derzeit keine andere Antwort darauf als die Auskunft, dass es unmöglich ist, diese Fragen → *objektiv* und → *kausal* zu beantworten.

!

Objektivität

erfordert eine Beobachterposition gleichsam vom 'Außen' der Gesellschaft. Nur: Wo finden wir diese?[7]

[7] Richtig: nirgends. Unsere Feststellung macht zudem den sozialwissenschaftlich heiß diskutierten Begriff der 'Exklusion' (Ausschluss), wenn er sich auf das Draußen (im Gegensatz zum Drinnen, der Inklusion), auf das Ausgegrenztsein aus der modernen Gesellschaft überhaupt bezieht, eigentlich empirisch unbrauchbar. Daher sollten wir immer, wenn wir von Exklusion sprechen, angeben, auf welches Teilsystem der Gesellschaft speziell wir uns beziehen.

Kausalität

ist ein mögliches Beobachtungsschema eines Beobachters unter anderen und kann selbst nicht kausal begründet werden.

!

Konzepte von Kausalität werden oft begleitet durch Vorstellungen von 'Wissenschaft ist Messen'. Von diesem Grundsatz ist ableitbar, dass auch Wirksamkeit prinzipiell messbar sein muss. Aber als wenn dies so einfach wäre: Der Untersuchungsgegenstand 'Wirkung' (oder 'Nutzen') müsste zuerst einmal theoretisch analysiert werden, damit klar wird, *was* man eigentlich misst. Dieses Problem scheint uns in weiten Teilen ungelöst. Auch stellen sich uns schnell Fragen wie diese: *Wer* definiert wie und wann die Wirksamkeit und/oder den jeweiligen Nutzen? *Wie* kann für eine Analyse, die ja nur multifaktoriell Sinn macht, entschieden werden, ob jeweils Hilfe oder Nichthilfe als wirksam oder nützlich zu gelten haben? Zu welchem Zeitpunkt wird auf welche Weise die Wirksamkeit bzw. Nützlichkeit gemessen? Dies sind wissenschaftlich äußerst komplizierte Fragen. Sie sind zumeist ungelöst, vielleicht sogar nur präskriptiv (vorschreibend) bzw. politisch lösbar, wenn man Luhmann darin folgt, dass „Kausalurteile politische Urteile sind" (1997, S. 1011). Dazu würde jedenfalls die allzu häufige Erfahrung der Sozialen Arbeit passen, dass ihre Antwortversuche oft politisch instrumentalisiert – und das heißt ja immer auch, gewisser fachfremder Beliebigkeit ausgesetzt – werden.

Nun, einen ersten, zugegeben etwas schlicht wirkenden, aber umso wichtigeren Schritt zum Erfolg macht man mit der Einsicht, dass sich der Gewinn theoretischer Erkenntnis zuerst im subjektiven Handeln und Erleben, im praktisch erlebbaren Erfolg *im* Hilfesystem zeigen wird. Es bleibt relevant, dass sich die Theorie an der alltäglichen Praxis Sozialer Arbeit, d. h. an der Linderung bzw. Behebung personaler psychischer und physischer Notlagen in der Lebensführung, orientieren und Tag für Tag in ihr bewähren muss. Wir exponieren uns nun mit der Behauptung, dass wir die Wahrscheinlichkeit eines solchen Praxiserfolgs erhöhen können, und zwar noch bevor die Hilfe (zur Selbsthilfe) selbst beginnt! Dies wird möglich durch eine undogmatische Offenheit und ein Offenbleiben für die reichhaltige Vielfalt der Wirklichkeit, wie sie von den unterschiedlichsten wissenschaftlichen Theorien und vielen persönlichen Geschichtchen im Alltag reichhaltig beschrieben wird. Wenn wir uns in die Lage versetzen, kontextbezogen zu denken und die jeweiligen zeitlichen und örtlichen Gegebenheiten unseres Handelns als Möglichkeitsspielräume in Rechnung zu stellen, könnten wir uns öffnen für einen pragmatischen und spielerischen Umgang mit wissenschaftlichen Theorien, ja sogar mit Beschreibungen überhaupt.

Dieses Buch möchte dazu beitragen, eine solche Praxis zum Gebrauch von Theorie und Wissenschaft nachhaltig zu befördern. Deshalb sind die Kapitel des Buches auch als Fragmente angelegt, als Bausteine eines unabschließbaren Puzzles, das jede/r Lesende jeweils in eigenständiger Weise zusammensetzen kann. Bestenfalls gewinnen die Lesenden dabei dreierlei:

- *erstens:* die Freiheit, Frechheit und spielerische Freude, undogmatisch und respektlos mit Theorien umzugehen;
- *zweitens:* einige didaktische und methodische Möglichkeiten, sich in selbstbestimmter Weise Theorien anzueignen und gegebenenfalls weiterzuvermitteln und
- *drittens:* einen sehr gerafften Überblick über einige ausgewählte sozialarbeitsrelevante Theorieansätze.

Wir haben das Buch in sechs Kapitel gegliedert, in denen an unterschiedlichen Beispielen aus dem Alltag der Sozialarbeitswissenschaft sechs *Grundoperationen der wissenschaftlichen Praxis* vorgeführt werden (Abbildung 1): Das Staunen, das Kritisieren, das Reflektieren, das Systematisieren und Analysieren und zuletzt – und nicht als Letztes einer Art von Rangordnung – das Erleben. Die Ausgangspunkte der ersten beiden Kapitel scheinen ähnlich, sind aber nicht gleich. Es geht uns um die (Wieder-)Gewinnung einer kritischen Wissenschaftlichkeit in der Sozialen Arbeit angesichts massiver moralischer und ideologischer Einfärbungen sozialarbeiterischer Theoriediskurse.

Empirie (griech. *empeiria*) auf Erfahrung beruhend

So wird im *ersten Kapitel* die These vertreten, dass erfolgreiche Sozialarbeitswissenschaft sich vom Ideologisieren und Moralisieren befreien kann, und zwar durch die Wiedererlangung der Möglichkeit des *Staunens*. Eine erfahrungsorientierte, also empirische Wissenschaft der Sozialen Arbeit muss – recht ähnlich wie die Soziologie – in der Lage sein, sich über die scheinbaren Selbstverständlichkeiten des Alltags zu wundern, dies auszudrücken und theoretisch einzuordnen. Jenseits des sogleich Alle-Verhältnisse-verändern-Wollens muss es deshalb zunächst einmal darum gehen, das Beobachtete anzunehmen, es zu beschreiben (phänomenale Ebene) und zu erklären (kausale Ebene). Wer Sozialarbeitswissenschaft betreiben will, muss diese Fähigkeit besitzen oder muss versuchen, sie (wieder) zu erlangen. Wie dies (auch in Lehrveranstaltungen) ermöglicht werden kann, wollen wir anhand einiger einfach anzuwendender sozialwissenschaftlicher Methoden erläutern.

Mit dem *zweiten Kapitel* versuchen wir die These zu entfalten, dass jede Theorie immer auch ideologische Züge trägt. Dies kann (oder mag) man sich auch gar nicht anders vorstellen, wären doch sonst Theorien nicht zu unterscheiden von, nehmen wir mal als Beispiel: Computerprogrammen. Vielleicht lässt ja nicht nur uns dieses Bild frösteln. Wir sollten daher mit Theorien stets *kritisch* und *undogmatisch* umgehen. Theorien dienen uns ja zur Erweiterung unserer professionellen Perspektive, das heißt der gemeinsamen Konstruktion von Wirklichkeit, jedoch nicht einer Annäherung an eine absolute Wahrheit.

Denn die 68er Bewegung ist ein sehr gutes Beispiel, um den ambivalenten Einfluss von Theorien zu studieren. *Einerseits* hat die 68er Bewegung alte Ideologien der Sozialen Arbeit destruiert. *Andererseits* hat die 68er Bewegung jedoch neue sozialarbeiterische Ideologien konstruiert. Diese Gleichzeitigkeit von Ideologiedestruktion und -konstruktion ist Kennzeichen und Produkt jeder Theorie.

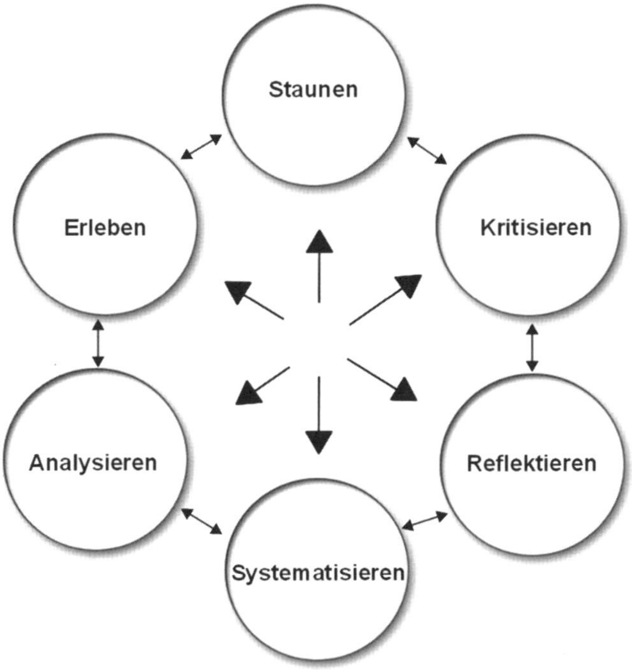

Abb. 1 Von Wegen in die Theorie

Theorien unterscheiden sich relativ stark voneinander hinsichtlich der Frage, ob sie ihre eigene Doppelgesichtigkeit – zugleich theoretisch *und* ideologisch zu sein – kritisch prüfen. Können sie sich über ihre spezifische Ideologiehaftigkeit selbst aufklären? Dies wäre wichtig zu erfahren, denn erst solche ideologiereflexiven Theorien befördern uns dabei, die Wissenschaftlichkeit und Professionalität der Sozialen Arbeit weiter voranzubringen.

Im *dritten Kapitel* versuchen wir zu zeigen, dass die Supervision eine wichtige Möglichkeit für Studierende darstellen kann, insbesondere um die Praxis der Sozialarbeitswissenschaft hinsichtlich des *Reflektierens* einzuüben.

Im *vierten Kapitel* präsentieren wir didaktische und methodische Vorschläge, wie der Vollzug einer unterschiedlichste Theorien reflektierenden Sozialarbeitswissenschaft, etwa in Lehrveranstaltungen, aber auch in Supervisionen und Praxisreflexionen, sinnvoll und handhabbar *systematisiert* werden kann. Denn Wissenschaft ist der Versuch, die Komplexität all unserer gemachten Beobachtungen und Erfahrungen sinnvoll zu strukturieren und so zu reduzieren, dass sie unser Handeln orientieren kann. So obliegt es der Sozialarbeitswissenschaft, die vielfältigen theoretischen Bezüge unterschiedlichster Wissensbestände zu ordnen und praxisbezogen nutzbar zu machen. Hierzu werden einige der Sozialen Arbeit angemessene Strategien angeboten.

Didaktik (griech. *didaskein* lehren): Lehre vom Lehren und Lernen

Diese Strategien nutzen wir im *fünften Kapitel* in unterschiedlicher Weise, um – exemplarisch – einige für die Soziale Arbeit relevante Theorien zu systematisieren, zu analysieren bzw. zu reflektieren.

Anamnese (griech. *anamnesis*) das Rückerinnern

Das *sechste Kapitel* haben wir mit *Erleben* betitelt; hier geht es uns um eine – im Wissenschaftsbetrieb – neue Methode: Um die systemischen Aufstellungen. Wir machen den Vorschlag, in Lehrveranstaltungen zur Sozialarbeitswissenschaft sowie in der Ausbildungssupervision Aufstellungen zu nutzen, um die Dynamik sozialer Systeme aus mehreren Perspektiven erlebbar zu machen. Wie sich unserer Ansicht nach in vielen Praxisbereichen bereits gezeigt hat, eignet sich diese Methode sehr gut als anamnestisches und diagnostisches Instrument, um zu beschreiben und zu erklären, durch welche Dynamiken soziale Systeme geprägt werden und wie sie – wenn nötig – konstruktiv zur Veränderung angeregt werden können. Insofern lassen sich durch systemische Aufstellungen auch relativ unkompliziert und schnell handlungs- bzw. interventionsrelevante Theorien bzw. Hypothesen bilden und testen.

Diagnose (griech. *Diagnos kein*) untersuchen, unterscheiden; das Erkennen u. Zuordnen von Phänomenen

Das Lehrbuch wird abgeschlossen durch einen *Schlussbaustein*, der zwölf Thesen zur Sozialarbeitswissenschaft vorstellt, die unsere Überzeugung vermitteln, dass eine erfolgreiche Sozialarbeitswissenschaft aus der Gestalt der Sozialarbeitspraxis geboren werden muss. Die Praxis ist die Geburtshelferin der Theorie. Denn die Praktiker realisieren – manchmal eher schlechter, manchmal besser – täglich aufs Neue das, was auch die Wissenschaftler in der Sozialen Arbeit noch mehr einzuüben haben. Nämlich das Driften und Navigieren in einem diffusen und komplexen, manchmal nur dahinplätschernden und manchmal uns mitreißenden Strom von Wahrnehmungen, Beobachtungen und Erwartungen: Der Wirklichkeit. Schließlich möchten wir noch ausdrücklich anmerken, dass wir glauben, dass der fruchtbare Zugang zu Theorien nicht durch das Erlernen von Wissensinhalten erlangt und erreicht werden kann. Dies ist nicht vom Katheder (*ex cathedra*), durch monologisches Dozieren, und auch nicht vom Auditorium her, durch ein bloßes reaktives Zuhören, möglich. Vielmehr müssen wir uns Theorien, ja all unsere Erzählungen und Beschreibungen regelrecht aneignen, sie psychisch und physisch gemeinsam in Besitz nehmen. Es liegt für uns auf der Hand und folgt aus all unseren Erfahrungen, dass dieser Vorgang nicht ohne Veränderungen auf beiden Seiten vor sich gehen wird.

Werkstattnotizen

JVW: „Sicher kennst du das amüsante Anliegen an Theoretiker, in einem möglichst einfachen Satz darzustellen, was ihre Theorie aussagt. Als Hans-Georg Gadamer einmal gefragt wurde, ob er in einem Satz erklären könne, was Hermeneutik sei, meinte er nach kurzer Denkpause: 'Hermeneutik ist die tiefe Überzeugung, dass mein Gegenüber auch etwas zu sagen habe' (nach Richard Rorty). Niklas Luhmann meinte 1991, wenn Talcott Parsons sein Werk in einem Satz zusammenfassen würde, müsste dieser antworten: 'Action is system'. Mir ist nicht bekannt, ob Niklas Luhmann einmal ein Ein-Satz-Statement zu seiner Theorie abgegeben hat. Nach dem, was ich an Luhmann-Schriften bisher gelesen habe, hätte er jedoch vielleicht geantwortet: 'Ob ich meine, was ich sage, weiß ich nicht, und wenn ich es wüsste, müsste ich es für mich behalten'.[8] Wer die Theorie ein wenig nur kennt, weiß, wie ernst das zu nehmen ist! Nun, nicht nur für mich wäre es kurz vor den ersten Kapiteln wirklich interessant zu hören, was du (z.B. Studierenden) auf die Frage antwortest: Was heißt eigentlich 'postmoderne Sozialarbeit'?“

HK: „Ja, auf eine solche Frage sollten wir natürlich eine Antwort haben, weil wir unseren Ansatz 'postmoderne Theorie der Sozialen Arbeit' oder 'postmoderne Sozialarbeit' nennen. Aber wir können natürlich nicht alles, was an Beschreibungen, Erklärungen und Bewertungen notwendig wäre, um diese Frage präzise zu beantworten, in wenige Sätze hineinlegen. Wenn wir dies könnten, dann müssten wir keine langen Bücher schreiben. Daher ist es nur möglich, bei der Antwort einer solchen Frage zu mogeln: Wir müssen viel an Wissen voraussetzen, was wir eigentlich nicht voraussetzen können; wir müssen so tun, als ob das, was wir sagen, relativ kontextunabhängig verständlich und nachvollziehbar ist. Wenn uns dies gelingt, wenn wir es also schaffen, mit den wenigen Sätzen, die wir auf eine solche Frage antworten, Anschlussfähigkeit bei unseren Leserinnen oder Hörern herzustellen, dann haben wir gut gemogelt. Also werde ich jetzt die Mogelei versuchen: Postmoderne Sozialarbeit ist sozialarbeiterisches Agieren und Reflektieren, das von einer Gemüts- und Geisteshaltung getragen wird, die sich mit dem Unbestimmten, mit dem Offenen, dem nicht eindeutig Planbaren arrangiert hat. Diese Gemüts- und Geisteshaltung lässt sich von der Differenz und Diversität der Phänomene leiten, widersteht dem Identitätszwang bzw. anerkennt die Vorläufigkeit, die Mogelei jeder Fixierung und Eindeutigkeit.“

JVW: „Auch wenn ich die Vokabel 'Mogelei' selbst nicht verwende, kann ich mit deinem Zwei-Satz-Statement eine Menge anfangen. Ich persönlich drücke heute eine mögliche Antwort einfach mal in einer Gegenfrage aus: 'Wenn ihr sagt, ihr wisst, meint ihr damit, ihr wisst, dass es auch anders sein könnte?' Für mich steckt in diesem dialogeröffnenden Aperçu vieles drin, was mich (und dich?) beruflich schon seit längerem beschäftigt: Was macht uns eigentlich so sicher in dem, was wir tagtäglich tun? Eine Diskussion darüber dürfte an den Fundamenten unserer

---

[8] Luhmann, Niklas: Aufsätze und Reden, Stuttgart 2004, S. 132.

kognitiven und sozialen Existenz schürfen. Vielleicht können wir ja später noch mal darüber nachdenken ... Tja, wie sieht es nun mit unserer Einleitung aus? Haben wir alles erwähnt, was wir noch vorhaben? – Prima, dann mal los!"

Lerneinheit I

STAUNEN
oder Die sozialarbeitswissenschaftliche Haltung

I. STAUNEN – Zur Unwahrscheinlichkeit des Gegenwärtigen

Wenn ihr sagt, ihr wisst,
meint ihr damit,
dass ihr wisst,
dass es auch anders sein könnte?

Der Soziologe Niklas Luhmann[1] hat im Jahr 1991 in einem kleinen Aufsatz über *Probleme der Forschung in der → Soziologie* Theorie als Kunst bezeichnet, „aus Trivialitäten weitreichende Schlüsse zu ziehen (ebd., S. 73).

Soziologie ableitbar aus lat. socius Gefährte; u. (griech. *logos*) Wort, Vernunft

!

Soziologie

ist diejenige Sozialwissenschaft, die sich beschäftigt mit der Beobachtung (Beschreiben, Erklären bzw. Verstehen und Bewerten) sozialer Subjekte, den sozialen Prozessen und ihren Entwicklungsbedingungen. Sie ist neben anderen Disziplinen (wie der Psychologie, Pädagogik, Politologie, Rechtswissenschaft u. a. m.) eine wichtige Bezugswissenschaft Sozialer Arbeit.

Darin schlägt er der Soziologie vor,

„ihre Distanz zur Gesellschaft weniger durch vorlaute Kritik und eher in der Form des Erstaunens über die Selbstverständlichkeiten der anderen zum Ausdruck zu bringen“ (ebd.).

Gerade Studierende der Sozialen Arbeit, die am Anfang ihres Studiums stehen, kommen mit vielerlei sie ehrenden, weil sozialreformerischen Ideen und Konzepten an die Hochschule. Eine Einstellung, die dabei jedoch häufig zutage tritt, ist jene der – mit Luhmann gesprochen: „vorlauten Kritik“ (ebd.). Diese Einstellung paart sich oft mit der Idee, genau zu wissen, wie etwa soziale Verhältnisse oder Personen verändert oder verbessert werden müssten.

Die Soziologin und Sozialmedizinerin Heide Berndt, die an der *Alice-Salomon-Fachhochschule Berlin* lehrte, wunderte sich gerade zu Beginn ihrer Laufbahn als Hochschullehrerin

„immer wieder, mit welcher Selbstverständlichkeit die Studierenden ihre Referate und Hausarbeiten mit einer Serie von Forderungen zu beenden pflegten“ (1999, S. 25).

Über diese Selbstverständlichkeit der Studierenden, Forderungen und pathetische Appelle zu formulieren, staunte sie. So war Berndt zunächst beeindruckt, mit welcher Sicherheit die Studierenden ihre Appelle vorbrachten. Ja, sie empfand Scham, dass sie es ihnen nicht gleichtun konnte (vgl. ebd.). Es dauerte zehn Jahre bis sie,

[1] Luhmann (1927–1998) gilt als der Begründer der soziologischen Systemtheorie. Sie wird auch *Systemtheorie der Bielefelder Schule* genannt, weil Luhmann viele Jahre in Bielefeld lehrte. Die große Bedeutung von Luhmanns Systemtheorie als Form gesellschaftlicher Analyse ist heute für Philosophie, Soziologie, Politikwissenschaft und Medienwissenschaften unbestritten.

„durch mancherlei Praxisberichte und -besuche klüger geworden, die weitgehende Nutzlosigkeit solcher Wortkaskaden benennen konnte“ (ebd.). In ihren „ersten Merkzetteln zum Schreiben von Diplomarbeiten warnte [sie] schließlich vor dieser Angewohnheit: Dies sei kein wissenschaftliches Argumentieren, sondern Moralisieren.“

Mit Moralisieren meinen wir eine Art und Weise der Kommunikation untereinander, in der die Bewertung (→ Werte) von „gut“ und „böse“ oder von „gut“ und „schlecht“ benutzt wird, um über Achtung und Missachtung von Personen oder sozialen Verhältnissen zu entscheiden (vgl. Luhmann 1984, S. 319). Wer moralisiert, der verwendet eine wertende Unterscheidung, um festzustellen, was gut oder schlecht ist. Er blendet dabei in der Regel zweierlei aus, und zwar *zum einen* sich selbst als den relativen Ausgangspunkt der Bewertung und *zum anderen* die Wirkung des Moralisierens. Moralisieren verabsolutiert in der Regel den eigenen Standpunkt, macht diesen zum alleinigen Bewertungsmaßstab und ist blind gegenüber der Dynamik, die das Bewerten innerhalb sozialer Prozesse auslöst, nämlich oftmals das Gegenteil von dem, was intendiert wird.

Moral
von lat. *mores* Sitten, Gewohnheiten, Charakter

!

Werte

sind die explizite oder implizite Konstruktion und Symbolisierung von etwas Wünschenswertem. Werte stabilisieren Erwartungen und beeinflussen so die Auswahl der zugänglichen Problemlösungen.

Das Moralisieren geht mit der Tendenz einher, das Fremde, das nicht sogleich Verständliche, das sich den eigenen Maßstäben Entziehende, kurz: Das Differente und Andersartige zu negieren, es dem Eigenen ähnlich machen zu wollen. Dem Fremden gegenüber ist unsere erste Reaktion leider zu oft die des Erschreckens. Wenn es sich dem Gleichmachen, dem Verstehen wollen widerständig zeigt, werten wir es als schlecht oder als böse ab. Daher halten wir Moralisieren für eine fragwürdige Art, mit Differenzerfahrung umzugehen, und plädieren dafür, diesen Schutz probeweise einmal aufzugeben.

Was Berndt (und wir) noch nicht erforscht haben, ist die offensichtliche Funktion des Moralisierens in der Sozialen Arbeit. In Bezug auf welches Problem ist Moralisieren eine Lösung oder kann zur Ressource werden? Nach einer provozierenden These von Berndt (1999) ist die Soziale Arbeit mit einem solchen Moralisieren aufs Engste verbunden. Was Berndt z. B. anhand der Schriften von Alice Salomon[2] deutlich zu machen versucht,

„ist das merkwürdige Pathos, das sie [Alice Salomon; d.A.] an den Tag legte, wenn es ihr um höchste moralische oder ethische Anforderungen in der Ausbildung ging“ (ebd., S. 26).

---

[2] Alice Salomon (1872–1948) war eine liberale Sozialreformerin in der deutschen Frauenbewegung und eine der wichtigsten Wegbereiterinnen der Sozialen Arbeit als Wissenschaft.

Demnach seien die Werke von Salomon durchtränkt von moralischen Bewertungen und Idealen, z. B. hinsichtlich der besonderen „Mission der Frau" in der Sozialen Arbeit oder der aufopferungsvollen und demütigen Arbeit von Helferinnen.

„Was aber geschieht mit unerfüllbaren Idealen, mit überzogenen moralischen Forderungen? Je weniger einlösbar sie sind, umso mehr müssen sie zum bloßen Wortgeklingel, zu hohlen Phrasen verkommen" (ebd., S. 37).

Moralisieren kann dennoch auch eine Art Kraftstoff sein. Eine Profession wie die Soziale Arbeit, die Veränderungsarbeit betreibt, die insbesondere soziale Verhältnisse und Verhaltensweisen thematisiert, die – aus welchen Perspektiven auch immer – verändert werden sollen, legitimiert sich auch durch die moralische Forderung, dass etwas, so wie es ist, eben schlecht ist und daher unbedingt umgestaltet werden müsste. Insofern nährt sich die Soziale Arbeit auch von der Moral. Die Moral ist dann einer ihrer Treibstoffe – insbesondere wenn es (z. B. innerhalb der Medien oder der Politik) darum geht, die gesellschaftliche Notwendigkeit ihrer Praxis zu legitimieren.

Allerdings ist das Moralisieren, also das sich auf der Seite des Guten und Richtigen platzierende, pathetische Appellieren und Fordern oft unangebracht. Speziell im wissenschaftlichen Arbeiten ist eine solche Herangehensweise alles andere als förderlich. Daher wollen wir hier die These äußern, dass es sehr passend wäre, wenn Studierende bereits zu Beginn ihres Studiums Alternativen zum zuweilen etwas besserwisserischen Kritisieren und überhasteten Moralisieren erfahren. So könnten wir uns ermöglichen, eine Haltung einzuüben, die insbesondere eine soziologische bzw. sozialwissenschaftliche Kompetenz kennzeichnet, nämlich eine Haltung des neugierigen → Staunens, des sich Wunderns über die von uns zumeist akzeptierten und erwarteten, scheinbar reibungslos sich vollziehenden Selbstverständlichkeiten des Alltags (siehe dazu aus einer anderen Perspektive auch Kleve 2007, S. 18 ff.).

Uns geht es hier darum, das Alltägliche, das Normale, das Selbstverständliche seiner Alltäglichkeit, seiner Normalität und Selbstverständlichkeit zu berauben, es zu etwas Besonderem, Voraussetzungsvollem zu erklären. Das, was uns auf den ersten Blick als nichts Besonderes erscheint, kann in seiner alltäglichen Realität höchst unwahrscheinlich sein. Das Besondere am Alltag ist die Selbstverständlichkeit, mit der er hingenommen wird. Um ihm entrinnen zu können, weil er uns mehr blockiert als befördert, brauchen wir das Staunen. Denn das Staunen birgt immer einen Anfang dazu.

!

Staunen

stellt eine Methode des *qualifizierten Nichtwissens* dar: Es lässt uns zuerst auf scheinbar einfache Fragen stoßen, deren einigermaßen plausible Beantwortung uns jedoch zu differenziertem Denken nötigt.

Im Folgenden werden wir einige Ideen liefern, wie eine solche Haltung genauer charakterisiert sowie (etwa in entsprechenden Lehrveranstaltungen oder auch in

Praktika und beim Berufseinstieg) eingeübt und bestenfalls allmählich internalisiert werden kann.

Bevor wir Strategien präsentieren, die dazu beitragen können, die scheinbaren Stabilitäten des Alltags durch einen forschenden sozialwissenschaftlichen Blick in Bewegung zu versetzen, wollen wir zunächst fragen, wie die scheinbare Sicherheit und Selbstverständlichkeit des Alltags entsteht.

Abschließend werden wir die zentralen Thesen und Strategien zur Wiedererlangung des Staunens noch einmal zusammenfassen und auf den – vielleicht erstaunlichen – Punkt bringen, dass Veränderung oftmals gerade daraus resultiert, dass man zunächst – vielleicht oft zugunsten des genaueren Beobachtens – von ihr absieht. Zunächst aber eine kleine Übung zum Wiederentdecken des Staunens. Wir haben uns in allen Übungen aus didaktischen Gründen für das *Du* entschieden anstatt des hier allzu formalen *Sie*, weil wir meinen, dass wir dadurch noch mehr zum persönlichen Nachvollziehen der Übungen anregen können. Wir empfehlen, nach Möglichkeit alle Übungen mit einer zweiten Person durchzuführen, um die Nachhaltigkeit und Intensität der Übungen zu steigern.

Übung 1 | Das Besondere wiederentdecken

Was ist dir in letzter Zeit als merkwürdig, besonders bedenkenswert oder rätselhaft erschienen?
Was genau hat dich verwundert oder erstaunt?
Hast du jemandem davon erzählt?
Hat sich dadurch etwas in dir oder bei demjenigen, dem du davon erzähltest, verändert?
Wenn ja, was und wie?

Ü

Sozialisation durch Trivialisierung

In seinem *Roman über die Geschichte der→ Philosophie,* in dem Bestseller *Sofies Welt* schreibt Jostein Gaarder (1991, S. 23):

„Die Fähigkeit, uns zu wundern, ist das einzige, was wir brauchen, um gute Philosophen zu werden".

Philosophie (aus griech *philo* und *sophia*) Liebe zur Weisheit

!

Philosophie

war ursprünglich die Bezeichnung für das Erkenntnisstreben nach den Anfangsgründen, Ursachen und Elementen aller Dinge und dem letzten Ziel des Handelns. Sie unterscheidet sich von den Einzelwissenschaften dadurch, dass sie sich nicht durch einen begrenzten Gegenstandsbereich charakterisieren lässt.

Diese Fähigkeit, so kann ergänzt werden, ist die Grundvoraussetzung für das Betreiben von Wissenschaft, zumal von Sozialwissenschaft. Das Interessante, ja Traurige ist jedoch, dass diese Fähigkeit bei Erwachsenen oft verschüttet ist. Aber, so Gaarder (ebd., S. 23f.):

„Alle kleinen Kinder haben diese Fähigkeit [...]. Nach wenigen Monaten werden sie in eine nagelneue Wirklichkeit geschubst. [...] Also: Wenn ein kleines Baby reden könnte, würde es sicher erzählen, in was für eine seltsame Welt es gekommen ist.

Denn obwohl das Kind nicht sprechen kann, sehen wir es, wie es um sich zeigt und neugierig die Gegenstände im Zimmer anfasst. Wenn die ersten Wörter kommen, bleibt das Kind jedes Mal stehen, wenn es einen Hund sieht und ruft: 'Wauwau!' Wir sehen, wie es in der Kinderkarre auf- und ab hüpft und mit den Armen herumfuchtelt: 'Wauwau! Wauwau!' Wir, die schon ein paar Jahre hinter uns haben, fühlen uns von der Begeisterung des Kindes vielleicht ein wenig überfordert. 'Ja, ja, das ist ein Wauwau!', sagen wir welterfahren, 'aber setz dich jetzt schön wieder hin.' Wir sind nicht so begeistert. Wir haben schon früher Hunde gesehen. Vielleicht wiederholt sich diese wüste Szene einige hundert Male, bis das Kind an einem Hund vorbeikommen kann, ohne außer sich zu geraten. [...] die Welt [ist] ihm zur Gewohnheit geworden" (ebd.).

Abb. 2 Trivialmaschine

Das Kind hat dann bereits ein maßgebliches Teilstück seiner Vergesellschaftung (Sozialisation) durchschritten. Es wurde – wie wir mit dem Kybernetiker Heinz von Foerster (1999, S. 12f.) sagen können – trivialisiert, denn es reagiert jetzt mit sozial erwartbaren Verhaltensweisen: x führt zu y (Abbildung 2).

Das, was es tut oder sagt, entspricht sozialen Wahrscheinlichkeiten, die vorhersehbar sind. Wie eine solche Sozialisation oder Trivialisierung abläuft, die dazu führt, ja führen soll, dass wir die Fähigkeit, uns zu wundern und zu staunen, fast gänzlich verlieren, beschreibt Carlos Castaneda[3] (1972) in seinem Roman *Reise nach Ixtlan*. Dort heißt es, dass die

„Wirklichkeit oder die Welt, die wir alle kennen, nur eine Beschreibung ist" (S. 8), und zwar eine Beschreibung, die uns „seit dem Augenblick [unserer] Geburt eingehämmert worden" (ebd.) ist. „Jeder, der mit einem Kind in Kontakt komme, [ist] ein Lehrer, der unaufhörlich die Welt erkläre, bis zu dem Augenblick, wo das Kind die Welt so wahrnehmen könne, wie sie ihm erklärt wird" (ebd.). Allerdings haben „wir keine Erinnerung an diesen folgenschweren Augenblick, einfach weil wir

[3] Carlos Castaneda (1931–1998), ein amerikanischer Anthropologe und Schriftsteller, der bedeutend für die New-Age-Bewegung der 1970er–80er Jahre war.

keinen Bezugsrahmen hatten, in dem wir ihn mit etwas anderem hätten vergleichen können. Doch von diesem Augenblick an ist das Kind ein Mitglied. Es kennt die Beschreibung der Welt; und es erreicht [...] die volle Mitgliedschaft, wenn es in der Lage ist, alle seine Wahrnehmungen so zu deuten, dass sie mit dieser Beschreibung übereinstimmen und sie dadurch bestätigen" (ebd.).

Diese Zeilen verweisen u. a. auf eine Sichtweise, die als sozialer Konstruktivismus (siehe dazu etwa Berger/Luckmann 1966; Watzlawick 1978) oder zuweilen auch als *sozialer Konstruktionismus* im Sinne von Kenneth Gergen bezeichnet wird. Deren zentrale Aussage ist: „Ich kommuniziere, also denke ich" (Gergen 2002, S. 5).

Anders würde sich der *erkenntnistheoretische Konstruktivismus* positionieren. Bei diesem dreht es sich viel um Unterscheidungen, die irgendein System treffen muss, um zu erkennen und zu handeln, z. B. Liebe/Anderes im Fall der Familie. Dies kann irgendein soziales System (auch ein Stamm, ein Paar, eine Organisation etc.) oder aber auch ein einzelnes Bewusstsein bzw. eine Einzelperson sein. Ein bekannter Buchtitel von Heinz von Foerster heißt deshalb auch „Der Anfang von Himmel und Erde hat keinen Namen". Gemeint ist damit: Ein Davor, ein Anfang ist ohne eine irgendwann diesbezüglich getroffene Unterscheidung eines Beobachters nicht denkbar und auch nicht kommunizierbar. Hier träfe der letzte Satz des Buches *Tractatus logico-philosophicus* (Logisch-philosophische Abhandlung) eines einflussreichen Philosophen des 20. Jahrhunderts, nämlich Ludwig Wittgenstein (1921; 2004) zu:

„Wovon man nicht sprechen kann, darüber muß man schweigen".

Im Klartext: Was man nicht *unterscheiden* kann, das ist nicht erkennbar, ist nicht kommunizierbar. Die untere Abbildung 3 soll einige häufig verwischte Unterschiede zwischen dem erkenntnistheoretischen Konstruktivismus (von Foerster, Luhmann) und sozialem Konstruktionismus (Gergen) sichtbarer machen.

Auch die prominente → soziologische Systemtheorie der Bielefelder Schule (siehe paradigmatisch Luhmann 1984) verdeutlicht, dass unsere gemeinsamen Wirklichkeiten konstruierte Realitäten sind. Sie geben uns – etwa in Familien oder Organisationen – die relative Sicherheit, die wir zusammen brauchen, um uns täglich aneinander zu orientieren. Daher beziehen sich soziale Systeme immer wieder auf diese kommunikativen Realitäten. Mit der Systemtheorie gesagt vollziehen sich diese Wirklichkeitskonstruktionen gewissermaßen hinter unserem Rücken, und zwar über die Stabilisierung von Erwartungen und Gegenerwartungen.

Konstruktivismus	**Konstruktionismus**
Wissen	
besteht aus komplexen Unterscheidungen von Unterscheidungen von Unterscheidungen	besteht aus sprachlich-kommunikativen Vereinbarungen bzw. Verhandlungen
ist eine soziale Konstruktion von Beobachtern, die andere beim Beobachten beobachten	wird erzeugt zwischen Individuen, die beurteilen und Bedeutungen korrigieren
	sind Übereinkünfte über Bedeutungen
ist die Erfindung neuer interpretativer Semantiken und Strukturen	ist das Ergebnis des Aufstellens von Behauptungen und von Definitionsprozessen
Mensch	
Personen bestehen aus biologischem und psychischem System und sind für soziale Systeme Umwelt	Personalität und Identität sind sozial konstruiert und von Situation zu Situation potentiell veränderlich
Interaktion / Kommunikation	
meint strukturelle Kopplung und ist Ausdruck der Passung von sich selbst-organisierenden Systemen und ihrer Umwelt	ist sprachliche Kopplung und meint die Aushandlung von Sinn und Bedeutungen jenseits von kognitiven, sozialen und moralischen Strukturen

Abb. 3 Konstruktivismus und sozialer Konstruktionismus

!

Als **soziologische Systemtheorie**

wird eine auf der Leitunterscheidung System/Umwelt basierende Gesellschaftstheorie bezeichnet. Eine ihrer Besonderheiten ist die Basisannahme, dass Systeme generell nicht aus irgendwelchen Dingen, sondern aus Operationen bestehen, die sich entweder auf sich (System) oder auf anderes (Umwelt) beziehen. Soziale Systeme bestehen nur aus Kommunikationen (und nichts anderem). Das heißt auch: Nur die Kommunikation kann kommunizieren.

Dies lässt sich mit einem Blick auf unsere Alltagswelt relativ leicht nachvollziehen. Sobald wir beispielsweise von einem in einen anderen sozialen Kontext wechseln, z. B. wenn wir aus dem Haus auf die Straße gehen, wechselt auch der Erwartungshorizont, der unsere Verhaltensweisen und unser Handeln prägt. Wir wissen fast instinktiv, wie wir uns zu verhalten haben, was wir tun sollten bzw. nicht tun dürfen, wenn wir an Passanten vorbeilaufen, wenn wir eine Autofahrbahn überqueren wollen, wenn wir ein Taxi anhalten wollen etc. Das Gleiche gilt für diejenigen, denen wir auf dem Gehweg, im Auto oder im Taxi begegnen. Auch diese Personen orientieren sich an Erwartungen: Sie erwarten, dass wir bzw. die anderen erwarten, dass sie erwarten usw. So entsteht eine Zirkularität, eine Kreisläufigkeit, eine Gegenseitigkeit von Erwartungen, die sich stützen, stabilisieren, verstärken, in gewisser Weise verfestigen.

Aus der ursprünglichen Nichttrivialität, der Nichtvorhersehbarkeit des menschlichen Handelns und Verhaltens generieren sich Strukturen und Ordnungen mit stabilen Werten – in der → Kybernetik spricht man von Eigenwerten oder Attraktoren (vgl. von Foerster 1999, S. 211) – als Sicherheiten, die immer wiederkehrende Abläufe produzieren.

> **Kybernetik**
> (aus dem griech. *Steuermanns-[Kunst]*) ist die Wissenschaft von der Funktion und Steuerung komplexer Systeme.

!

Systemtheoretisch könnte man sagen, dass soziale Systeme über die gegenseitige Ausrichtung von sozialen Erwartungen entstehen und sich stabilisieren. Daher sind soziale Systeme exklusiv. Sie schränken den Bereich der Verhaltensmöglichkeiten bis auf eine bestimmte Zahl von Optionen ein. Sie reduzieren soziale → Komplexität,.indem ein Regelwerk aufgebaut wird, das uns Orientierung gibt und *in* diesem Rahmen *neue* Handlungsmöglichkeiten offeriert.

> **Komplexität**
> bezeichnet die Tatsache, dass es immer mehr Möglichkeiten gibt, als in sozialen Systemen als Kommunikation und in psychischen Systemen als Gedanke jeweils aktualisiert werden kann.

!

Komplexität bedeutet im Klartext gesprochen, dass es immer mehr Möglichkeiten zum Beobachten und Handeln gibt, als wir aktuell berücksichtigen können. Genau das scheint uns das Grundproblem aller Praxis – ob im täglichen Handeln oder bei der Arbeit an Theorien – zu sein:

Denn „[d]ieses Problem ist für Theoriebildung und für anderes Handeln letztlich dasselbe. Es verbindet die Situation des Theoretikers mit derjenigen dessen, der Theorien anwenden möchte oder sollte. Es muss daher auch die Basis einer Verständigung zwischen ihnen sein“ (Luhmann 1969; 2005, S. 321).

Dieses Problem ist ein Selektionsproblem. Es betrifft Theorieanwender und Theorieerfinder gleichermaßen. In der Praxis tritt das Selektionsproblem zweifelsohne in höherem Maße und verschärfter auf – aber auch dort ist es das grundsätzliche Problem. Wir müssen uns aus diesem sozusagen ‘bauartbedingten’ Grund jedoch nicht nur im gegenwärtigen Jetzt, in der aktuellen Selektionsgegenwart, selbst einschränken, sondern auch mit Blick auf die zukünftige Gegenwart unserer Klienten. Immer weniger Zeit steht in der Hilfe- und Beratungspraxis der Sozialen Arbeit zur Verarbeitung von Fall-Komplexität zur Verfügung: Der Möglichkeitshorizont schrumpft noch einmal rapide.

Die Selbstverständlichkeiten des Alltags sind also Selektionen, die sich irgendwann für uns unsichtbar gemacht haben. Die Frage muss also sein, wie wir diese wieder sichtbar machen könnten. Ein möglicher Weg führt über das Staunen: Wie können wir angesichts dieser Selbstverständlichkeiten eine Haltung des Staunens wieder gewinnen? Oft wird eine solche oder andere Haltung gefordert, aber nur selten erklärt, was unter → Haltung sinnvoll verstanden werden kann (Tomm 1987; z. n. Pfeffer 2004, S. 119):

!

Haltung

definieren wir als ein überdauerndes Netz von kognitiven (also auch unbewusst ablaufenden) Operationen, das einen stabilen Bezugspunkt bildet und bestimmte Denkweisen und Vorgehensweisen fördert und andere implizit hemmt oder ausschließt.

„Es kann hilfreich sein, eine Haltung bewußt anzunehmen, wenn ein Therapeut [Anm.: oder ein Interviewer] ein neues Verhaltensmuster erlernt; ist dies aber einmal geschehen, werden diese Haltungen in der Regel zum Teil des nicht bewußten Handlungsstromes (ganz ähnlich wie die Körperhaltung eines Schauspielers, Musikers oder Athleten) (ebd.).

Staunen ist auch ableitbar aus dem mnddt. *stunen* sich widersetzen (dem Gewohnten)

Jede Haltung, auch die des Staunens, ist im Prinzip eine Selbstfestlegung eines Kommunikationsteilnehmers (im Folgenden Pfeffer 2004, S. 119f.). Zur wirksamen Haltung wird eine solche Selbstfestlegung aber erst, wenn sie uns als Verhaltensrichtlinie in Kommunikation dient und wirksam wird bzw. wenn sie unser Verhalten (mit-)bestimmt. Insofern unterscheidet sie sich von einer reinen Wunschvorstellung, die nicht in von außen erkennbares Verhalten umgesetzt wird.

Nun, eine erste Strategie ist sicherlich die, dass wir sehen müssen, dass diese Selbstverständlichkeiten überwiegend sozial vorformatierte Konstruktionen sind und in Prozessen sich stabilisierender Erwartungen und Gegenerwartungen erzeugt werden. Wir könnten nun einmal versuchen, hinter den Konstruktionsprozess zu kommen, ihn noch einmal nachzuvollziehen, zu rekonstruieren und seine einzelnen Voraussetzungen und Bedingungen zu erforschen. Welche Möglichkeiten und Strategien dafür nutzbar sind, soll im Weiteren etwas eingehender ausgeführt werden. Zunächst eine kleine Übung.

Ü

Übung 2 | Das Bewusstmachen von Erwartungen

Welche Erwartungen an dich beunruhigen dich derzeit am meisten?
An wen in deinem Umfeld richtest du gar keine Erwartungen und weshalb?
Welche Erwartungen aus deiner Umwelt stärken dich in dem, was dir wichtig ist?

Strategien zur Wiedererlangung des Staunens

Die Fähigkeit, zu staunen und sich zu wundern, ist ohne Zweifel die Voraussetzung für jede Art von Forschung und Wissenschaft, so z. B. auch der → empirischen Sozialforschung.

> **Empirische Sozialforschung**
>
> generiert aus Kommunikation soziale Daten. Sie versucht diese systematisch zu erheben und – häufig vergleichend – zu erklären.

!

Das Gleiche gilt auch, wenn nicht sogar noch viel mehr, für jede Art von Beratung. Denn wenn uns zu vieles gleichgültig ist, werden wir es nicht schaffen, in der Kommunikation mit unseren Klienten die nötigen Prozesse des Unterscheidens anzustoßen. Gleichgültigkeit nach Außen zeigt sich oft im Zusammenhang mit eigenen inneren Auseinandersetzungen und Problemen: Vielleicht haben Sie manchmal auch so ein Problem, das Sie beim Wahrnehmen stört und vom Staunen abhält?

Abb. 4 Vier-Wege-Konzept zur Wiedererlangung des Staunens

Daher werden wir jetzt Haltungen und Strategien beschreiben, die zumindest teil- und ansatzweise aus der empirischen Sozialforschung und der Beratungsmethodik stammen oder sehr eng mit diesen Verfahrensweisen verwandt sind. Dennoch geht es uns nicht darum, Methoden der Forschung und des professionellen Handelns zu erläutern. Unser Anspruch ist bescheidener: Wir wollen die Leserinnen und Leser, insbesondere auch Studierende einladen, einmal auszuprobieren, welche Wirkung es hat, wenn die folgenden vier Vorschläge (Abbildung 4) – *Nichtwissen, Kontextwechsel, Möglichkeitssinn* und die *funktionale Methode* – aufgegriffen und getestet werden.

Dadurch soll eine Haltung ermöglicht werden, die es erlaubt, das wieder zu erlangen, was kleinen Kindern noch eigen ist: Das Alltägliche mit Spannung zu beobachten – nicht um kluge und fertige Antworten zu geben, sondern um das unermüdliche offene Fragen zu üben.

Nichtwissen

Die gute Nachricht zuerst: Sie lautet, dass wir die nachmoderne (oder auch postmoderne) Haltung des → Nichtwissens wieder freilegen können. Schließlich ist sie in den Machbarkeitsillusionen und Mehr-vom-Selben-Phantasien der Moderne nur verschüttet, aber nicht ganz zerstört worden. Das 'Nichtwissen' wird deswegen auch in der Sozialarbeitswissenschaft immer mehr anerkannt:

> „Wissenschaftliches Wissen bedeutet seit Poppers Falsifizierungsgrundsatz bzw. Luhmanns Argumentation vom Nicht-Wissen als andere, unmarkierte Seite der Form des Wissens nie nur einen Zugewinn an Erkenntnis, sondern immer zugleich auch einen Zuwachs an Zweifeln und Problemen" (Erath 2006, S. 75).

Insa Sparrer und Matthias Varga von Kibéd (2005, S. 169f.), zwei innovative → systemische Theoretiker und Praktiker, betrachten das *Nichtwissen* neben der *Hilflosigkeit* und der *Verwirrung* denn auch als eine von drei wertvollen Ressourcen ihrer Arbeit.

!

Systemische Theorie

schließt im Weiteren alle Theorien und Ansätze ein, die soziale Systeme (wie Familien, Interaktionssysteme, Teams, Organisationen usw.) als kommunizierende Systeme bzw. als Systeme, die aus Kommunikation bestehen, betrachten.

Um das Staunen wiederzugewinnen, ist insbesondere das Nichtwissen sehr hilfreich. Vielleicht betreten wir mit dem Begriff des 'Nichtwissens' für die meisten unserer Leser einen noch unerschlossenen Urwald von Bedeutungen und sogar Missverständnissen. Denn: Nichtwissen kann gewusst oder nicht gewusst sein, kann konkret oder prinzipiell sein. Ja, und schlimmer: Nichtwissen könnte generell als Nichtwissen-Wollen und sogar als Leugnen interpretiert werden. Aber das meinen wir natürlich nicht![4] Worum es vielmehr geht, kann Folgendes gut verdeutlichen: 'Ich weiß, dass ich nicht weiß' meinte schon der große griechische Philosoph Sokrates[5], wenn wir der Überlieferung Platons[6], eines Schülers Sokrates', Glauben schenken. Also weiß Sokrates, dass er nicht weiß, was er weiß – unser Wissen erweist sich demnach bei näherer Betrachtung als unhaltbares Scheinwissen. Platon (oft auch griech. Plato) verneint in einem nicht nur rhetorischen Kunstgriff – zu Recht? – auch noch das Wissen ums Nichtwissen:

„Sokrates meint zu wissen, da er nicht weiß, ich aber wie ich eben nicht weiß, so meine ich es auch nicht, ich scheine also um dieses wenige doch weiser zu sein als er, daß ich, was ich nicht weiß, auch nicht glaube zu wissen" (Platon, Apologie 21 St, Übersetzung von Friedrich E. D. Schleiermacher).[7]

Der Weg zu dem Nichtwissen, das wir *hier* meinen, führt durch einen Straßenabschnitt mit, sagen wir mal so, eingeschränkter Verkehrsführung: Nämlich der Selbst-Anerkennung, dass unsere Wahrnehmungen und unsere Erklärungen der Wirklichkeit ziemlich beschränkt sind und bleiben werden. Wir sind mit unseren neurobiophysischen Bordmitteln nicht dazu in der Lage, Phänomene gänzlich zu erfassen und zu erklären. Aber was tun? Nun, vielleicht sollten wir zunächst versuchen, *einfach nur zu beobachten*, uns den Phänomenen auszusetzen, diese nicht sogleich mit Begriffen zu kategorisieren, einzuordnen oder zu erklären.

„Das Nichtwissen [...] hilft uns beim Verzicht auf Interpretationen und Hypothesen" (Varga von Kibéd/Sparrer 2005, S. 169). Bevor wir interpretieren und eilig nach Erklärungen suchen, einfach um sozial „gut auszusehen", sollten wir zunächst das anerkennen, was sich uns in unserer Wahrnehmung zeigt. Wir müssen es ständig üben, „immer wieder neu und offen hinzuschauen, zu fragen und wahrzunehmen" (ebd.), ohne zu schnell kategorisierende Antworten zu geben.

Hypothese (griech. *hypotithenai* darunte stellen) eine unbewiesene Annahme; dient als Hilfsmittel

Eine Haltung des Nichtwissens ist das erste Mittel und gewiss die beste Vorbeugung gegen das Kritisieren und das Moralisieren. Diesbezüglich ermöglicht uns diese Haltung Enthaltsamkeit (Abstinenz). Wer diese Haltung einzunehmen versteht, 'weiß' (noch) nicht, was zu tun ist, wie man etwas besser machen kann (vgl. dazu ausführlich Abbildung 5).

!

Nichtwissen

stellt kein individuelles Defizit dar, das man grundsätzlich beheben kann. Es ist auch kein Defekt der Sozialen Arbeit, der irgendwie beseitigt werden kann. Genauso wenig handelt es sich hier um ein Art Restgröße (Residuum). Es ist vielmehr der wenig reflektierte Normalfall. Es kann aber – ganz ähnlich wie Wissen – dann zu einer Beratungsressource werden, wenn wir uns des Nichtwissens bewusst bleiben und uns dessen stetig versichern.

---

[4] Siehe dazu ausführlicher für die sozialarbeiterische Beratungsmethodik Lindner 2004 und für die Soziale Arbeit generell Nörenberg 2007.

[5] Sokrates (469 v. Chr. – 399 v. Chr.) war ein für das abendländische Denken grundlegender griechischer Philosoph.

[6] Platon (428/427 v. Chr. – 348/347 v. Chr.) war ein wichtiger antiker griechischer Philosoph.

[7] Vgl. den Wikipedia-Eintrag 'Ich weiß, dass ich nichts weiß!'

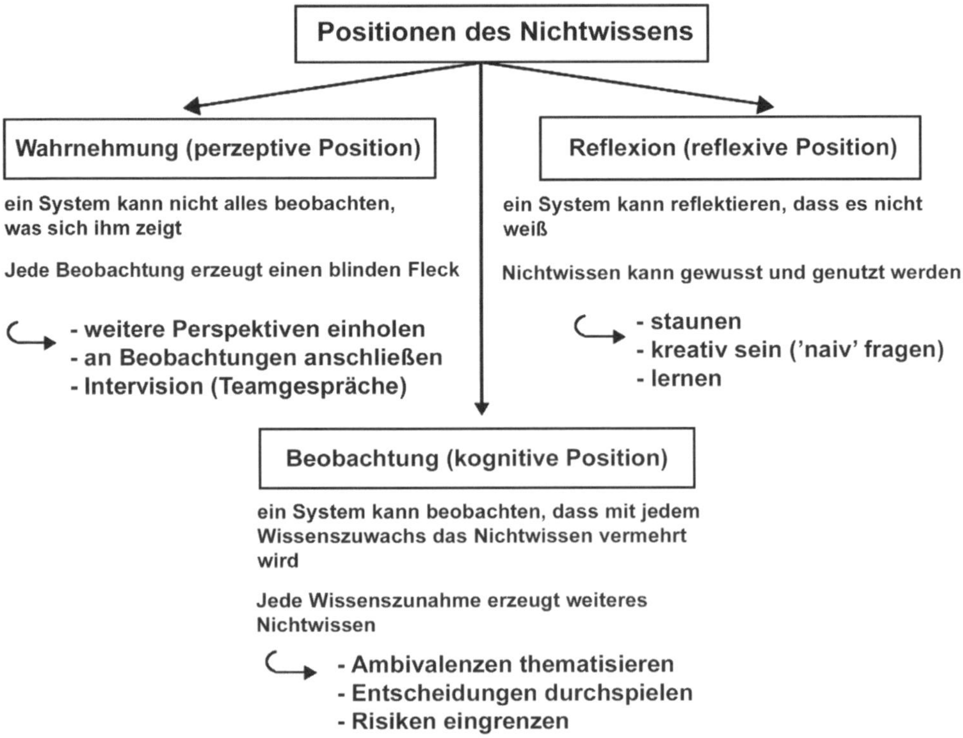

Abb. 5 Drei Positionen des qualifizierten Nichtwissens

Diese Haltung lässt sich also wiedergewinnen und täglich üben, indem wir versuchen, was auch immer es ist, einfach nur zu beobachten und zu beschreiben. Hilfreich ist dabei zweierlei: *Zum einen* eine gewisse emotionale Distanz zu den Phänomenen, die betrachtet werden, und *zum anderen* die wohlwollende Kontrolle durch andere. Je weniger wir selbst emotional in das verstrickt sind, was wir beobachten, desto leichter fällt es uns, es so zu akzeptieren, wie es sich uns zeigt. Und wenn andere unsere Beschreibungen anhören oder lesen, können sie darauf achten, dass wir beim Phänomenalen bleiben, also bei unseren Sinneseindrücken, bei dem, was wir wahrgenommen haben. Denn oft bemerken wir selbst nicht, dass wir die Ebene des Beobachtens und Beschreibens bereits verlassen haben und dabei sind, zu kritisieren, zu moralisieren oder zu erklären und zu kategorisieren.

Abb. 6 Nichtwissen und Wissen

Natürlich soll das nichtwissende Beobachten nicht zum Selbstzweck betrieben werden. Es dient uns vielmehr als ein Abstoßpunkt, um nach der ausgiebigen Beantwortung der *phänomenalen* Frage, also nach der intensiven Beobachtung allmählich zur *kausalen* Frage überzugehen. Die kausale Frage sucht erklärende Antworten, fragt nach den Gründen der beobachteten Phänomene. Und schließlich lässt sich auch die aktionale Frage stellen, nämlich danach, was nun zu tun ist. Aber die Voraussetzung für konstruktive Antworten auf diese Fragen ist zunächst das Beobachten, das bedingungslose Wahrnehmen, das Anerkennen der Welt, wie sie sich uns tatsächlich zeigt.

Übung 3 | Die Haltung des Nichtwissens

Welcher Bereich ist deiner Meinung nach bei dir größer: Der Bereich des Wissens oder des Nichtwissens?
Worauf gründet dein Wissen vom Nichtwissen?
Erkläre jemandem kurz deine Pro und Contra-Argumente.
Setze dich einmal an einem öffentlichen Platz so in eine Ecke, dass du alle Anwesenden im Rücken hast (oder schließ einfach deine Augen) und halte die Unsicherheit des Nichtwissens, was hinter dir passiert, aus.
Danach: Was hättest du gebraucht, um noch weiterzumachen?

Was müsste anders sein, damit du dich noch mehr öffnen kannst für das, was du nicht beobachten kannst, und genauso wichtig: Was du beobachten kannst?

Kontextwechsel

Die Haltung des Nichtwissens muss nicht immer bewusst eingenommen werden; es gibt soziale Kontexte, in denen sich das Nichtwissen von selbst einstellt. In beruflichen Feldern, z. B. in Organisationen, in denen wir gerade erst Mitglied geworden sind (z. B. als Student im ersten Semester an der Hochschule oder als Praktikant und Berufseinsteiger in einer sozialarbeiterischen Einrichtung), begegnen wir diesem Nichtwissen relativ schnell und häufig unvermittelt. Wir wissen nicht, wie man sich hier verhält, wie man spricht, was man macht oder sagt, um bestimmte Ziele zu erreichen. Die Strategie, die wir dann in der Regel verfolgen, ist die Beobachtung der anderen, um herauszubekommen, was hier erwartet wird, welche Regeln gelten, in welchem möglichen Spektrum sich die Handlungen bewegen. Die Triebkraft, die uns dabei steuert, ist nicht selten die Angst vor dem Auffallen, vor dem „Aus-der-Reihe-tanzen". Auch von daher gehört zur Haltung des Nichtwissens und zum Dazustehen immer *Mut* – beispielsweise auch dann, wenn sich das Nichtwissen wie von selbst bzw. zwangsläufig einstellt: Beim Eintauchen in neue soziale Kontexte.

So ist etwa der Eintritt in ein Studium ein Zeitpunkt, an dem das Nichtwissen hinsichtlich der Regeln des neuen sozialen Kontextes, nämlich der Organisation 'Hochschule', stark spürbar ist. Dies kann als eine Ressource bewertet werden, die Studierenden könnten hinsichtlich dieses Nichtwissens wertgeschätzt werden, weil sie so etwas wahrnehmen können, was andere, die bereits – im Sinne Castanedas (s. o.) – Mitglied geworden sind, nicht mehr oder nur noch schwer beobachten können. Es gibt mit anderen Worten keine zweite Chance für einen ersten Eindruck. Wie könnte diese sozialarbeiterisch wichtige Erkenntnis während des Studiums reflektiert werden?

In Seminaren des ersten Semesters könnten die Studierenden z. B. gebeten werden, das zu artikulieren, zu beschreiben, was sie beim Eintritt in die Hochschule erstaunt hat, worüber sie sich gewundert haben, was sie irritiert hat; mögliche Fragen der Lehrenden an die Studierenden wären hier:

Übung 4 | Anerkennen dessen, was *ist*

Was beobachten Sie als ungewöhnlich? Was erstaunt Sie, worüber wundern Sie sich? Was kannten Sie vor Eintritt in die Hochschule, vor Beginn des Studiums bisher nicht?

Wichtig ist dabei, dass zunächst beim Beobachten und Beschreiben geblieben, also nicht begonnen wird, sich zu fragen, was sich verändern sollte oder verbessert werden müsste. Hier geht es einzig und allein um das Anerkennen dessen, was sich dem zeigt, der in einem sozialen Kontext noch neu ist, um das Artikulieren der Phänomene, die ihn das Staunen lehren.

Der Wechsel in für uns neue soziale Kontexte ist eine der besten Möglichkeiten, das Staunen wiederzugewinnen und zu trainieren. Wenn wir in einen neuen sozialen Kontext eintreten, könnten wir bewusst versuchen, den Prozess des Mitgliedwerdens ein wenig zu verzögern, uns den Status des Neuankömmlings vielleicht etwas länger zu erhalten, als dies normalerweise der Fall ist. Dabei werden wir mit Sicherheit interessante Erkenntnisse gewinnen; und die Mitglieder der Organisation, die offen sind für das, was wir ihnen von unseren Beobachtungen mitteilen, werden viel Neues über sich lernen, sie werden die Erhellung mancher ihrer blinden Flecken erleben können – wobei wieder Neues in den blinden Fleck gerät. Die Metapher des 'blinden Flecks' dient uns als stetige Vergewisserung darüber, dass wir nicht alles gleichzeitig beobachten können und insofern *jede* Beobachtung etwas unbeobachtet und damit unbezeichnet lassen muss. Das Unbeobachtete bzw. momentan Unbeobachtbare bezeichnen wir daher als den blinden, unvermeidbaren Fleck eines Beobachters, ganz egal, ob es sich bei dem Beobachter um eine einzelne Person oder um ein Sozialsystem handelt.

Übung 5 | Das Reflektieren des Kontextwechsels

Versuche beim Kontextwechsel (z. B. ein neuer Kontakt, eine neue Beziehung oder eine neue Organisation, in der du teilnehmend beobachten kannst) zu erfassen, was in diesem Sozialsystem anders gemacht oder anders kommuniziert wird.

Welche Erwartungen und Regeln beherrschen die unterschiedlichen sozialen Kontexte, in denen du dich täglich bewegst?

Wie wird dort jeweils mit positiven und negativen Abweichungen umgegangen?

Vermeide – versuchsweise, als kleines Experiment –, beim Eintritt in einen neuen sozialen Kontext zu schnell ein „Teil" des Kontextes zu werden.

Reflektiere und beschreibe die spürbaren Verhaltensanforderungen und Regeln, die im neuen Kontext auf dich treffen.

Was glaubst du, was du siehst, was die anderen aufgrund ihrer „Betriebsblindheit" nicht (mehr) sehen?

Ü

Möglichkeitssinn

In seinem Roman *Der Mann ohne Eigenschaften* schreibt Robert Musil (1930/42, S. 16):

„Wenn es aber Wirklichkeitssinn gibt, und niemand wird bezweifeln, daß er seine Daseinsberechtigung hat, dann muß es auch so etwas geben, das man Möglichkeitssinn nennen kann. Wer ihn besitzt, sagt beispielsweise nicht: Hier ist dies oder das geschehen, wird geschehen, muß geschehen; sondern erfindet: Hier könnte, sollte oder müßte geschehen; und wenn man ihm von irgend etwas erklärt, daß es so sei, wie es ist, dann denkt er: Nun, es könnte wahrscheinlich auch anders sein".

Der Möglichkeitssinn erlaubt es uns – mit der Systemtheorie gesprochen –, → *Kontingenz* zu unserem Thema zu machen, die Möglichkeit also, dass etwa eine Entscheidung, eine Handlung oder eine konkrete soziale Situation so ist, wie sie gerade wahrgenommen wird, wie sie erscheint, aber auch ganz anders sein könnte.

Kontingenz
ist die Verneinung (Negation) von Notwendigkeit und Unmöglichkeit, also die Möglichkeit, dass „alles" auch anders sein könnte.

!

Kontingenz heißt also für uns, praktisch betrachtet, dass ein wie auch immer bewertbares Ereignis – z. B. Hilfe während einer psychosozialen Krise – eintreten *kann*, aber nicht *muss*. Wenn wir unseren – stets mitlaufenden – Möglichkeitssinn aktivieren und nutzen, werden wir sehen, dass eine aktuelle soziale Wirklichkeit nur *eine* realisierte Möglichkeit ist aus einem Horizont ganz *vieler* weiterer, ebenfalls realisierbarer Möglichkeiten.

Biografie (griech. *bios* Leben u. *graphein* schreiben) Lebensbeschreibung

Eine jeweilige soziale Lebenspraxis und Lebensführung, z. B. eine individuelle oder eine familiäre → Biografie entsteht ja vor dem Hintergrund mindestens zweier Aspekte: *Zum einen* realisiert sie sich in einem spezifischen sozialen Kontext (vor allem zu einer bestimmten Zeit und an einem konkreten Ort), in dem spezifische Regeln gelten, die die möglichen Entscheidungen oder Handlungen einschränken, die also Komplexität reduzieren. *Zum anderen* gründet diese Lebenspraxis auf jeweils ganz bestimmten Auswahlentscheidungen hinsichtlich dessen, was gerade gesagt oder getan wird. Aus der Mehrzahl der jeweils möglichen sozialen Ereignisse (Entscheidungen oder Handlungen) kann an einer Zeitstelle und an einem Ort nur ein Ereignis real werden. Alle anderen bleiben potenziell, d. h. in einem Bereich des Möglichen. Wir wollen Luhmann folgend (1984, S. 92ff.) dieses Selektionsprinzip → *Sinn* nennen. Sinn strukturiert das psychische System (das Bewusstsein) und auch soziale Systeme (z. B. Familien oder Organisationen). Der manchmal verschwommen erscheinende und oft schillernde Begriff *Sinn* ist für uns nun recht einfach zu erklären:

[!]

Sinn

ist laufendes Aktualisieren von Möglichkeiten. Das Produzieren von Sinn ist ein ständiges Neuformieren und Arrangieren der Differenz von Aktualität und Möglichkeit. Demnach hat alles, was war und ist sowie das, was sein könnte, Sinn.

Diese Sinnstruktur psychischer und sozialer Systeme zwingt unser Denken und unser Kommunizieren zur Auswahl (Selektion). Die im Kern dieser innovativen Hypothese angesiedelte Relation von *Möglichkeit* (Potenzialität) und *Wirklichkeit* (Aktualität) war übrigens schon ein Lieblingsthema Aristoteles' (siehe Rapp 2001; 2007). Diese überaus instruktive und ganz wichtige Relation zweier Grundbegrifflichkeiten unseres Denkens bringt generell zum Ausdruck, *dass immer mehr möglich ist, als wir aktuell realisieren.*

Hermeneutik (griech. *hermeneuein* auslegen, erklären) die Kunst der Auslegung und Deutung

In der bereits kurz angesprochenen empirischen Sozialforschung beruht auch die von Ulrich Oevermann entwickelte Methode der → objektiven Hermeneutik auf diesem Zusammenhang (z. n. Wernet 2000, S. 15):

> „Die Besonderheit einer je konkreten Wirklichkeit zeigt sich also in ihrer Selektivität. Sie hat sich so und nicht anders entschieden. Die Möglichkeiten, die diese Wirklichkeit besitzt, sind durch die geltenden Regeln formuliert. Aber die Wahl, die die Lebenspraxis trifft, ist keine Funktion der Regelgeltung, sondern eine Funktion der die Besonderheit dieser Lebenspraxis kennzeichnenden Selektivität."

In dem empirisch-hermeneutischen Verfahren wird versucht herauszufinden, welche Strukturierungsprinzipien, welche Muster der jeweiligen Wahl zugrunde liegen.

Warum wird gerade so entschieden, wie entschieden wurde, obwohl sich doch eine Mehrzahl von ebenfalls möglichen Entscheidungen geboten haben?

> **Objektive Hermeneutik**
>
> in der Sozialen Arbeit zielt darauf ab, die Besonderheiten eines einzelnen Hilfefalls[8] (charakteristische Entscheidungs- und Handlungsmuster) zu analysieren. Ausgehend von diesen Analysen lassen sich dann in einem nächsten Schritt Interventionsstrategien entwerfen (falls das vorliegende Material das erlaubt).

!

Das Verfahren, das eine solche Hermeneutik der sozialen Lebenspraxis ermöglicht, ist die Konfrontation der nicht realisierten, aber möglich gewesenen Entscheidungen oder Handlungen mit den tatsächlich realisierten. Ein jeweiliges soziales Ereignis wird hier mit dem Möglichkeitsreichtum konfrontiert, aus dem es entstanden ist. Die gründliche Untersuchung einer Mehrzahl solcher sozialer Ereignisse hinsichtlich eines Falls oder einer Biografie erlaubt es sodann, Fall- oder Biografiemuster bzw. Fall- oder Biografiestrukturen zu erkennen, die einzelnen Akteuren zumeist unbewusst sind, die aber ihre Entscheidungen, z. B. innerhalb einer Familie, prägen (siehe beispielhaft dazu Hildenbrand 1999; 2005).

> **Biografie**
>
> ist im Wesentlichen konfirmierte ('geronnene') Erfahrung aus Erlebenssituationen im bisherigen Lebensverlauf einer Person. Ausschnitte aus dieser Erfahrung verdichten und verfestigen sich (kondensieren und konfirmieren) in den Erinnerungsstrukturen. Es kommt zur Erfahrungsaufschichtung (Sedimentation) des ausschnitthaften Erlebens aus dem Verlauf eines Lebens. Diese Sedimentation ist in ihrem abgelagerten und geronnenen Zustand zunächst statisch. Sie kann jedoch über das Handlungsschema *Erzählen* wieder verflüssigt und in eine mehr oder weniger geordnete Ablaufbewegung transformiert werden (Biografiearbeit). Jede Person hat eine Biografie, aber niemand kann sie sich allein basteln. Sie ist eingebettet in alltagsweltliche Beziehungs- und Kommunikationsstrukturen (vgl. leicht verändert Glinka 2001; 2005, S. 207).

!

Das 'Erkennen' von so genannten Fall- und Biografiestrukturen kann möglich sein, muss aber nicht! Denn halten wir es fest: *Alle* Methoden sind nur stark beschränkte Hilfsmittel, um unsere – in einem existentialistischen Sinne unlösbaren – Probleme der Lebensführung jedenfalls erst einmal vorläufig zu lösen und unsere gesteckten Ziele zu erreichen (die zu neuen Problemen führen usw.). Methoden haben relativ

[8] Paare, Eltern, Familien oder Organisationen sind – systemisch betrachtet – Einzelfälle.

enge Grenzen. Es gilt hier z. B., sich selbst vor der Illusion zu bewahren, dass wir, je tiefer wir hermeneutisch graben und je mehr Einzelheiten wir ausfindig machen, schließlich doch auf die „*eigentliche* Bedeutung kommen“ können (von Glasersfeld 1999, S. 13, Kursiv im Original).

Um also unser verlorenes Staunen wiederzugewinnen, könnten wir den beschriebenen Möglichkeitssinn einsetzen. Denn dieser offenbart bei genauerer Betrachtung, dass jede Entscheidung, jedes soziale Ereignis äußerst interessant ist. Das Interessante ist ja, dass gerade ein ganz bestimmtes Ereignis bzw. eine ganz bestimmte Entscheidung gewählt wurde, obwohl es eine Mehrzahl von Alternativen gab. Die Suche nach den Alternativen und die Konfrontation des gewählten Ereignisses mit diesen verweisen auf die Struktur, auf das Muster, das der Wahl zugrunde liegt. Die Suche nach den möglichen Alternativen dient also nicht dazu zu fragen, welche Entscheidung oder welches Ereignis besser oder angemessener gewesen wäre. Es hat vielmehr den Sinn zu untersuchen, welches Muster bzw. welche Struktur die Wahl prägt.

Auch hier versuchen wir hinsichtlich des Moralisierens und Kritisierens enthaltsam (abstinent) zu bleiben. Uns interessiert vielmehr die Frage, die ja zugleich auch die vielleicht zentrale Frage der Systemtheorie der Bielefelder Schule darstellt: Wie wird etwas eigentlich Unwahrscheinliches wahrscheinlich? Auf welcher Grundlage oder Folie kommt es zu diesen zuweilen recht zweifelhaften Resultaten und Entscheidungen? Innerhalb welcher Struktur wird immer wieder etwas Spezifisches getan, obwohl sich ja jedes Mal eine Mehrzahl anderer Möglichkeiten bietet?

Wie finden wir auf diese Fragen eine angemessene Antwort? Nun, z. B. können wir Studierende dazu einladen, in Kleingruppen ihre Lebensläufe zu betrachten, um herauszufinden, welche Entscheidungen an wichtigen Etappen ihres Lebens möglich gewesen wären. Die Studierenden können für sich schauen, wie aus welchen Gründen jeweils entschieden wurde und ob sich diesbezüglich typische Muster bzw. Strukturen finden lassen. So erfahren sie vielleicht etwas über ihre blinden Flecken – die ja zugleich notwendige Voraussetzung ihres Beobachtens sind.

So könnte man sich wechselseitig aufklären über Strukturprinzipien, die in ihren alltäglichen Lebensvollzügen zwar eine immense latente Bedeutung haben, die sich aber nur selten als Erkenntnis im Bewusstsein manifestieren. Man mag von vornherein einwenden, dass solcherlei Übungen zu sehr in ‘Privates’ gehen könnten. Diese Sorge ist nicht von der Hand zu weisen. Unserer Ansicht nach kann es jedoch gerade ein nützlicher Seiteneffekt dieser Übung sein, dass Studierende sich selbstreflexiv darüber klar werden, welche Themen und Entscheidungen sie veröffentlichen wollen oder was eher nicht thematisiert werden soll. Der Erwerb dieser Kompetenz dient der Selbstverbesserung der wichtigen Fähigkeit zur Grenzziehung in Hilfesystemen (nicht nur, aber besonders in der Gruppe, o. ä.) und macht es auch leichter, den anderen in seiner Kommunikation zu verstehen. Hier nun eine Übung zum Möglichkeitssinn:

Ü

Übung 6 | Das Trainieren des Möglichkeitssinns

Mache dir bewusst, dass es immer mehr als eine Möglichkeit des Handelns (z. B. des Entscheidens) gibt.

Wähle – versuchsweise, als kleines Experiment – drei Entscheidungen aus, die du in den letzten Wochen, Monaten oder Jahren getroffen hast.

Überlege dir für jede Entscheidung mindestens drei alternative Entscheidungen, die ebenfalls möglich gewesen wären.

Suche mögliche Gründe, warum du trotz der jeweils drei denkbaren Alternativen so entschieden hast, wie du entschieden hast.

Was waren die Kriterien, die dazu führten? Schreibe sie auf.

Was verbindet die drei gewählten unterschiedlichen Entscheidungen miteinander?

Welche gemeinsamen Muster lassen sich entdecken bzw. konstruieren?

Funktionale Methode

Die → funktionale Methode oder Analyse ist *das* Verfahren der Systemtheorie (siehe Luhmann 1984, S. 83). Damit werden Systeme als Lösungen bestimmter Probleme betrachtet (vgl. Abbildung 7).

!

Die funktionale Analyse

ist *die* mit der soziologischen Systemtheorie assoziierte wissenschaftliche Methode. Sie erlaubt es uns, jedes Phänomen und jedes Gegebene als kontingent und mit anderem vergleichbar zu erfassen. Die Erkenntnis wird in der funktionalen Analyse durch den Vergleich des Gegebenen mit alternativen Möglichkeiten von Problemlösungen konstruiert. Diese Minimalmethodik stellt besondere Anforderungen an uns Forscher.

Jedes System erfüllt eine Funktion innerhalb der Umwelt, in der es sich als System entwickelt, ausdifferenziert hat, so lautet eine, wenn nicht sogar die vielleicht zentralste Arbeitsthese – auch der Systemischen Sozialen Arbeit. Niklas Luhmann selbst bezeichnet seine Systemtheorie (im Gegensatz zu älteren systemtheoretischen Ansätzen) als eine funktional-strukturelle Theorie, weil die Theorie beobachtbar macht, wie notwendige Funktionen innerhalb bestimmter sozialer Kontexte durch systemische Strukturen bedient werden. Die funktionale Analyse geht dann noch einen Schritt weiter, wenn sie untersucht, ob die zu erfüllenden Funktionen auch durch andere als die aktuell gegebenen systemischen Strukturen bedient werden könnten. Solche anderen, alternativen Strukturen werden als funktionale Äquivalente bezeichnet.

äquivalent (lat. *aequus* gleich und *valere* wert sein, gelten) gleichwertig

„In diesem Sinne ist die funktionale Methode letztlich eine vergleichende Methode, und ihre Einführung in die Realität dient dazu, das Vorhandene für den Seitenblick auf andere Möglichkeiten zu öffnen. [...] Sie bezieht etwas auf einen Problemgesichtspunkt, um es auf andere Problemlösungen beziehen zu können. Und 'funktionale Erklärung' kann demzufolge nichts anderes sein als die Ermittlung (im allgemeinen) und Ausschaltung (im konkreten) von funktionalen Äquivalenten" (ebd., S. 85).

In diesem Sinne ist auch diese Methode bezogen auf den bereits betrachteten Möglichkeitssinn: Welche unterschiedlichen Möglichkeiten lassen sich hinsichtlich der Erfüllung bestimmter Funktionen denken oder realisieren? Entscheidend in diesem Verfahren ist, dass das Gegebene, das sich im Zuge eines (nichtwissenden) Beobachtens zeigt, zunächst anerkannt und akzeptiert wird. Der Beobachter öffnet sich für seine Wahrnehmungen, nutzt seine Sinne, ohne sogleich kritisch oder moralisch das sich ihm Zeigende zu kategorisieren oder verändern zu wollen. Denn das Gegebene wird als eine Lösung eines bestimmten Problems betrachtet, als die Erfüllung einer notwendigen Funktion. Insofern macht es Sinn, ist es kein Zufall, dass es gegeben ist, dass es 'existiert'.

Jetzt dürfte klarer geworden sein, wie wir die Suche nach der Funktion (des Problems der Person oder des sozialen Systems) beginnen:

- In Bezug auf welches Problem ist das aktuell Gegebene, das zu Beobachtende eine Lösung?

So lautet die *erste* Frage, der gemäß der funktionalen Analyse nachgegangen werden muss. Wenn das Problem, für dessen Lösung das System bzw. das Beobachtete funktioniert, gefunden oder besser erfunden – in jedem Fall: konstruiert wurde, können wir uns der *zweiten* Frage stellen:

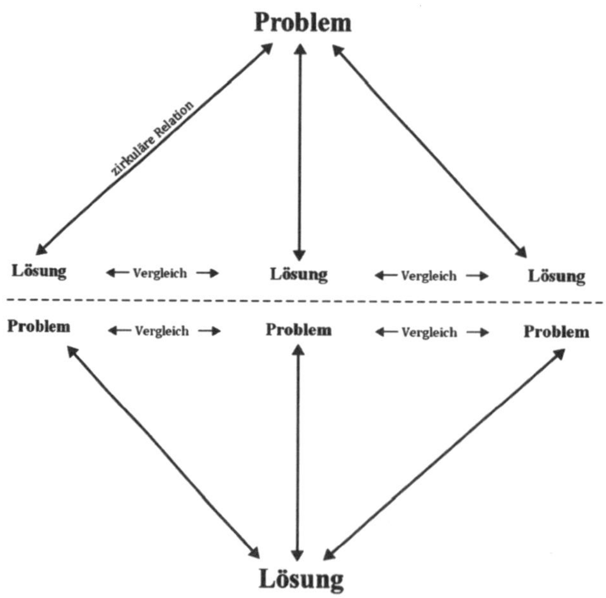

Abb. 7 Funktionale Analyse

- Lassen sich auch andere Möglichkeiten denken, die dieselbe Funktion bedienen, d. h. die dasselbe Problem lösen, indem sie eine gleiche Wirkung haben?

Wenn es darum geht, dass wir uns vor zu schneller Kritik oder Moral schützen wollen, dann sollten wir vor allem die erste Frage ernst nehmen und nach dem Problem suchen, welches vom aktuell Beobachteten gelöst wird. Erst nach der genauen und detaillierten Beantwortung dieser Frage macht es Sinn, nach Alternativen, nach funktionalen Äquivalenten Ausschau zu halten. Funktionale Äquivalente, also bezogen auf das Problem gleiche Wirkungen, stellen gleichwertige Lösungen dar.

In der Beratung und Therapie werden für die Suche nach funktional gleichwertigen Lösungen spezielle Verfahren eingesetzt, z. B. das Reframing (vgl. Bandler/Grinder 1982, S. 129 ff.; Abbildung 8).

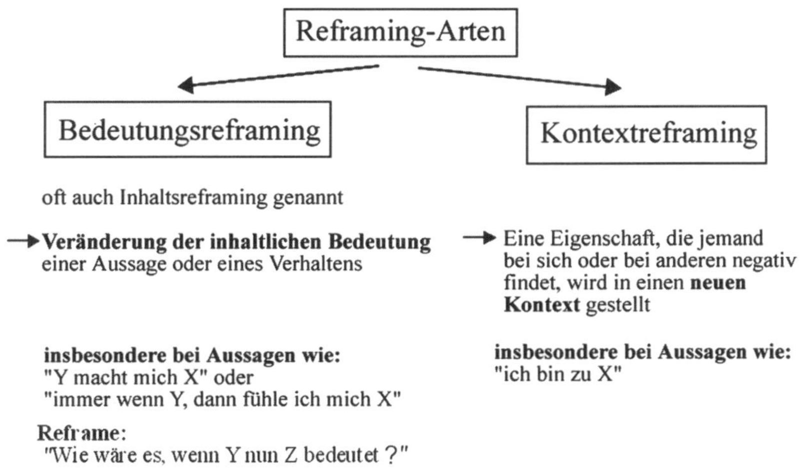

Abb. 8 Reframing

Das Reframing kann als praktische Nutzung der funktionalen Methode bewertet werden, denn durch das Reframing kann die Suche nach funktionalen Äquivalenten für sich wiederholende unerwünschte Verhaltensweisen sprachlich-kommunikativ initiiert und weiter befördert werden. Für den Zweck, der unser Thema anleitet, geht uns dieses Verfahren mit seiner therapeutischen Absicht zwar zu weit, aber dennoch kann bei der Betrachtung seines hier verkürzt referierten Ablaufes deutlich werden, worauf es uns beim Einsatz der funktionalen Methode ankommt. Daher soll dieses Verfahren an einem Beispiel aus dem Alltag skizziert werden: Am Versuch, sich das Rauchen (oder andere Angewohnheiten) abzugewöhnen.

Zunächst geht es darum, das Verhalten bzw. die immer wiederkehrenden Verhaltensweisen, in unserem Fall also das Rauchen, genauer zu betrachten, und zwar vor allem hinsichtlich der Erfahrung, dass sich das Verhalten nicht einfach abstellen lässt, dass es irgendetwas gibt, das es uns schwer macht bzw. uns daran hindert, dieses Verhalten aufzugeben, es zu lassen. Es gilt wahrzunehmen, dass sich dieses Verhalten, das Rauchen, immer wieder und oftmals gegen alle guten Vorsätze Durchbruch verschafft. Wenn uns die Prägnanz des Verhaltensmusters deutlich geworden ist, dann geht es um die gemeinsame Suche nach der Funktion, die dieses Muster bedient hat. Zum Beispiel können wir jeder Verhaltensweise, die wir beobachten oder zeigen, eine positive Absicht bzw. ein Befriedigung suchendes Bedürfnis unterstellen. Beim Rauchen könnte die positive Absicht beispielsweise die Suche nach physischer und psychischer Entspannung sein oder – beim Rauchen in einer Gruppe – das Bedürfnis nach Geselligkeit. Die Absicht oder das Bedürfnis determiniert aber nicht die Verhaltensweise. Erst nach Anerkennung der Absicht bzw. des Bedürfnisses können wir nach anderen Verhaltensweisen suchen, die für die Realisierung der Absicht oder für die Befriedigung des Bedürfnisses die gleiche Funktion erfüllen.

Zurück zu unserem eigentlichen Thema: Um das Staunen wiederzugewinnen und enthaltsam hinsichtlich des Kritisierens und Moralisierens zu werden, können wir das, was wir beobachten, immer daraufhin befragen, welche Funktion(en) es für wen oder was erfüllt. Auf welche Frage ist das gerade Beobachtete eine Antwort, für welches Problem ist es eine Lösung?

Wenn wir diese Fragen stellen und ihnen Antworten zuführen, erkennen wir viel eher das an, was sich uns zeigt. Wir sind dann womöglich erstaunt, welche Bedeutung bestimmte Verhaltensweisen haben und dass diese nicht so einfach verändert werden können. Denn sie erfüllen eine bestimmte Funktion, sind innerhalb eines sozialen Kontextes sinnvoll und passend (Übung 7).

Veränderung durch das Anerkennen dessen, was sich zeigt – eine Paradoxie?

Alle vier empfohlenen Strategien setzen sich dem Gegebenen aus: Dem, was mit offenen Sinnen wahrgenommen, beobachtet und artikuliert, ins Gespräch gebracht werden kann. Sie helfen mit, enthaltsam zu sein hinsichtlich des Kritisierens und des Moralisierens.

!

Übung 7 | Nützliche Selbstreflexionen zur funktionalen Methode

Bleibe dir bewusst, dass vieles, was in Systemen geschieht, eine Bedeutung hat, eine Funktion erfüllt oder eine Antwort auf eine (vielleicht noch unbekannte) Frage ist.

Wähle – versuchsweise, als kleines Experiment – ein Ereignis/Phänomen aus deinem Leben aus, über dessen Sinn oder Funktion du öfter nachdenken musst.

Welchen Nutzen erfüllt(e) das Ereignis/das Phänomen für dich oder für andere? Was hast du davon, wenn es deine Beobachtungen oder Kommunikation strukturiert, und was haben andere davon? Versuche, mindestens zwei Sinnaspekte bzw. Funktionen für dieses Ereignis/Phänomen zu finden.

Suche nach anderen (möglichen) Ereignissen/Phänomenen, die den gleichen Sinn machen bzw. identische Funktionen erfüllen würden (funktionale Äquivalente).

Ausgehend von diesen Strategien könnten Veränderungspostulate zugunsten einer wissenschaftlichen Neugier zurückgestellt werden. Eine Voraussetzung dafür ist die Abstinenz hinsichtlich des verfrühten Bewertens. Sie wird durch die vier Strategien gefördert, weil sie es uns ermöglichen,

- sich dem einfachen und absichtslosen Beobachten zu öffnen, das nicht sogleich kategorisiert und erklärt (Nichtwissen),
- sich anregen zu lassen von dem, was in unterschiedlichen sozialen Kontexten auffällt, was nicht sogleich verstanden oder an Verhalten nachgeahmt werden kann (Kontextwechsel),
- die Unwahrscheinlichkeit und Besonderheit des aktuell Gegebenen zu sehen, weil dieses sich einer nicht bewussten, muster- bzw. strukturbezogenen Wahl aus einer Mehrzahl von gleichermaßen realisierbaren Möglichkeiten verdankt (Möglichkeitssinn) und
- die Funktion von Verhaltensweisen oder sozialen Ereignissen zu sehen, die auf bestimmte Probleme oder Fragen verweisen, auf welche sie die (zwar auch anders möglichen, aber) bisher realisierten Lösungen oder Antworten sind (funktionale Methode).

Schließlich wollen wir noch auf eine wichtige und fundamentale → *Paradoxie* unserer Ideen hinweisen.

paradox (lat. *paradoxus*) widersinnig ~e Aussagen, Behauptungen

Ü

> Als **Paradoxie**
>
> bezeichnen wir seit der Antike üblicherweise eine von der sprachlichen Bedeutung her spezifische Auffassung, die neben den üblichen herrschenden Vorstellungen liegt und an ihnen vorbeiläuft. Paradoxien entstehen dann, wenn die Bedingungen der Möglichkeit einer Operation zugleich auch die Bedingungen ihrer Unmöglichkeit zu sein scheinen (vgl. Baraldi; Corsi; Esposito 1997, S. 131 f.).

Eines der bekanntesten Beispiele einer Paradoxie ist diejenige des Epimenides, die in der Aussage auftaucht: „Dieser Satz ist falsch". Es wird dann unmöglich zu entscheiden, ob die Aussage wahr oder falsch ist, weil die Bedingungen ihrer Falschheit zugleich auch die Bedingungen ihrer Wahrheit (und umgekehrt) sind: Wird der Satz als wahr angenommen, dann widerspricht er zugleich dem, was er aussagt (der Satz ist dann falsch). Wird dagegen die Aussage als unwahr bezeichnet, sieht man sich gezwungen, mit ihrem Inhalt einverstanden zu sein (der Satz ist dann wahr).

Nun, die Paradoxie unserer Vorschläge besteht darin, dass die Nutzung dieser Prinzipien, die das absichtslose, das nicht verändern wollende Staunen wiederbeleben können, oft nachhaltigere (Selbst-)Veränderungswirkungen zeigt als absichtsvolles Kritisieren oder Moralisieren, das Veränderungen zu erreichen trachtet. Kritisieren oder Moralisieren geht mit der Feststellung einher, dass etwas, z. B. bestimmtes Verhalten oder spezifische soziale Verhältnisse, nicht passend, schlecht oder unangemessen sind, und stellt sodann Forderungen auf, was an Veränderung geschehen müsste. Gerade diese Feststellung eines Defizits und die Forderung, dieses Defizit zu beheben, treiben die so bewerteten Personen oder sozialen Verhältnisse in eine Abwehrreaktion, in eine Haltung der Rechtfertigung des Gegebenen und verfestigen damit ungewollt genau das, was sie transformieren möchten. Das Paradoxe liegt also streng genommen darin, dass Systemveränderungen (d. h. Selbstanpassungen des intervenierten Systems) vielleicht besser erreicht werden können, wenn von ihnen abgesehen wird.

Wenn wir aber ausgehend von einer nichtwissenden Beobachtung das anerkennen und wertschätzend mitteilen, was sich uns zeigt, oder wenn wir sehen, erkennen o. ä., wie die einmaligen und spezifischen Entscheidungen, die spezifische Lebenswirklichkeiten prägen, zustande kommen, welche Probleme sie lösen bzw. Funktionen sie erfüllen und dies artikulieren, offenbart sich etwas, was im betreffenden sozialen Kontext so noch nicht gesehen wurde. Gerade dies ermöglicht neue Sichtweisen, erhellt bisher Verborgenes und Ausgeblendetes. Möglicherweise kann genau daraus ein für die Zukunft anderes, verändertes Handeln und Entscheiden resultieren, das auch soziale Verhältnisse nachhaltig transformiert. In der systemischen Beratung und Therapie ist daher die Veränderungsneutralität (siehe Kraus 2005, S. 149f.) eine wichtige Haltung. Gerade diese Neutralität des Beraters ermöglicht eine selbstbestimmte, passende und nachhaltige Veränderung eines Klienten oder eines sozialen Systems. Aber das soll hier nicht weiter unser Thema sein. Vielmehr sollen unsere Ausführungen als didaktische Anregung dienen, Studierenden – bestenfalls unterstützt durch Dozierende – zu ermöglichen, die grundsätzliche sozialwissenschaftliche und damit auch sozialarbeitswissenschaftliche Haltung des Staunens (wieder-) zugewinnen.

Weiterführende Literatur

Erziehung / Sozialisation

Luhmann, Niklas; Schorr, Karl Eberhard (1992): Zwischen Absicht und Person. Fragen an die Pädagogik. Frankfurt/M.: Suhrkamp.

Konstruktivismus / Konstruktivistische Kybernetik

Foerster, Heinz von; Pörksen, Bernhard (2003): Wahrheit ist die Erfindung eines Lügners. Heidelberg: Carl-Auer-Systeme.

Nichtwissen

Nörenberg, Matthias (2007): Professionelles Nicht-Wissen: sokratische Einredungen zur Reflexionskompetenz in der sozialen Arbeit. Heidelberg: Verlag für Systemische Forschung im Carl-Auer-Systeme.

Varga von Kibéd; Matthias; Sparrer, Insa (2005): Ganz im Gegenteil. Tetralemmaarbeit und andere Grundformen Systemischer Strukturaufstellungen – für Querdenker und solche, die es werden wollen. Heidelberg: Carl-Auer-Systeme.

Reframing

Bandler, Richard; Grinder, John (1985): Reframing: ein ökologischer Ansatz in der Psychotherapie (NLP). Paderborn: Junfermann.

Sozialer Konstruktionismus

Gergen, Kenneth J. (2002): Konstruierte Wirklichkeiten: eine Hinführung zum sozialen Konstruktionismus. Stuttgart: Kohlhammer.

Soziologische Systemtheorie

Luhmann, Niklas (2005): Einführung in die Theorie der Gesellschaft. Heidelberg: Carl-Auer-Systeme.

Staunen

Martens, Ekkehard (2003): Vom Staunen oder die Rückkehr der Neugier. Leipzig: Reclam.

Werkstattnotizen

JVW: „In dieser Lerneinheit haben wir versucht, diejenigen anzusprechen, die 'auszogen, um das Staunen zu lernen'. Ich hab mal bei Wikipedia nachgeguckt, der überaus bestaunenswerten Internet-Enzyklopädie. Da steht, es handle sich dabei um einen 'emotionalen Zustand als Reaktion auf das Erleben von etwas Unerwartetem, das nicht den bekannten Denkmustern entspricht.' Alltagspsychologisch betrachtet heißt das für mich: Das Staunen rührt uns an. Es nimmt uns die Fassung. 'Richtig gestaunt' kann es uns also aus der gewohnten Bahn werfen. Nicht ohne Grund war schon für die antiken griechischen Philosophen Staunen der Anfang aller Wissenschaft und aller Philosophie! Na ja, und wen das Staunen oft genug aus der (gewohnten) Bahn geworfen hat, der probiert eventuell öfter auch alternative und unkonventionelle Lebensentwürfe aus. Auch das kann man in Berichten über die 'alten' Philosophen detailliert nachlesen, und dies zuweilen in bunten Facetten. Oft waren das jedenfalls subjektiv gelingende Lebensentwürfe, wie mir scheinen will."

HK: „Ja, das Staunen ist wichtig, zumal für die Wissenschaft, aber auch für das Leben generell. Letztlich bedeutet die Aufforderung, das Staunen wieder zu erlernen, den Versuch zu wagen, die Welt als etwas Neues, was uns noch nicht begegnet ist, zu sehen. Bei genauem Hinsehen ist das ja auch so: Die Welt verändert sich permanent, mit jeden Moment ist und wird sie eine andere. Jeder neue Moment bietet daher ungeahnte Möglichkeiten, Neues zu entdecken, etwas zu beobachten, was vorher nicht beobachtet werden konnte. Staunen stellt für mich somit den Versuch dar, sich der Komplexität, der Vielschichtigkeit, der permanenten Veränderung auszusetzen. Es ist eben eine besondere Form der Weltbetrachtung, eine Betrachtung, die versucht, hinter die Routinen zurückzugehen, die eingespielten Bahnen zu verlassen, das, was 'man' gemeinhin macht oder lässt, nicht zu machen oder zu lassen, einen Unterschied zu setzen, der einen Unterschied macht. Staunen, wenn es denn gelingt, könnten wir somit auch als eine Art Selbst-Intervention betrachten, als etwas, was uns verändert."

JVW: „Ja. Was mache ich eigentlich mit denen, die sich partout nicht mehr überraschen lassen (wollen)? Denen alles schon bekannt ist, die alles schon mal gehört haben und besser wissen? Der echte Dummkopf zeichnet sich ja dadurch aus, dass er schon alles weiß. Der ist natürlich eine harte Nuss. Welche positive Verhaltensabsicht kann ich ihm zuschreiben? Vielleicht ist es auch 'nur' ein Beziehungsproblem zwischen ihm und mir? Hm, wir wollten u. a. auch zeigen, wie sich systemisch damit umgehen lässt. Ich denke, auch hier könnte vom Grundsatz her die zweistufige funktionale Analyse helfen. Erstens sind für dieses Verhalten, ich nenne es der Einfachheit halber 'Besserwissen' mehrere – jedoch nicht beliebig viele – Bezugsprobleme konstruierbar. In Bezug auf welches Problem ist das aktuell Gegebene, das zu Beobachtende also eine Lösung? Von diesem jeweils konstruierten Bezugsproblem lassen sich nun andererseits mehrere – jedoch nicht beliebig viele – Lösungen ableiten, die eventuell die Funktion des 'Besserwissens' gleich gut – oder sogar besser – übernehmen können. Das ist genial! Schade nur, dass ich nicht selbst darauf gekommen bin (lacht), sondern es waren bekanntlich die vielen, sich seit langem dazu weltweit austauschenden Systemiker."

HK: „Na ja, sicherlich können wir mit Hilfe der funktionalen Analyse auch das Besserwissen betrachten. Demnach wäre es eine Lösung für ein Problem, vielleicht für das Problem der Komplexität; es könnte als eine Form der Reduktion von Komplexität beschrieben werden. Diese Komplexitätsreduktion geht davon aus, dass in der sich permanent verändernden Welt immer wieder auch Ähnlichkeiten, vermeintliche Identitäten beobachtet werden können. Besserwissen wäre demnach, mit einem Begriff aus der Psychoanalyse gesprochen, eine Form der Übertragung. Allerdings ist der Preis dieser Übertragung hoch: Denn es werden Unterschiede, es wird Neues, bisher nicht Gesehenes systematisch ausgeblendet. Aber deine Frage war ja, wie wir mit denen umgehen können, die sich nicht mehr überraschen lassen, die immer alles schon wissen. Es liegt natürlich nahe, über diese Personen zu staunen. Ist es nicht erstaunlich, wie es Menschen immer wieder gelingt, von dem abzusehen, was die Welt antreibt, was die Welt auszeichnet: Von der Veränderung und der Bewegung? Besserwisser können das, was wir genau genommen nicht können: Mehrmals in denselben Fluss springen; ihnen ist etwas höchst Erstaunliches offenbar möglich: Sie können das Gleiche als dasselbe auffassen. Das ist doch sehr interessant."

JVW: „Ja, das ist interessant, was du sagst. Ich denke, dass solche Reaktionen wie das 'Besserwissen' in der Tat auch oft aus Ängsten resultieren. Das erste Erschrecken gilt immer dem Fremden, so oder ähnlich beginnt Helmut Willke sein Buch 'Heterotopia'. Vielleicht ist es die Angst, wenn man mit Neuem, Unvertrautem konfrontiert wird, dass sich das persönliche Leben mit seinen Ressourcen/ Problemparametern verändern könnte. Und dabei hat man sich doch oft gerade erst sicher eingerichtet im Leben! Die Frage stellt sich dann für das Subjekt vom Grund her, ob es ein richtigeres Leben im gar nicht so falschen Leben geben kann. Doch die genaue Antwort darauf gibt es erst nach der Öffnung für das Neue. Erst dann kann das Subjekt überhaupt zu kritisieren beginnen. Mir scheint also Neugierde in seinen Facetten eine recht erfolgreiche Form der Selbstanpassung eines Systems an eine sich ständig verändernde Umwelt zu sein."

HK: „Jedenfalls ist mir wichtig, dass vor allem angehende Sozialarbeiterinnen und Sozialarbeiter sich für das Staunen öffnen, dass sie Irritationen und Überraschungen zulassen. Genau das wird zumindest mit diesem Kapitel versucht. Schließlich sind die Professionellen der Sozialen Arbeit alltäglich mit Lebensentwürfen konfrontiert, die nicht ihre sein müssen, die Fremdheitserfahrungen erlauben. Gerade in solchen Kontexten ist ein zu schnelles Verstehen und Identifizieren gefährlich. Hier halte ich es mit der klassischen Kritischen Theorie, vor allem mit Adorno, der häufig davor gewarnt hat, alles in der Welt identifizieren und in eindeutige Schubladen hineinstecken zu wollen. Utopie wäre vielmehr das Aushalten der Differenz, das sich Einlassen auf die Fremdheit."

Lerneinheit II

KRITISIEREN
– Der Unterschied zwischen Ideologie und Theorie

II. KRITISIEREN – Der Unterschied zwischen Ideologie und Theorie

I have never in my life learned anything from any man who agreed with me.

(Dudley Field Malone 1925)[1]

Ausgangspunkte

Kritik (griech. *Kritike techne*) Kunst der Beurteilung

In der Regel fühlen sich Leute angegriffen, wenn sie in Diskursen als Ideologen bezeichnet werden. Sie meinen dann, möglicherweise nicht ernst genommen, als realitätsferne Schwärmer abgewertet oder als Propagandisten kritisiert zu werden. So ist es naheliegend anzunehmen, dass Theorien hinsichtlich ihrer Wissenschaftlichkeit angegriffen werden sollen, wenn man sie als Ideologien bezeichnet. Man kann *Ideologie* jedoch auch eine positive Bedeutung – nämlich eine visionäre – beimessen:

„Eine jede Idee tritt als ein fremder Gast in die Erscheinung, und wie sie sich zu realisieren beginnt, ist sie kaum von Phantasie und Phantasterei zu unterscheiden. – Dies ist es, was man Ideologie im guten und bösen Sinne genannt hat, und warum der Ideologe den lebhaft wirkenden Tagesmenschen so sehr zuwider war" (Goethe 1840; z. n. Ritter 1974, S. 161).

Es gibt sogar Theorien, die sich selbst in positiver Hinsicht als Ideologien bewerten. Eine solche Theorie ist der so genannte wissenschaftliche Kommunismus, wie er in den „realsozialistischen" Ländern Europas bis Ende der 1980er Jahre an den Schulen und Universitäten als „Ideologie der Arbeiterklasse" gelehrt wurde (Gottschlag/Wolter 1998).

Um der Frage nachzuspüren, was überhaupt eine Ideologie ist, können wir uns einmal anschauen, welche Antwort der wissenschaftliche Kommunismus dazu gibt. So heißt es im ostdeutschen *Jugendlexikon wissenschaftlicher Kommunismus* (ebd., S. 82):

„Eine Ideologie ist ein System politischer, ökonomischer, rechtlicher, pädagogischer, künstlerischer, moralischer und philosophischer Anschauungen, die bestimmte Klasseninteressen zum Ausdruck bringen und entsprechende Verhaltensnormen, Einstellungen und Wertungen einschließen."

Das Besondere der kommunistischen → Anschauung, der Ideologie der Arbeiterklasse sei nun, dass diese im Gegensatz zu anderen, bürgerlichen Ideologien „wissenschaftlich begründet, offen parteilich und eine Anleitung zum revolutionären Handeln" (ebd., S. 83) sei. Während bürgerliche Ideologien die gesellschaftlichen Verhältnisse

[1] Dudley Field Malone war ein amerikanischer Rechtsanwalt in den 1920er Jahren. Es ist uns nicht bekannt, dass er jemals in irgendeiner Verbindung zur Sozialen Arbeit stand. Jedoch ist uns sein populär gewordenes Statement ein Zitat wert, weil es für die Fruchtbarkeit von *Differenz* steht.

„nur in gewissen Grenzen entsprechend der Klassenpolitik [...] widerspiegeln [...] und mit Elementen der Verzerrung, der Illusionierung und der verteidigenden Rechtfertigung dieser Verhältnisse" (ebd.)

verbunden seien, bringe die Ideologie der Arbeiterklasse „in wissenschaftlicher Form die welthistorische Mission der Arbeiterklasse zum Ausdruck" (ebd.). Diese Mission sei von der Arbeiterklasse erfüllbar, so wird weiter ausgeführt, weil die Arbeiterklasse über

„die wissenschaftliche Erkenntnis der gesellschaftlichen Bewegungs- und Entwicklungsgesetze [in Form der von Marx, Engels und Lenin entwickelten politischen Philosophie, Soziologie und Ökonomie; d. A.] verfüge" (ebd.).

Die in dieser Ideologiebeschreibung enthaltenen erkenntnistheoretischen und geschichtsphilosophischen Thesen sind mehr als fragwürdig, geradezu naiv und gefährlich (vgl. grundsätzlich dazu Popper 1945/1992). Diese inzwischen anachronistisch wirkende marxistisch-leninistische Definition hat jedoch durchaus einen brauchbaren Kern. Interessant scheint uns nämlich diese zentrale Aussage zu sein:

> Jede gesellschaftliche **Anschauung**
> (Theorie, Reflexion usw.), ob diese nun politischer, ökonomischer, rechtlicher, pädagogischer, künstlerischer, moralischer oder philosophischer Art ist, hat ideologischen Charakter.

!

Dies wird plausibel, wenn wir uns einmal vor Augen halten, dass jede Anschauung oder Theorie innerhalb bestimmter gesellschaftlicher Verhältnisse, innerhalb bestimmter Produktionsverhältnisse entstanden ist und damit innerhalb dieser Verhältnisse eine bestimmte Position präsentiert, aus deren Perspektive sie – implizit oder explizit – interessen-parteiisch konstruiert ist. Demnach lässt sich auch keine nicht-ideologische Theorie denken (vgl. Zima 1989). Die entscheidende Frage ist für uns jedoch, wie *offen* Theorien für ihre eigene Ideologiehaftigkeit sind und ob sie diese selbstkritisch hinterfragen und verändern können.

In unserem nächsten Kapitel soll die Ideologiehaftigkeit der Sozialen Arbeit, insbesondere ihrer theoretischen Reflexion Thema sein, und zwar ausgehend von den theoretischen Transformationen, die im Anschluss an die 68er Zeit die Soziale Arbeit prägten.

Die These, die wir am Beispiel der Einflüsse der 68er Bewegung auf die Soziale Arbeit diskutieren werden, lautet, *dass die Theorien Sozialer Arbeit (wie alle Theorien) grundsätzlich Ideologieproduzenten und zugleich Ideologieentsorger sind.* In der Sozialen Arbeit sticht die Ideologieproduktion ganz besonders ins Auge. Der Grund dafür scheint uns relativ einfach: Die theoretischen Reflexionen sitzen einer Praxis auf, die dadurch gekennzeichnet ist, dass sie erst relativ spät angefangen hat, sich zu professionalisieren und sich von (ethisch) unreflektierter Moral zu befreien.

Um diese These zu belegen, möchten wir zunächst einen sehr knappen und eher abstrakten Blick auf die geschichtliche Entstehung der Sozialen Arbeit werfen, um davon ausgehend anhand von *vier Kriterien* deren Ideologiehaftigkeit zu prüfen. Dabei werden wir speziell auf Positionen der 68er eingehen, da diese die Soziale Arbeit ausgesprochen stark prägten und immer noch prägen, aber vor allem – wie erwähnt – sichtbar machen, dass Theorien zugleich ideologiedestruierend und ideologiekonstruierend wirken. Daran anschließend wollen wir untersuchen, a) wie sich idealtypische Theorien von idealtypischen Ideologien abgrenzen lassen und b) welche faktische Bedeutung die 68er bei der sozialarbeiterischen Theoretisierung und Ideologisierung hatten.

Wir sprechen von idealtypischen Theorien und ebensolchen Ideologien, denn wir gehen davon aus, dass Theorien faktisch immer auch ideologisch sind und Ideologien – im wissenschaftlichen Sinne – auch theoretisch sein können. Ein Gütesiegel von Theorien ist, dass sie diese Ambivalenz, nämlich zugleich Theorie und Ideologie zu sein, reflektieren, sie transparent machen und sich öffnen für ideologiekritische Selbst- und Fremdkritik. Wir werden darauf zurück kommen. Schließlich unterscheiden wir zwischen Ideologien und Theorien in der Hinsicht, dass Theorien, die auf der Höhe der Zeit sind, ihre eigene Ideologiehaftigkeit reflektieren und sich der ideologiekritischen Selbst- und Fremdkritik aussetzen. Im Gegensatz zu klassischen Ideologien sind moderne Theorien offen für Ambivalenzen, halten diese in ihren eigenen Beschreibungen aus, ja nutzen diese als dynamisches Prinzip permanenter dialogischer Selbsttransformation.

Erwähnt sei einleitend noch, dass wir uns natürlich bewusst sind, dass es die 68er Bewegung im Singular nicht gab. Wir werden demnach den vielfältigen und differenzierten, linken und antiautoritären Gruppen und Theorien, Vereinigungen und Ideologien in ihrer Pluralität und Unterschiedlichkeit nicht gerecht werden können, wenn im Folgenden von der 68er Bewegung die Rede ist. Da es jedoch hier kaum möglich und auch nicht nötig scheint, auf diese plurale Bewegung in ihrer Differenziertheit zu referieren, brauchen wir einen (komplexitätsreduzierenden) Begriff, auf den wir die Wirkungen dieser Bewegung zuschreiben können. Denn uns geht es darum, aus einer heutigen Perspektive das zu destillieren, was von den 68ern in der Sozialen Arbeit geblieben ist. Was prägt noch heute die sozialarbeiterische Theorie und Praxis, was kann man also noch immer sehen und wofür kann man diese Bewegung (im positiven wie im negativen Sinne) ‘haftbar’ machen? Denn es scheint uns bei dieser Bewegung ein bestimmtes Muster des Denkens, des Theoretisierens und des Agierens vorzuliegen, aus dem wir hinsichtlich von Theoriereflexionen sehr viel lernen können.

Moralisch-normative Geschichte der Sozialen Arbeit

Die heutigen Professionen – als Berufe *besonderen* Typs – bildeten sich mit dem Beginn der → funktionalen Ausdifferenzierung der Gesellschaft, also zwischen dem 17. und 19. Jahrhundert, heraus (vgl. Stichweh 1996).

!

Funktionale Ausdifferenzierung

meint die in der modernen Gesellschaft vorherrschende Differenzierung in Teilsysteme, die jeweils spezialisierte Beiträge zur gesellschaftlichen Reproduktion liefern. Da jedes Teilsystem etwas Unentbehrliches beisteuert und auch von keinem anderen darin ersetzt werden kann, sind alle gleichermaßen wichtig, wodurch zwischen ihnen keine Rangdifferenzen bestehen. Wirtschaft beispielsweise ist *gesellschaftlich* gesehen nicht bedeutsamer, aber auch nicht bedeutungsloser als Erziehung oder Politik.

Im Gegensatz zu früh hoch angesehenen Professionen wie z. B. den Ärzten, die in dieser genannten Zeit von Armenmedizinern zu einer professionellen Elite aufstiegen, fing die Soziale Arbeit erst in der Zeit der Wende vom 19. zum 20. Jahrhundert an, sich allmählich zu professionalisieren (ausführlicher dazu Kleve 1999/2007; 2000). Dies war in der Zeit der so genannten → Modernisierung der Gesellschaft. Seitdem wird diese permanent mit ihren eigenen Handlungsambivalenzen (Vieldeutigkeiten) und ihrer Paradoxielastigkeit (Widerspruchs-Last) konfrontiert (siehe dazu auch Abbildung 9).

!

Modernisierung

nennt man allgemein den gesellschaftlichen Übergang, der beschleunigt seit dem 17. Jahrhundert stattfindet. Insbesondere sind damit die Prozesse der Rationalisierung (Wissenschaft), Säkularisierung (Bedeutungsverlust der Religion), Industrialisierung (Wirtschaft) und Differenzierung/Individualisierung (Soziales) gemeint.

Dies war ebenfalls die Zeit, in der immer mehr gesehen wurde, dass der Fortschritt nicht nur Reichtum, sondern im gleichen Maße auch Armut hervorbringt. Die Modernisierung der Gesellschaft offenbarte also nicht nur Lösungen für soziale Probleme, sondern im gleichen Maße auch viele neue Probleme, d. h. sie führte zu Ambivalenzen (Abbildung 9).

In den Worten von Max Horkheimer und Theodor W. Adorno müssen wir bilanzieren, dass die Vernunft, die hochgepriesene und zugleich erschreckend überschätzte Rationalität der Aufklärung immer auch Unvernunft, Irrationalität gebiert (1947/1969). Die Theorien der Moderne legen uns zu häufig sogar nahe, dass

> „die jetzige, moderne Gesellschaft noch nicht modern genug sei und sich selber gleichsam nacheifern müsse, um endlich modern zu werden" (Luhmann 1998, S. 1082).

Die *Moderne* könnte uns auf diesem Hintergrund als Formel für das Nichterkennen dessen gelten, was die → Postmoderne auf ihr gemäßere Begriffe bringt.

!

> Mit **Postmoderne**
> meinen wir eine andere, neue Form der Moderne, in der nicht mehr *ein* Fortschrittsmodell andere beherrscht, sondern sich *plurale* und miteinander auch im *Widerstreit* stehende Entwicklungsvorstellungen (Paralogiken; lokale Erzählungen) von Moderne *nebeneinander* realisieren. Ein Beispiel dafür sind die unterschiedlichen Teilsysteme der Gesellschaft wie Religion, Wirtschaft oder Recht u. a., die mit *jeweils anderen* Kommunikationsmustern operieren.

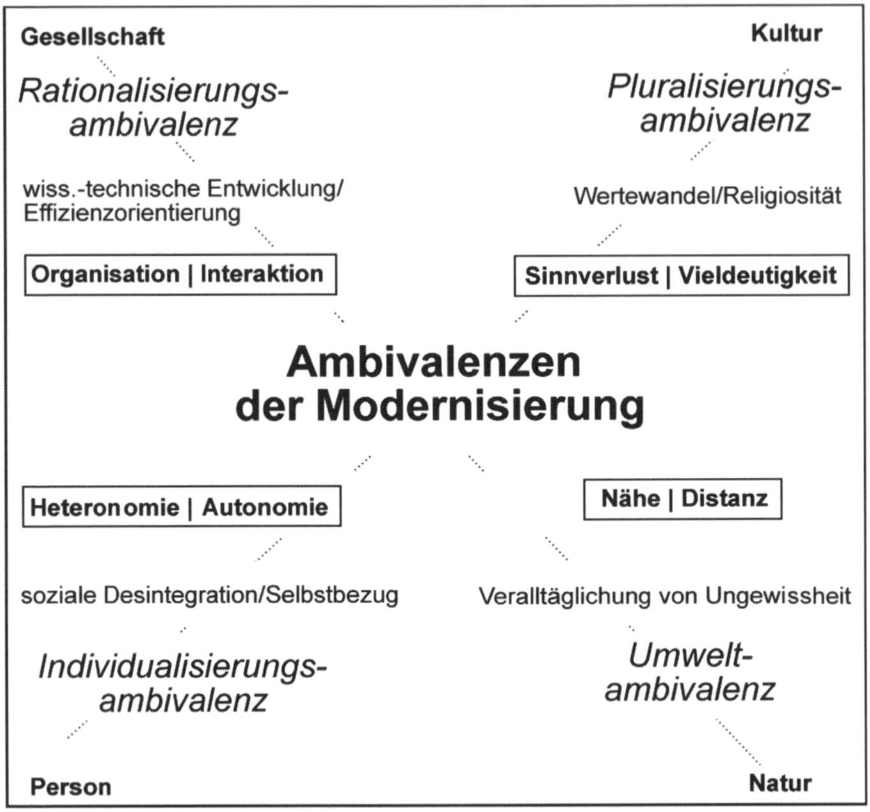

Abb. 9 Ambivalenzen der Modernisierung

Diese Rückseite der Medaille *Fortschritt*, diese Ambivalenz (Zwei- bzw. Vieldeutigkeit) der Modernisierung überforderte die traditionellen Lebenswelten. Diese Überforderung wird sichtbar an den Familienzusammenhängen, die schlicht auseinanderbrachen, bzw. in der heutigen Zeit abgemilderter auch an der *Krise der Normalfamilie*: Sinkende Heiratsfreudigkeit, steigende Scheidungsraten und die langfristige Entwicklung der Geburtenzahlen (siehe Peuckert 2007, S. 36). Angesichts dieser überwältigenden gesellschaftlichen Umbruchprozesse waren die traditionellen öffentlichen Problemlösungsversuche, z. B. die bereits institutionalisierten Versicherungssysteme, die konfessionell oder weltanschaulich gebundenen Hilfepraktiken oder auch die privaten, ehrenamtlichen Hilfeleistungen zum Scheitern verurteilt. Bis heute entstand daher allmählich ein systemisches Gefüge der organisierten Sozialen Arbeit (vgl. stichhaltig: Bommes/Scherr 2000), wobei wir hier – weil mit anderen Interessen daherkommend – die noch vor kurzem heiß diskutierte Frage unberührt lassen wollen, ob wir hier in der Tat mit der *Sozialen Arbeit* (das System *Soziale Arbeit* wird manchmal auch *Soziale Hilfe* genannt) ein neues gesellschaftliches Teilsystem im Entstehen sehen können oder nicht.

Es kompensiert damit einerseits die immer stärker werdenden Tendenzen der lebensweltlichen Desintegration (z. B. das Erodieren der familiären Zusammenhänge) und es übernimmt Sozialisationsaufgaben, die traditionell in Familien geleistet wurden. Andererseits fing es – mehr oder weniger erfolgreich – an, die von den Funktionssystemen Wirtschaft, Erziehung, Politik, Religion oder Recht produzierten externalisierten Probleme, die diese Systeme selbst nicht (mehr) bearbeiten konnten, zu bearbeiten (z. B. Arbeits-, Bildungs-, Macht-, Glaubens- oder Rechtsmangel bzw. -losigkeit).

Die gesellschaftliche Triebkraft dieses Systems war immer auch die ethisch-moralische Differenz von Sein und Sollen, von faktischer Lebensrealität und sozial (etwa gesellschaftlich) erwarteter Lebensnorm (vgl. Kleve 2002). Denn dieses System versucht – seiner ursprünglichen, modernen Logik zufolge – dort, wie man sagen könnte, *nachzumodernisieren*, wo die Modernisierung steckengeblieben ist. Es versucht dort die Normen und Werte der Moderne durchzusetzen, wo diese Normen und Werte sich noch nicht (vollends) durchgesetzt haben bzw. – bewusst oder unbewusst – abgelehnt werden. Insofern verstand sich bereits die frühe Soziale Arbeit, wie die Sozialarbeitshistoriker Rüdeger Baron und Rolf Landwehr (1989, S. 150) formulieren,

„als Vermittlung von Normen, Moral und Kultur der gesellschaftlich bestimmenden bürgerlichen Schichten, wobei man sich [als Sozialarbeiter/in; d. A.] selbst als Vorbild verstand und auch so verhielt."

Daher, so könnte vermutet werden, fördert dieses System „Pathos und Appell" (Berndt 1999) und neigen Sozialarbeiterinnen und Sozialarbeiter zum Moralisieren. Sie sehen sich – im Gegensatz zu ihren KlientInnen und zu anderen Teilen der Gesellschaft – selbst auf der Seite des moralisch „Richtigen" und „Guten".

Insofern lässt sich eine inzwischen zwar problematisch gewordene, aber immer noch beobachtbare Leitunterscheidung der Sozialarbeit mit der Differenz von Norm und Abweichung (Konformität/Devianz) markieren (siehe auch paradigmatisch Baecker 1994).

!

Die **Differenz von Norm und Abweichung**
ist keine brauchbare Orientierung für SozialarbeiterInnen, weil wir keine Verhaltensregeln mehr finden können, die allgemeine bzw. gesamtgesellschaftliche Gültigkeit beanspruchen können. Es kommt vielmehr darauf an, wie flexibel einzelne Personen mit den pluralen, sich teils widersprechenden und oft nur situativ gültigen Verhaltenserwartungen in Systemen umgehen können.

Sozialarbeiterinnen und Sozialarbeiter stünden demnach auf der Seite der Norm, repräsentieren die vermeintliche gesellschaftliche Norm, aus deren Perspektive sie die von dieser Norm Abweichenden re-normalisieren, sie zurück in diese Norm zu integrieren versuchen. Man könnte sagen, dass damals eine zentrale Frage war, wer als hilfsbedürftig gilt und wer nicht. Für uns ist jedoch heute in der Sozialen Arbeit viel entscheidender – und zwar primär unabhängig von Oben-unten-Unterscheidungen (wie Klassen oder Schichten), – *wie* jeweils mit Hilfesituationen umgegangen werden kann. Der heute mehr als fragwürdig gewordenen Orientierung an Norm und Abweichung wurde in der deutschen Vorkriegs-, aber auch in der deutschen Nachkriegssozialarbeit in West und Ost gefolgt. Nicht nur in der DDR ging die Sozialarbeit, etwa die Jugendhilfe von der „fatalen Annahme“ aus, dass sie unfehlbar wisse, „was gut für die Bürger und die Kinder und Jugendlichen“ (Mannschatz 1998, S. 230) sei. Auch in der Bundesrepublik galt diese Vorstellung ungebrochen und wurde in rechtlicher Hinsicht genau genommen erst 1991 mit Einführung des Kinder- und Jugendhilfegesetzes (SGB VIII) verabschiedet. Diese traditionelle sozialarbeiterische Orientierung ist zugleich ein erster Beleg für Ideologiehaftigkeit, was wir im Folgenden ausführlicher diskutieren.

Ideologie der Sozialen Arbeit – vier Merkmale

In Anlehnung an Peter V. Zima (1989, S. 56) können wir sagen, dass Ideologien durch *vier* miteinander zusammenhängende Charakteristika gekennzeichnet sind. Diese Charakteristika werden wir nennen, um sodann jeweils zweierlei zu zeigen: a) zum einen, wie Soziale Arbeit in dieser Hinsicht bis hinein in die 68er Zeit als ideologischer Diskurs betrachtet werden kann und b) zum anderen, wie die 68er diesen ideologischen Diskurs – in ambivalenter Weise – sowohl destruierten als auch fortsetzten.

!

Erstes Merkmal einer Ideologie:
Eine Ideologie stellt eine partikulare, perspektivische, beschränkte Position dar, die – implizit oder explizit – bestimmte kollektive Interessen und Werte innerhalb der Gesellschaft vertritt.

So haben die 68er gezeigt, dass die Soziale Arbeit in ihrer an Norm und Abweichung orientierten Perspektive eine gesellschaftliche Praxis ist, die im Interesse der gesellschaftlich herrschenden kapitalistischen Modernisierungsideologie, also ausgehend von einem bestimmten – zwar dominanten, aber deshalb nicht minder partikularen – Interesse aus normalisiert:

„Dem Sozialarbeiter fällt in der gegenwärtigen Gesellschaft die Rolle zu, Agent und Repräsentant des herrschenden Staates zu sein. Seine Aufgabe ist es [...], bei seinen Klienten sowohl für die materielle wie für die ideologische Reproduktion des bestehenden Systems zu sorgen" (Hollstein/Meinhold 1973, S. 1).

In den 1980er Jahren wurde diese These in Anlehnung an die Theorie des kommunikativen Handelns von Jürgen Habermas (1981) weiter differenziert. Die folgende Abbildung 10 zeigt uns die zwei Arten sozialer Koordination, die nach Habermas' Ansicht die Gesellschaft in zwei Bereiche teilt (vgl. Schützeichel 2004, S. 207).

Heben wir von dem Schema ab, könnten wir also ableiten, dass Soziale Arbeit eine „Kolonialisierung der Lebenswelten" betreibe, indem sie die verständigungsorientierte Vernunft, die alltägliche, offene, dialogische Kommunikation ihrer Klienten mit systemischen Erwartungen, mit der instrumentellen Vernunft der Systemwelt, die an Geld, Macht und Recht orientiert ist, aufweicht, ja zerstört. Soziale Arbeit ist in dieser Hinsicht ideologisch, weil sie funktions-systemische Interessen vertritt, die nur einem Teil der Gesellschaft, nämlich der Systemwelt, entsprechen, die ihre Prinzipien dem anderen Teil, nämlich der Lebenswelt, verstärkt oktroyiert.

Aber auch die gegenteilige Orientierung, nämlich die einseitige Interessenvertretung der vermeintlich 'unterdrückten Minderheiten', trägt ideologische Züge. Hier wird das partikulare Interesse bestimmter gesellschaftlicher Gruppen gegen andere, z. B. die Lebenswelt gegen die Systemwelt, einseitig verteidigt.

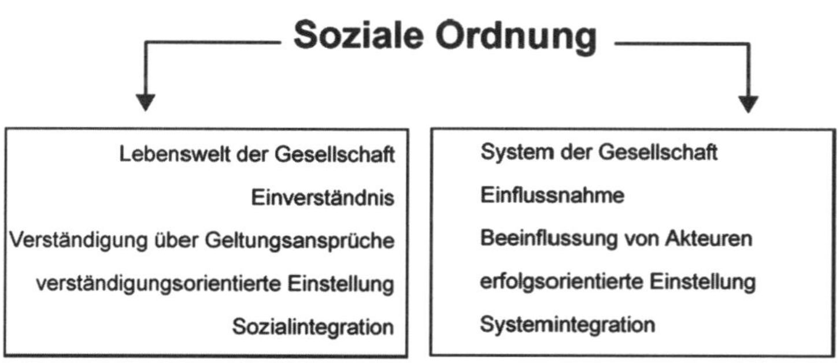

Abb. 10 Die zwei Bereiche der Gesellschaft nach Habermas

Eine in dieser Weise ideologisierende Sozialarbeit ging sehr stark von der 68er Bewegung aus, in der davon gesprochen wurde, dass

„der Anspruch der Betroffenen gegenwärtig nur gegen die offiziellen Institutionen durchgesetzt werden [kann]" (Hollstein/Meinhold 1973, S. 1).

Diesbezüglich verstand sich Soziale Arbeit als eine Unterstützung des „Klassenkampfes“ bzw. als eine soziale Erziehung zum „Klassenkampf“.

Dass Soziale Arbeit damit sehr schnell wieder einer Orientierung an der Kategorie von Norm/Abweichung aufgesessen war, erscheint geradezu zwangsläufig. Die Norm war nun zwar nicht mehr eine vermeintlich gesellschaftlich herrschende, sondern die Norm der revolutionären Emanzipation, der Kritik am Kapitalismus. Wer dieser Norm aber nicht folgen wollte, wich ab, und zwar von seinen vermeintlich eigenen Interessen als unterdrücktes Mitglied der kapitalistischen Gesellschaft. Und von diesen 'Normen' gab es schon zu dieser Zeit so viele, wie es unterschiedliche linke Gruppen gab, sodass es zu gegenseitigen Missionierungs- und 'Aufklärungs'aktionen kam. Peter-Jürgen Boock (1998, S. 93), der Ende der 1960er, Anfang der 1970er Jahre in einem Erziehungsheim lebte, berichtet, dass die unterschiedlichen linken Splittergruppen „ihre ideologischen Streitereien in fast alle Bereiche“ hineintrugen:

> „Die Zersplitterung hatte natürlich eine ungeheure Sprengkraft, was solidarisches Verhalten untereinander anging. Was vorher im Vordergrund stand, die Gruppe der Zöglinge gegen die Institution, ging jetzt durch die eigenen Reihen durch“ (ebd.).

!

Zweites Merkmal einer Ideologie:

Eine Ideologie, ein ideologischer Diskurs führt zur Polarisierung von zwei Parteien, von Befürwortern und Gegnern der jeweiligen ideologischen Positionen.

In der Sozialen Arbeit lassen sich in dieser Hinsicht zwei Gegner ausmachen, die jeweils aus unterschiedlichen Positionen heraus ideologisch bekämpft werden: *Zum einen* die Klienten selbst und *zum anderen* die Gesellschaft bzw. deren Institutionen. Die Klienten werden als Gegner ideologisch bekämpft, wenn sie sich den sozialarbeiterischen Normalisierungsstrategien widersetzen, ob diese nun aus der vermeintlich herrschenden gesellschaftlichen oder der linken emanzipatorischen Position hervorgehen. In dieser Normalisierungsorientierung werden die sich der Normalisierung widersetzenden Klienten abgewertet. Ihnen wird die Schuld für ihre Probleme zugeschrieben und ihnen wird mangelnde Einsichtsfähigkeit, Boshaftigkeit oder dergleichen unterstellt. Aus dieser Perspektive denkt man etwa: „Wie können sie es wagen, die 'gute' Hilfe nicht anzunehmen? Man will doch nur ihr Bestes.“ Im Gegensatz dazu wird die Gesellschaft als *Feind* ideologisch gebrandmarkt, wenn man sich eindeutig auf die Seite der „Opfer“ der gesellschaftlichen Zustände, der kapitalistischen „Missverhältnisse“ stellt. Dann stehen die Sozialarbeiterinnen und Sozialarbeiter parteiisch bei ihrer Klientel, bewerten sich selber als die „guten Menschen“, die gegen das „böse System“ kämpfen und damit den „Unterdrückten“ helfen.

In beiden Fällen, sowohl im ideologischen Kampf gegen die Klienten als auch im ideologischen Kampf gegen die Gesellschaft, spielt die Moral eine wichtige Rolle. Denn erst Moral führt zur Ausdifferenzierung des Schemas „gut/böse“, erlaubt die eindeutige Parteinahme, die Achtung des einen und die Missachtung, die Abwertung des anderen, kurz: Die Konstruktion von ideologischen Positionen, die das Freund/Feind-Schema ausdifferenzieren. Denn, so Niklas Luhmann (1984, S. 318f.):

„Alle Moral bezieht sich letztlich auf die Frage, ob und unter welchen Bedingungen Menschen einander achten bzw. mißachten. Mit der Achtung (estime, esteem) soll eine generalisierte Anerkennung und Wertschätzung gemeint sein, mit der honoriert wird, daß ein anderer den Erwartungen entspricht, die man für eine Fortsetzung der sozialen Beziehung voraussetzen zu müssen scheint. [...] Als Moral eines sozialen Systems wollen wir die Gesamtheit der Bedingungen bezeichnen, nach denen in diesem System über Achtung und Mißachtung entschieden wird."

!

Drittes Merkmal einer Ideologie:

Ideologen stellen ihre eigenen Positionen als die einzig möglichen, richtigen und wahren Positionen dar und verwechseln ihre eigene Partikularität (Beschränktheit) mit Universalität bzw. ihre soziale Perspektivität (Relativität) mit Objektivität.

In diesem Sinne haben Ideologen aus ihrer eigenen Perspektive immer schon recht; sie müssen, wie sie meinen, ihre Theorien nicht dem dialogischen Diskurs aussetzen. Denn sie gehen von dem Glauben aus, dass die vermeintlich von ihnen erkannte Wahrheit, die von ihnen vertretenen überpersönlichen Werte, die von ihnen durchzusetzenden gesellschaftlich anerkannten oder emanzipatorischen bzw. revolutionären Normen außerhalb dieses dialogischen Diskurses liegen. Mit Luhmann (1988) könnten wir in diesem Zusammenhang auch sagen, dass Ideologen diejenigen Theoretiker sind, die so tun oder gar glauben, sie könnten die Gesellschaft aus einer Position *außerhalb* der Gesellschaft bewerten. Sie tun so oder glauben gar, die Gesellschaft oder bestimmte gesellschaftliche Gruppen beobachten, kritisieren, eventuell angreifen zu können, ohne selbst zu dieser Gesellschaft zu gehören, ohne selbst beeinflusster Teil dieser sozialen Verhältnisse zu sein. Erst der Glaube an die Erreichbarkeit, an die Realität einer solchen Position ermöglicht den ideologischen Diskurs, ermöglicht das Vertreten einer Ideologie, die sich selbst als universale Perspektive, als eine von einem archimedischen Punkt[2] aus konstruierbare Position bewertet.

In der Sozialen Arbeit besteht traditionell – auch heute noch – die Gefahr, dass derartige ideologische Positionen eingenommen werden. Dies passiert dann, wenn die eigene kritische Wissenschaftlichkeit noch zu schwach ist. Moralisieren und „Selbstbeweihräucherung", wie Peter Fuchs (2001, S. 13) sagt, können so vor der kritischen dialogischen Wissenschaftlichkeit und reflektierten Professionalität häufig die

[2] Der *archimedische Punkt* hat seinen Namen von der Aussage Archimedes', er könne 'ganz alleine die Erde anheben, wenn er nur einen festen Punkt und einen ausreichend langen Hebel' hätte. Im übertragenen Sinne wäre dies hier ein angenommener absoluter, unveränderbarer Punkt außerhalb des zu Beschreibenden – den es aber eben nicht gibt!

Oberhand behalten. Aus diesem Grund werden schlecht ausgebildete Sozialarbeiterinnen und Sozialarbeiter anfälliger für Ideologien und für ideologische Positionen. Diese Ideologieanfälligkeit wurde auch durch die Einflüsse der 68er Generation nicht aufgebrochen. Vielmehr wurde das der Sozialen Arbeit inhärente ideologische Muster lediglich mit anderen Inhalten gefüllt und zum Teil noch verstärkt. Jetzt ging es nicht mehr um ein Normalisieren im Sinne einer vermeintlichen gesellschaftlichen Norm, sondern um emanzipatorisches oder revolutionäres Handeln. Noch immer hielt man die eigene Position (in ideologischer Weise) für die wahre, die sich (in „ideologiekritischer" Art) befreit hätte von den „kapitalistischen Verblendungszusammenhängen". Daher sei diese – und die eigene Beschränktheit, die eigene Ideologiehaftigkeit damit ausblendend – imstande, die Beschränkungen der anderen aufzudecken.

Ob es nun aber die frühe Ideologie der „geistigen Mütterlichkeit" (dazu Berndt 1999) oder die Ideologie der Emanzipation der 68er war oder ob heute die Ideologie des Marktes und der Ökonomie sich in der Sozialen Arbeit durchsetzt, immer sind diese ideologischen Positionen durch einen Mangel an selbstkritischer Wissenschaftlichkeit und reflektierter Professionalität gekennzeichnet. Immer dann werden die beschreibenden, erklärenden und abwägenden wissenschaftlichen Urteile ersetzt durch Imperative, durch Vorschriften im Sinne von „Du sollst ...!", „Du musst ...!" usw.

!

Viertes Merkmal einer Ideologie:

Die Befürworter bzw. Vertreter der partikularen kollektiven Positionen, der bestimmten Interessen, kurz: Die Ideologen wehren die Reflexion ihrer eigenen Partikularität, ihrer eigenen Perspektivität ab und verschließen sich vor offenen Dialogen, die ihre Positionen in Frage stellen und deren Beschränktheit aufdecken könnten.

Diese Abwehr gegen Dialoge, die die eigene Beschränktheit aufdecken und neue theoretische Optionen eröffnen könnte, hat unserer Meinung nach oft mindestens *drei* Ursachen.

Derartige Dialoge werden *erstens* dann abgewehrt, wenn man davon ausgeht, die Wahrheit, das Richtige, das Gute bereits gefunden zu haben. Wieso sollte man sich dann noch der Mühe des Diskurses aussetzen? Vielmehr wird versucht, die anderen zu missionieren, also eine monologische Position einzunehmen. Selbst wenn das Hören der kritischen Stimmen nicht vermeidbar ist und von den Ideologen geradezu zwangsläufig zur Kenntnis genommen werden muss, dass die jeweils anderen, z. B. die Klienten, die normativen Zumutungen der Sozialen Arbeit abwehren, ja selbst dann wird, wie Heide Berndt (1999, S. 37) feststellt, mit „Wortgeklingel und Phrasendrescherei" am Ideal, an der Ideologie festgehalten. Mehr noch: Die Beschwörung der Normen nimmt dann nicht selten die Form des Appells, ja sogar des Befehls an.

Zweitens resultiert die Abwehr vor offenen ideologiedestruierenden oder ideologietransformierenden Dialogen aus dem Vakuum, das entstehen würde, wenn man die eigene Position aufgeben müsste. Denn es fehlt – wie bereits erwähnt – in der Sozialen Arbeit an *nüchterner Analyse, kritischer Wissenschaftlichkeit* und *reflektierter Professionalität.* Nur dieser Dreischritt könnte das Loch stopfen, das entstehen würde, wenn die Ideologen ihre Positionen aufgeben. Aufgrund des wissenschaftlichen und professionellen Mangelzustandes würde durch das Aufgeben der ideologischen Positionen außerdem ein Verlust an Sicherheit entstehen, was schließlich als *weitere* Ursache für die Dialog-Abwehr angesehen werden kann.

Denn es ist *drittens* eine Funktion von Ideologien, Sicherheit zu geben, da die hohe Unsicherheit (Kontingenz), die mit kritischer Wissenschaftlichkeit und mit reflektierter theoretischer Arbeit zwangsläufig – vorübergehend oder im Falle skeptischer und postmoderner Positionen auch dauerhaft – aufkommt, sonst nicht aushaltbar erscheint.

Theorie der Sozialen Arbeit – drei Merkmale

Wir werden nun eingehender die These diskutieren, dass die 68er Bewegung den ideologischen Diskurs in der Sozialen Arbeit nicht nur mit anderen Inhalten gefüllt und so auch weiter angeheizt hat, sondern dass sie diesen in ambivalenter Weise zugleich auch ausgehöhlt hat. Möglich wurde dies durch die verstärkte Einführung kritischer Wissenschaftlichkeit und reflektierter Professionalisierung. Bevor wir hierauf anhand von *drei* Kriterien, die Theorien kennzeichnen, eingehender zu sprechen kommen, wollen wir die institutionelle Voraussetzung zumindest erwähnen, die den 68ern diese Schlüsselstellung in der Entwicklung einer selbstkritischen Sozialarbeit und Sozialpädagogik vermittelt hat.

Soziale Arbeit als wissenschaftliche Ausbildung !

wurde sowohl an den Universitäten in Form des Diplomstudiums Erziehungswissenschaften als auch an den *Fachhochschulen* in Form der Studiengänge Sozialarbeit/Sozialpädagogik eingeführt, nachdem sich die Bundeskonferenzen der Höheren Fachschulen für Sozialarbeit und für Sozialpädagogik 1971 zugunsten der neu gegründeten Fachhochschulen aufgelöst hatten (siehe Mühlum 2004a, S. 9).

Dies geschah zu einer Zeit, in der die akademisierten 68er vermehrt den bekannten *Marsch durch die* (auch hochschulischen) *Institutionen* antraten. Und so wurde die erste Etappe der sozialarbeiterischen Hochschulausbildung von Sozialwissenschaftlern dieser 68er Generation geprägt. Sie begannen mit Hilfe ihrer theoretischen Orientierungen – insbesondere durch die Verknüpfung von → Marxismus und → Psychoanalyse ('Kritische Theorie der Frankfurter Schule'; vgl. von Hackewitz

1993) oder der humanistischen Psychologie-Schulen (siehe Abraham Maslow[3], Carl Rogers[4]), die Soziale Arbeit neu zu reflektieren und praktisch-methodisch zu unterfüttern.

!

Marxismus

ist eine Sammelbezeichnung für die von Karl Marx und Friedrich Engels im 19. Jahrhundert entwickelte Wirtschafts- und Weltanschauung sowie für unterschiedliche damit verbundene philosophische und politische Ansichten. Der Marxismus gilt als einflussreichste Quelle des Sozialismus und Kommunismus.

!

Mit **Psychoanalyse**

wird ein von Sigmund Freud gegründetes Wissenschaftsgebiet der Psychologie bezeichnet. Es können unterschieden werden (1) die Technik der ärztlich-therapeutischen Behandlung von Neurosen und anderen psychischen Störungen, (2) theoretische Ansätze zur Erklärung psychopathologischer Krankheitsbilder auf der Grundlage von Struktur und Funktionsweise der Psyche und (3) die Metapsychologie mit der Theorie über die Struktur und Dynamik des Psychischen, insbesondere des Unbewussten und der Triebe und mit Bezug auf Interpretationsmuster, sowie den Ödipuskomplex und die Kulturtheorie (vgl. Fachlexikon des Deutschen Vereins für öffentliche und private Fürsorge 2007, S. 735).

Diese theoretischen Orientierungen fanden dann auch Eingang in die Diskurse der 1990er Jahre um eine Sozialarbeitswissenschaft, die sich dann wiederum kritisch den einstmals kritischen Theorien gegenüberstellte und zumindest in jüngster Zeit vermehrt systemtheoretische oder postmoderne Wissenschafts- und Handlungskonzepte vertritt. Was aber kennzeichnet eine idealtypische Theorie in Abgrenzung zu einer idealtypischen Ideologie? Wie halfen die 68er dabei, die Soziale Arbeit in dieser Hinsicht ideologiedestruierend zu verwissenschaftlichen und zu professionalisieren?

---

[3] Abraham Maslow (1908–1970), ein US-amerikanischer Psychologe, gilt als der wichtigste Gründervater der Humanistischen Psychologie, die eine Psychologie der seelischen Gesundheit anstrebte und Fragen der menschlichen Selbstverwirklichung untersuchte. Er wurde durch seine Bedürfnispyramide (veröff. 1943) bekannt.

[4] Carl R. Rogers (1902–1987) war ebenfalls ein US-amerikanischer Psychologe und Psychotherapeut, dessen überragende Leistung in der Entwicklung der 'klientenzentrierten Gesprächstherapie' besteht.

In Anlehnung an Peter V. Zima (1989, S. 56) lassen sich (ideologieselbstkritische) Theorien anhand von *drei* miteinander untrennbar in Verbindung stehenden Charakteristika markieren:

> **Erstes Merkmal einer Theorie:**
> Wie die Ideologie ist auch die Theorie eine partikulare und perspektivische Position und stellt eine interessenspezifische kollektive Anschauung innerhalb der Gesellschaft dar.

!

Die 68er haben dies (vor allem von Karl Marx her und mit Theodor W. Adorno) selbst klar gesehen. Sie haben gesehen, dass das Bewusstsein, die Theorie, die Anschauung, das Ideelle immer vom gesellschaftlichen Sein, von den materiellen Produktionsverhältnissen – wenn nicht determiniert, dann jedenfalls doch stark bedingt wird. Insofern ist auch jede (etwa eine kritische) Beschreibung der Gesellschaft eine Beschreibung *in* der Gesellschaft, eine Beschreibung, die durch ihre Kommunikation diese Gesellschaft selbst reproduziert. Aus unserer Sicht konnte aber erst die systemtheoretische Gesellschaftsbeschreibung Niklas Luhmanns (1997) diese Erkenntnis so deutlich wie nie zuvor und mit allen ihren Konsequenzen für die sozialwissenschaftliche Gesellschaftsbeobachtung und Theoriearbeit ausformulieren.

Wenn dies so ist, wenn also kein Außenstandpunkt möglich ist, von dem aus die Gesellschaft nicht-gesellschaftlich, nicht-sozial, sprich: Objektiv beobachtbar ist, dann kann man sich auch bewusst entscheiden, eine bestimmte gesellschaftliche Perspektive einzunehmen, für bestimmte kollektive Interessen Partei zu ergreifen, um davon ausgehend bestimmte Ziele zu verfolgen. In diesem Sinne haben die 68er zunächst die klassische sozialarbeiterische Orientierung der Normalisierung und Re-Integration in ihrer affirmativen herrschafts- bzw. strukturerhaltenden Funktion und die damit einhergehende Ideologie kritisiert. Davon ausgehend forderten sie dann von Sozialarbeitern eine klare Parteilichkeit für ihre Klientel, für die Opfer der gesellschaftlichen Modernisierung und verstanden ihre Theorie als eine emanzipatorische, die die Interessen der Minderheiten vertreten sollte. Solange es gelang, diese Position aufrechtzuerhalten, solange, genauer gesagt, nicht versucht wurde, die Klienten zu missionieren, „sondern ihnen die materiellen Möglichkeiten zur Selbstorganisation“ (Hollstein/Meinhold 1973, S. 43) zu offerieren, hatte diese theoretische Orientierung sicherlich ihre Berechtigung. Sobald aber die Theorie ihre eigene Partikularität vergaß, diese nicht mehr reflektierte und auch ihre soziale und zeitliche Beschränktheit ausblendete, wurde (und wird) aus der Theorie eine Ideologie. Denn dann konnten mit der Theorie nicht mehr die sich wandelnden Interessen derjenigen verfolgt werden, die ursprünglich im Blick waren, die Interessen der Klientel Sozialer Arbeit, sondern die Theorie diente den unterschiedlichen (sozialen oder psychischen) Interessen ihrer Vertreter, die nun zu Ideologen wurden. Sie begannen immer mehr, die Bewertung von Werten zu bewerten und die Begründungen nur noch um der Begründung willen zu begründen – mit all den Auswirkungen, die im letzten Abschnitt bereits beschrieben wurden.

Wenn sich die Theorie allerdings ihrer eigenen Partikularität, Perspektivität und Beschränktheit bewusst ist und bleibt, zeichnet sie sich zumindest durch eines aus: Durch (wissenschaftliche) Bescheidenheit in ihren Ansprüchen und im Auftreten ihrer Vertreter.

!

Zweites Merkmal einer Theorie:

Die Theorie reflektiert – im Gegensatz zur Ideologie – ihre soziale Partikularität, Perspektivität und Beschränktheit und stellt die eigenen Verfahren in einen offenen dialogischen Kontext der Kontingenz, der Möglichkeit des auch Andersseins.

Theorien sind also selbst- und fremdreflexiv, sie unterziehen sich einer *zweifachen* permanenten Kritik: *Einerseits* einer Selbstkritik von ihren Vertretern und *andererseits* einer Fremdkritik von Dialogpartnern, etwa von Vertretern anderer theoretischer Positionen. Um eine solche selbstkritische Position zu ermöglichen und einen solchen kritischen Dialog zu eröffnen, ist natürlich eine eigene Wissenschaftlichkeit notwendig. Hierzu sind Verfahren und Kriterien offenzulegen, die vorausgesetzt werden, um zu den eigenen Thesen und Theorien zu kommen. Dass in der Sozialen Arbeit überhaupt eine solche Wissenschaftlichkeit aufgebaut wurde, ist auch den Sozialwissenschaftlern der 68er Generation zu verdanken. Denn diese Generation schaffte es (zumindest teilweise), dass selbst das Moralisieren und Praktizieren sich der permanenten theoretischen „Selbst-Reflexion" (Habermas) zu stellen hatte. Weiterhin eröffneten die 68er erst die notwendige Grundlegung einer Wissenschaftlichkeit, die die Voraussetzung dafür wurde, dass die Soziale Arbeit sich in einen unseres Erachtens immer gleichberechtigter werdenden Dialog mit anderen Wissenschaften einlassen konnte, ohne sich bevormunden zu lassen oder als unwissenschaftlich abgestempelt zu werden. In dem Maße, in dem sich die Soziale Arbeit durch die 68er soziologisierte und psychologisierte, wurde sie auch interessanter für Soziologen und Psychologen, so dass sich inzwischen eine eigene Soziologie der Sozialen Arbeit oder eine Psychologie der Sozialen Arbeit etablieren konnte. Schließlich sind durch die 68er Generation die Ergebnisse der Kommunikationsforschungen der → Palo Alto-Schule für die Soziale Arbeit rezipiert worden.

!

Die **Palo Alto-Gruppe**

war eine Forschungsgruppe aus Psychiatern, Psychologen und Sozialarbeitern am Mental Research Institute (MRI) in Palo Alto in Kalifornien. Inspiriert von Gregory Bateson forschten sie ursprünglich, d. h. Anfang der 60er Jahre des vergangenen Jahrhunderts zum Thema Schizophrenie, später zu den Themen Kommunikation, Psychotherapie und Familientherapie. Ihr prominentestes Mitglied wurde sicherlich Paul Watzlawick durch seinen Bestseller „Anleitung zum Unglücklichsein".

Wie Ernst Engelke (1992, S. 253 ff.) schreibt, gingen Fritz Haag und andere Theoretiker einer emanzipatorischen Theorie der Sozialen Arbeit von den kommunikationstheoretischen Annahmen der Palo Alto-Schule aus, um ihre Thesen zu begründen und praxistauglich zu machen. Aus dieser Kommunikationstheorie entwickelten sich dann vor allem Ende der 1970er und Anfang der 1980er Jahre bis hinein in die gegenwärtige Soziale Arbeit andere theoretische Anschauungen, und zwar Ansätze einer systemischen und konstruktivistischen Sozialen Arbeit. Für diese sind Partikularität und Standpunktgebundenheit immanente theoretische Erklärungsprinzipien. Diese Ansätze stellen das (nur allzu oft missbrauchte und ideologisierte) Prinzip der 'Wahrheit' selbst als *wissenschaftliches* Bezugssystem in Frage.

Drittes Merkmal einer Theorie:

Die Theorie strebt die – zwar niemals erreichbare, aber als regulatives Prinzip wichtige – Überwindung der eigenen Partikularität, Perspektivität und Beschränktheit durch dialogische und vor allem kritische Objektivierung und Distanzierung an.

!

Erst durch die kritische Verwissenschaftlichung und reflektierte Professionalisierung der Sozialen Arbeit durch die 68er wurde es möglich, das normative sozialarbeiterische Moralisieren selbst zu hinterfragen. Dieses Hinterfragen, das nur dialogisch gelingen kann, eröffnet die Möglichkeit, Distanz zur eigenen Praxis zu gewinnen. So können wir lernen, eine Beobachterperspektive der zweiten Ordnung einzunehmen, die das eigene (theoretische) Beobachten beobachtet und transformieren, neu einstellen kann. Daher ist Distanzierung wichtig, um nicht der eigenen betriebsblind machenden, routinisierten Praxis mit ihren ideologischen, ja normativen und moralischen, im Hintergrund wirkenden Dogmen immer wieder aufzusitzen. Distanzierung ist schließlich auch das Prinzip, das Soziale Arbeit in ihrer Methodik einsetzt, z. B. in Form von Supervision.

Vor allem in dem für die heutige Soziale Arbeit überaus instruktiven Prinzip der → Lebensweltorientierung ist die zentrale Methodik der Dialog. Dieser Dialog, verstanden als partnerschaftlicher Diskurs zwischen Sozialarbeitern und Klienten auf gleicher Augenhöhe, führt bestenfalls zur Distanzierung, und zwar in *zweifacher* Weise: Er führt *einerseits* dazu, dass sich die Klienten im Gespräch mit den Sozialpädagogen, also in der Konfrontation mit für sie fremden und anderen Positionen von sich selbst, von ihren eigenen Lebenswelten distanzieren können.

Lebensweltorientierung

meint den Bezug auf die gegebenen Lebensverhältnisse der Adressaten, in denen Hilfe zur Lebensbewältigung praktiziert wird, stärkt den Bezug auf individuelle, soziale und politische Ressourcen und betont den Bezug auf soziale Netze und lokale/regionale Strukturen.

!

Erst diese Distanzierung, diese Meta-Positionierung erlaubt die Konstruktion und die Einnahme von neuen problemlösenden Denkweisen, die Ausbildung von Handlungsmustern, die die jeweils problematische Lebenswelt der Klienten selbst konstruktiv veränderbar macht. *Andererseits* verändert dieser Dialog, wenn er denn tatsächlich dialogisch, partnerschaftlich, offen, kurz: Diskursiv läuft, auch die Positionen auf der Seite der Sozialen Arbeit. Er führt dann – eventuell – zur Distanzierung von den eigenen Vorurteilsstrukturen. Er führt idealerweise zur Reflexion von – immer auch unbewusst – in jede Hilfe eingehenden und zum Teil die Problemlösungssuche hemmenden Vorannahmen über die jeweilige Klientel.

Schließlich können wir sagen, dass in einer gesellschaftstheoretisch und ethisch reflektierten Sozialen Arbeit der Dialog an die Stelle der Durchsetzung administrativ-normativer Vorgaben tritt. Denn erst innerhalb dieses Dialogs, der mit gewissen Einschränkungen – in Anlehnung an Jürgen Habermas – diskursethische Merkmale aufzuweisen hat, werden die konkreten Normen und Werte (z. B. hinsichtlich der Hilfeziele) konstruiert, die während unserer Hilfen gelten sollen. Die benannten Einschränkungen beziehen sich auf die konsensorientierte Zielstellung diskursethischer, vermeintlich herrschaftsfreier Diskurse. Generell muss vielmehr gelten: Nicht der sozial konstruierte Konsens, sondern ein unaufhebbarer Dissens ist genau genommen der Ausgangs- und Endpunkt jeder Kommunikation und paradoxerweise: Jedes Verstehen-Könnens. Nehmen wir Sozialarbeiter den Fakt ernst, dass jeder Mensch etwas individuell Besonderes, etwas Einmaliges ist, dann ist der implizite Dissens die Arbeitsplattform, auf der sich Soziale Arbeit bewegt (vgl. Wirth 2005, S. 26). Oder mit Luhmanns Worten gesagt – und das mussten (auch) wir zweimal lesen, um es zu verstehen:

„Verstehen bedeutet in all seinen Fällen die Auflösung der Paradoxie der Transparenz des Intransparenten" (Krause 2005, S. 255).

Wir Sozialtätige dürfen es uns also nicht allzu einfach machen. Verstehen gelingt niemals so, wie es (individuell) intendiert wurde, weil „eben dann, wenn Verstehen und Verständigung gelingen, Verstehen und Verständigung mißlingen" (Hörisch 1988, S. 105). Verstehen und Verständigung werden eben deshalb in Form von Dialogen praktiziert, weil diese nie an ein Ende, niemals zur Identität von Fremd- und Selbstverstehen kommen können. Denn wenn sie eine solche Identität erreichen würden, wäre dies das Ende jedes Dialogs. Damit Dialoge 'leben', also weitergehen können, setzen sie Differenz voraus. Genauso wichtig sind für uns die (oft etwas verdeckt bleibenden) Erwartungen und Hoffnungen auf Nicht-wieder-das-Gleiche, auf verständige, kreative Differenz, z. B. in der alltäglichen Wahrnehmung und Kommunikation. Gerade fruchtbare Dialoge können Differenz immer wieder auf kreative Weise reproduzieren.

„Frisch Verliebte, die in dieser [dialogischen; d. A.] Weise auf (Ver-)Einigung und Wechseldurchdringung aus sind, wissen ein Lied davon zu singen. Wenn sie dumm sind, haben sie sich bald nichts mehr zu sagen. Denn sie haben sich ja immer schon verstanden. Wenn sie ein wenig klüger sind, halten sie sich geradezu rituell an die alte Regel 'Was sich liebt, das neckt sich'. Und das heißt: Sie stellen, weil sie sich weiterhin etwas mitzuteilen haben wollen, Mißverständnisse lustvoll her" (ebd.).

Zusammenfassend können wir sagen, dass die Lebensweltorientierung *eine* angemessene theoretische Antwort der Sozialen Arbeit auf die Postmodernisierung unserer Gesellschaft sein kann (vgl. Kleve 2000, S. 57ff.). Denn diese Theorie moniert produktiv, dass unsere hochgradig differenzierte Gesellschaft, unsere in Funktionssysteme und Lebenswelten aufgeteilte Sozialwelt nicht mehr in der Lage ist, einheitliche Normen zur universellen Orientierung zu konstruieren. Unsere Gesellschaft hat kein Zentrum bzw. keine Spitze (mehr), keinen archimedischen Punkt, von dem aus derartige Normen als verbindliche Werte zur Verfügung gestellt werden könnten (vgl. Fuchs 1992). Insofern befreit sich die Lebensweltorientierung von der ideologischen Normativität traditioneller Sozialer Arbeit. Sie reflektiert ihre partikulare Position innerhalb der Gesellschaft, indem sie ihre eigene Selbstreferenz, ihre Beschränktheit permanent an der Fremdreferenz ihrer Umwelt, an den Wünschen und Zielen, an den Normen und Werten ihrer Klienten brechen lässt – im Dialog.

Ambivalenz der Sozialen Arbeit – eine Zusammenfassung

Das Nachdenken, Reflektieren, Beschreiben, Erklären und Bewerten der Sozialen Arbeit bringt zugleich beides hervor: Theorie und Ideologie. Eine reflektierte Theorie sozialarbeiterischer Theorie bzw. Ideologie kommt nicht umhin, dieses ambivalente Ergebnis zu konstatieren. Exemplarisch sichtbar wird diese Ambivalenz gerade am Beispiel der Einflüsse der 68er Bewegung auf die Soziale Arbeit. Diese Bewegung hat die Soziale Arbeit in theoretischer, aber zugleich auch in ideologischer Hinsicht stimuliert.

Ambivalen (lat. *ambo* beide u. *valere* gelten) das Nebeneinander von gegensätzlichen Sichtweisen

Die Form des Umgangs mit Ambivalenz ist es schließlich auch, die den theoretischen vom ideologischen Diskurs grundsätzlich unterscheidet. Wie wir hinsichtlich der Ideologie der Sozialen Arbeit hoffentlich deutlich machen konnten, neigen Ideologien dazu, ihre eigenen Ambivalenzen, ihre eigenen Unbestimmtheiten, ihre Zweideutigkeiten auszublenden, vor ihnen die Augen zu verschließen, um eine vermeintliche Eindeutigkeit, eine vermeintliche Objektivität, Wahrheit oder Universalität vorzugaukeln.

So wird beispielsweise eine Soziale Arbeit blind für ihre Ambivalenz, wenn sie sich *entweder* auf die Seite ihrer Klienten (z.B. gegen die Gesellschaft) stellt *oder* wenn sie sich auf die Seite der Gesellschaft, der Organisationen und Funktionssysteme (z.B. gegen die zu normalisierenden Klienten) begibt. Vielmehr ist der sozialen Funktion Sozialer Arbeit die Ambivalenz der gleichzeitigen Positionierung auf *beiden* Seiten eingeschrieben. Denn sie hat sowohl die Klienteninteressen als auch jene der gesellschaftlichen Institutionen und Systeme zu vertreten und kann bestenfalls zwischen beiden – nicht selten einander widerstreitenden – Positionen vermittelnd (mediierend) tätig werden. Dies zu sehen und auch zu praktizieren, zeichnet eine ambivalenzreflexive, ideologiekritische Soziale Arbeit aus.

!

Mit **Ambivalenz**

meinen wir die Möglichkeit und Notwendigkeit zur Einnahme von einander entgegengesetzten Sichtweisen, wobei diese sich wechselseitig bedingen können (z. B. gut/böse; Frau/Mann; Struktur/Prozess; Hilfe/Nichthilfe). Deren praktische Offenlegung und die Sensibilisierung für diese Relation macht unsere sozialpädagogisch-sozialarbeiterischen Handlungen – im *denkbar* weitesten Sinne – der Reflexion zugänglich.

In der gleichen Weise demontieren Theorien ihre inhärenten Ideologisierungen, wenn sie sich öffnen für ihre Ambivalenzen und für ihre Unbestimmtheiten. Das Konstatieren, Wahrnehmen und Reflektieren dieser Ambivalenzen und Unbestimmtheiten sind die besten Voraussetzungen für die Selbst- und Fremdkritik der Theorie – z. B. in offenen Dialogen. In dieser Hinsicht formuliert Peter V. Zima (1989, S. 343), dass der Theoretiker im Gegensatz zum Ideologen

> „von der Ambivalenz (als Zweiwertigkeit) der Erscheinungen und Bezeichnungen ausgeht. Aus seiner Sicht haben 'Freiheit', 'Demokratie', 'Wissenschaftlichkeit' mindestens zwei einander widersprechende Aspekte, die es zu vermitteln gilt. Stets soll auch die Definition des anderen, des Andersdenkenden, einbezogen werden: Nicht jedoch um 'aufgehoben', im System integriert zu werden [. . .], sondern um den offenen Dialog zu ermöglichen. Dieser geht [. . .] aus der Ambivalenz als coin-cidentia oppositorum [Gleichzeitigkeit des Gegensätzlichen; d. A.] hervor."

Wir möchten das Kapitel erst einmal so abschließen: Eine gelungene Kritik zeichnet sich durch das Bemühen um einen Dialog und nicht durch das Bemühen um Konsens aus. Dieses Bemühen wird zweifellos hilfreich befördert durch ein Mindestmaß an Reflexionskompetenzen, womit wir auch schon beim nächsten sozialarbeitswissenschaftlichen Handlungsschritt wären: Dem Reflektieren.

Weiterführende Literatur

Die 68er Bewegung

Gilcher-Holtey, Ingrid (2001): Die 68er Bewegung. Deutschland – Westeuropa – USA. 3. Aufl. München: Verlag C.H. Beck.

Kritische Theorie

Behrens, Roger (2002): Kritische Theorie. Hamburg: Europäische Verlagsanstalt.

Moral

Luhmann, Niklas (2008): Die Moral der Gesellschaft. Frankfurt/M.: Suhrkamp.

Kuhrau-Neumärker, Dorothea (2005): 'War das o.k.?' – Moralische Konflikte im Alltag sozialer Arbeit. Münster: Waxmann.

Palo Alto-Schule

Marc, Edmond; Picard, Dominique (2000): Bateson, Watzlawick und die Schule von Palo Alto. Berlin: Philo.

Humanistische Psychologie und Beratung

Rogers, Carl (1942; 1972): Die nicht-direktive Beratung. München: Kindler 1972.

Bühler, Charlotte; Allen, Melanie (1974): Einführung in die humanistische Psychologie. Stuttgart: Klett.

Werkstattnotizen

JVW: „Du bist ja mittlerweile seit vielen Jahren in der theoretischen und praktischen Sozialen Arbeit tätig. Sicher kam es da schon einmal vor, dass du kritisiert wurdest. Das bleibt ja nicht aus bei so vielen verschiedenen und möglichen Perspektiven auf Soziale Arbeit. Hast du selbst einmal persönliche Kritik als etwas wahrgenommen, das dir das wichtigste postmoderne praktisch-ethische Prinzip, das Dialogisieren, beinahe unmöglich machte? Und wie hast du die Situation für dich produktiv gelöst?“

HK: „Na ja, mir geht es hier ja um das Kritisieren von Ideologie. Ideologie wäre u. a. eine Theorie, die sich selbst vor Kritik schützt, die Kritik abwehrt. Mit der postmodernen Perspektive können wir uns an Karl Popper anlehnen und Kritik geradezu suchen, denn sie ist der Motor der Weiterentwicklung. Insofern habe ich nichts gegen Kritik, im Gegenteil: (Selbst-)Kritik sollte Teil der postmodernen Theorie sein. Allerdings ist wichtig, dass Kritik begründet wird, dass sie sich mit dem beschäftigt, was sie kritisiert. Diesbezüglich habe ich mich vor ein paar Jahren sehr über Ernst Engelke geärgert, der in seinem durchaus sehr wichtigen und lesenswerten Buch ‘Die Wissenschaft Soziale Arbeit’ die konstruktivistische und postmoderne Theorie ablehnend kritisiert – nur er geht offenbar von Thesen aus, die nicht diesen Theorien entspringen, sondern seinen sehr subjektiven und vermutlich stark interessengeladenen Deutungen. Was denkst denn du, was heißt Kritik und Selbstkritik für eine postmoderne Sozialarbeitswissenschaft?“

JVW: „Da möchte ich etwas ausholen. Die Aussagen von Engelke in dem von dir genannten Buch stellen für mich kein sonderlich gutes Beispiel für ‘Kritik’ dar. Ich erinnere mich, wie es mich in der Tat unangenehm berührte zu lesen, wie Engelke eine angebliche ‘unversöhnliche’ Spannung zwischen den verschiedenen Theorien hineininterpretiert. Solch angeblich bestehender ‘verfeindeter Dogmatismus’ wäre zweifellos der falsche Weg. Es geht der postmodernen Sozialarbeitswissenschaft beim Kritisieren nicht darum, das andere und dessen Ambivalenz im Gegenüber nur fatalistisch zu ertragen und irgendwie auszuhalten, sondern von anderen, auch konträren Positionen zu lernen. Das bedeutet konkret, die lindernden und heilenden Anteile in und im anderen zu entdecken und sich selbst dabei konstruktiv zu bereichern. Das verstehe ich in diesem Zusammenhang unter Kritik. Selbstkritik öffnet sich dem anderen, der sozusagen als Resonanzkörper fungiert, um zu sehen, was bisher nicht gesehen wurde. Weil wir gerade davon sprechen: Häufig wird auf das Buch von Alan Sokal und Jean Bricmont ‘Eleganter Unsinn’ Bezug genommen, um zu zeigen, wie die ‘Denker der Postmoderne die Wissenschaft missbrauchen’. Nun, gemach. Die beiden können nur zeigen, dass sie sich auf dem Gebiet der Naturwissenschaften offenbar besser auskennen als die französischen Philosophen. Das ehrt die beiden, trägt aber zu dem Problem der (Sozial-)Wissenschaft nichts bei, das da lautet: Wie legitimiert diese ihr wahres Wissen und zu wessen Nutzen wird es angewendet? In Bezug auf das Projekt einer postmodernen Sozialarbeitswissenschaft möchte ich kritisch darauf hinweisen, dass m. E. der Zweig ihrer Wirksamkeitsforschung gestärkt werden muss.“

Lerneinheit III

REFLEKTIEREN
– Supervision als Praxis der Sozialarbeitswissenschaft?

III. REFLEKTIEREN – Supervision als Praxis der Sozialarbeitswissenschaft?

Man sollte alles so einfach wie möglich sehen –
aber auch nicht einfacher.

(Albert Einstein)

Ausgangspunkte

Das geistreiche Eingangszitat von Einstein unterstreicht die besonderen Schwierigkeiten unserer wissenschaftlichen Praxis im Allgemeinen. Eine ganz spezifische Form des Umgangs mit Problemen in unserer sozialarbeiterischen wissenschaftlichen Praxis möchten wir nun in unserem dritten Kapitel besprechen. Es beschäftigt sich mit dem Reflektieren in seiner professionellen und institutionalisierten Form: Der Supervision.

!

Supervision

bedeutet Praxisberatung und dient dazu, dass professionelle Helfer in selbstgewählter Form und mit selbstgewählten Themen ihr eigenes Handeln und Fühlen im beruflichen Alltag überdenken können, um so neue Handlungsmöglichkeiten zu finden.

Supervision (aus dem engl.) *überschauen* oder *überschaubar machen*

Die Supervision ist also eine Beratung in der und für die Berufstätigkeit (nicht nur in der Sozialen Arbeit). Sinn und Zweck der Supervision ist recht einfach zu erklären: Es geht um die persönliche Auseinandersetzung mit dem alltäglichen Arbeitsverhalten. Es geht darum zu reflektieren, wie Einzelne in Bezug auf ihre Arbeit mit sich selbst, mit Mitarbeitern und Kollegen, mit Vorgesetzten, Kunden oder Klienten umgehen.

Aus systemisch-konstruktivistischer Perspektive bedeutet Supervision mehr: *Zum einen* werden die Supervisanden, also die Nutzer der Supervision, vom Supervisor eingeladen, sich selbst zu beobachten. Genauer gesagt: Sie werden vom Supervisor z. B. dazu angeregt, vergangene, zumeist als problematisch empfundene Praxiserlebnisse noch einmal zu betrachten und kommunikativ neu zu deuten. Idealerweise werden diese Beobachtungen zu zusätzlichen Möglichkeiten zum Lernen transformiert. *Zum anderen* beobachtet der Supervisor die Supervisanden und bietet ihnen Beschreibungen, Erklärungen oder Handlungsideen an, die bestenfalls brauchbarer sind, um die erlebte Praxis in einer für sie und ihre Klienten gewinnbringenden Weise sehen zu lernen. Systemisch-konstruktivistisch informiert können wir daher Folgendes sagen (vgl. grundsätzlich und ausführlicher dazu Kersting 2002):

> **Supervision**
> ist die *systematische* und *institutionalisierte* Beobachtung zweiter Ordnung, d.h. Beobachter beobachten – methodisch geleitet – Beobachter (Einzelpersonen bzw. Teams) beim Beobachten der alltäglichen beruflichen Praxis.

!

Weiterhin können praktisch Tätige in der Supervision Dialoge mit den Supervisoren beginnen, die sie (wieder) in eine kritische und auch theoretisch-wissenschaftliche Distanz setzen zu dem, was ihnen möglicherweise zu nah gekommen ist: Die Praxis. Und genau durch diese Distanzierung helfen Supervisionen den Supervisanden dabei, dass sie sich wieder einlassen können auf ihren beruflichen Alltag mit seinen vielfältigen Anforderungen. Daher ist die Soziale Arbeit auf Supervision stark angewiesen. Nur so kann sie die teils äußerst komplexen Aufgaben, die sie zu bewältigen hat, angemessen und wirksam reflektieren. Erst diese Reflexion ermöglicht ein Handeln unter weitgehend unsicheren Bedingungen. Bestimmt ist dies ein Grund dafür, dass Supervision – wie Heinz J. Kersting (ebd., S. 57ff.) betont – gerade in der Sozialen Arbeit ihren Ursprung hat. Aber auch umgekehrt: Für Supervisorinnen und Supervisoren ist die Praxis und Ausbildung der Sozialen Arbeit ein wichtiges, attraktives und weites Beschäftigungsfeld, und dies bereits seit weit über 100 Jahren. Aus heutiger Sicht waren übrigens diejenigen, die die so genannten 'friendly visitors' anleiteten und motivierten, die ersten Supervisorinnen und Supervisoren. 'Friendly visitors' wurden damals die ersten ehrenamtlichen Familienhelferinnen und -helfer genannt.[1]

Schon die damaligen Anleiter der *friendly visitors* betrieben das, was in der heutigen Supervision abläuft: Angeleitete Beobachtung zweiter Ordnung, mit anderen Worten: unterstützte Selbstreflexion. Sozialarbeit war demnach

„die erste Profession, die zur Qualitätssicherung ihres professionellen Handelns die Supervision gezielt als Selbstreflexion in ihre Profession mit eingebaut hatte“ (ebd., S. 59).

Damit institutionalisierte sie zugleich „eine selbstreflexive Schleife“ (ebd.). In diesem Kapitel vertreten wir die These, dass Soziale Arbeit nicht nur als Profession und als praktischer Vollzug die Methode Supervision in ihren Handlungsfeldern benötigt. Soziale Arbeit bedarf Supervision auch als Disziplin und zur Herausbildung einer Sozialarbeitswissenschaft. Wir wollen daher den Fokus der weiteren Ausführungen insbesondere auf die Ausbildung richten. Es geht uns darum zu zeigen, dass Ausbildungssupervision als eine sozialarbeitswissenschaftliche Praxis bewertet werden kann. Denn gerade in der Ausbildungssupervision lernen die Studierenden der Sozialen Arbeit und üben ein, was es heißt, sich reflexiv in der Praxis zu bewegen,

[1] In Großbritannien etwa bildete Octavia Hill (1838–1912) bereits von der Mitte des 19. Jahrhunderts an Mitarbeiterinnen der *Charity Organisation Society (COS)* für ihre Tätigkeit als *friendly visitors* aus. In Deutschland begann etwa zur gleichen Zeit Johann H. Wichern (1808–1881), junge Männer für ihre Tätigkeit in Waisenhäusern auszubilden (vgl. Engelke 2003, S. 99).

also zugleich Nähe und Distanz zum Vollzug professioneller Sozialer Arbeit zu realisieren.

Um zu zeigen, wie die Ausbildungssupervision als sozialarbeitswissenschaftliche Praxis wirken kann, klären wir zunächst das Verhältnis von Sozialarbeitswissenschaft und Ausbildungssupervision. Sodann begründen wir, dass die Sozialarbeit als postmoderne Profession und Sozialarbeitswissenschaft bzw. als eine postmoderne Wissenschaftsdisziplin konzipierbar ist. Diese postmoderne Disziplin macht es möglich, die Ausbildungssupervision als einen ihrer praktischen Vollzüge zu realisieren. Weiterhin wollen wir einige Perspektiven aufzeigen für die Zukunft der Ausbildungssupervision im Kontext der Sozialarbeitswissenschaft. Am Ende des Kapitels machen wir den Vorschlag, in der Ausbildungssupervision insbesondere auch die organisatorischen Kontexte der Studierenden zu thematisieren; einige dabei sinnvolle Themenbereiche und Fragestellungen werden wir – exemplarisch – anbieten, d. h. sie sollen als Beispiele dienen.

Das Verhältnis von Sozialarbeitswissenschaft und Ausbildungssupervision

Der relativ neue, noch etwas unhandliche Begriff 'Sozialarbeitswissenschaft' findet immer weitere Verbreitung – erfreulicherweise gerade in den Hochschulen. Was wir unter Sozialarbeitswissenschaft in der Lehre verstehen können, ist spätestens seit der Verabschiedung der Rahmenprüfungsordnung für die Studiengänge der Sozialen Arbeit[2] recht deutlich geworden. Die Kerninhalte der Lehre bzw. des Studiums sind: Geschichte und Theorie Sozialer Arbeit, Handlungs- und Forschungsmethoden, Ethik Sozialer Arbeit, Zielgruppen, Arbeitsfelder und Organisationen Sozialer Arbeit sowie sozialpolitische und sozialrechtliche Grundlagen. Zu diesen Inhalten gesellen sich dann die Beiträge der so genannten human-, geistes- und sozialwissenschaftlichen Bezugsdisziplinen. Mit dieser formalen Festlegung in einer von der Kultusminister- und der Hochschulrektorenkonferenz verabschiedeten Prüfungsordnung ist zumindest auf wissenschaftspolitischem Terrain bereits viel gewonnen, und die Frage nach der Sozialarbeitswissenschaft ist immer auch eine der Wissenschaftspolitik (vgl. Merten 1997a). Nun wird also eine Disziplin der Sozialen Arbeit von politischen Gremien als Grundlage des Studiums an den Hochschulen eingefordert. Wissenschaftstheoretisch dürfen wir uns jedoch fragen, ob es für die Konstitution einer Sozialarbeitswissenschaft schon hinreichend ist, wenn Kernausbildungsinhalte und bezugswissenschaftliche Themen definiert werden, die das Studium prägen sollen.

Freilich ist die Sozialarbeitswissenschaft mehr als die Summe einzelner Wissensgebiete. Aber wie kann dieses Mehr beschrieben werden? Beispielsweise wird versucht, den tatsächlichen Kern einer wissenschaftlichen Sozialarbeit durch die Benennung eines spezifischen Gegenstandes zu markieren (vgl. Engelke 1992). Dieser Gegenstand wird dann in der Regel beschrieben als tätiger und reflexiver

[2] Auf: http://www.dbsh.de/html/rahmenstudien.html [22.07.2007].

Umgang mit sozialen Problemen bzw. – plausibler – Problemen der alltäglichen Lebensführung; dieser Umgang verfolgt das Ziel, sozialarbeiterische Problemlösungen zu initiieren. Oder es wird die Gegenstandsbestimmung durch eine Funktionsbestimmung ersetzt (vgl. Merten 1997). Hier wird das Spezifische der Sozialen Arbeit als eine bestimmte gesellschaftliche Funktion beschrieben, die nur die Soziale Arbeit und kein anderes gesellschaftliches Teilsystem zu erfüllen imstande ist. Was die Sozialarbeitswissenschaft als eine besondere Sozialwissenschaft dann ausmacht, ist ihr reflexiver Bezug auf den Gegenstand oder auf die jeweils beschriebene Funktion (Abbildung 11).

Hier versuchen wir eine die bisherigen Antworten ergänzende Perspektive auf die Besonderheit der Sozialarbeitswissenschaft anzubieten. Sozialarbeitswissenschaft wird als eine transdisziplinäre Wissenschaft gedeutet, die keinen festen, sondern einen dynamischen, flüssigen Kern hat. Dieser Kern muss immer wieder neu herausgearbeitet werden.

Abb. 11 Reflexionsfelder Sozialer Arbeit

Obwohl durch die Komplexität sozialarbeiterischer Praxis mitunter verdeckt, kann dieser Kern gerade mit Blick auf die Praxis deutlich erkannt werden. Ein Ort, um das Sichtbarmachen des Kerns Sozialer Arbeit zu praktizieren und Berufsanfängern das Spezifische einer wissenschaftlichen Sozialen Arbeit kognitiv-emotional erfahrbar zu machen, kann die Ausbildungssupervision sein. Die Ausbildungssupervision lässt sich in diesem Sinne als eine sozialarbeitswissenschaftliche Praxis bewerten. Sozialarbeitswissenschaft ist für Studierende also beispielsweise erlebbar im Prozess der Ausbildungssupervision – zumindest dann, wenn die Ausbildungssupervision ihre Aufgaben und Ziele ernst nimmt (siehe weiterführend dazu Effinger 2003; Haye/Kleve 2003; Jensen 2003). Dazu gehört, dass es von den jeweiligen Supervisorinnen und Supervisoren verstanden wird, die mit der oben erwähnten Formel 'Beobachtung zweiter Ordnung' einhergehenden Reflexionsmöglichkeiten auszuloten und dann produktiv umzusetzen.

Dafür scheint es uns allerdings nötig, dass die Ausbildungssupervisorinnen und -supervisoren etwas vom komplexen Aufgabenfeld der Sozialen Arbeit verstehen, die sozio-historische Genese der Sozialen Arbeit kennen. Sie sollten wissen, dass Sozialarbeiterinnen und Sozialarbeiter mit besonderen Anforderungen zu tun haben, die als postmodern zu bewerten sind (siehe ausführlich dazu etwa Kleve 2007). Deshalb möchten wir einige skizzenhafte Ausführungen machen, bevor wir – darauf aufbauend – wieder zur Ausbildungssupervision kommen.

Sozialarbeit als postmoderne Profession – Sozialarbeitswissenschaft als postmoderne Disziplin

Sozialarbeitswissenschaft lässt sich wohl nur auf eine spezifische Art und Weise verstehen, und zwar als kommunikativer Prozess der (sozialarbeiterischen) Integration von differenziertem Fachwissen, das für die komplexe bio-psycho-soziale bzw. somatisch-psycho-soziale Aufgabe der Sozialen Arbeit notwendig ist. Das Besondere der Sozialen Arbeit und der große Unterschied zu anderen Professionen ist ihre *drei*dimensionale Ausrichtung: Ihr Bezug auf soziale, psychische und biologische (körperliche) Dimensionen der menschlichen Existenz. Soziale Arbeit ist demnach eine kommunikative Praxis, die deshalb so komplex ist, weil sie gerade nicht – wie etwa Medizin, Psychologie oder Jurisprudenz – Ausschnitte, Spezialgebiete des Menschlichen thematisiert. Vielmehr steht Soziale Arbeit zwischen diesen Spezialgebieten. Sie betrachtet ihre Adressatinnen und Adressaten unter anderem ausgehend von medizinischen, psychologischen und juristischen Wissensgebieten, ohne jedoch selbst Medizin, Psychologie oder Jurisprudenz zu sein.

Empirisch lässt sich zeigen, dass Soziale Arbeit gerade dann tätig wird, wenn spezialisierte Professionen an ihre Grenzen geraten, wenn sie *nicht, nicht mehr* oder *noch nicht* tätig werden können, wenn eben kein spezialisierter Fokus auf Probleme von Menschen ausreichend ist, um diese zu lösen, sondern wenn ein generalistischer, klassisch gesprochen: „ganzheitlicher" Blick notwendig wird (vgl. Klüsche 1994). Alice Salomon hat diesen Blick schon 1928 (S. 139f.) beschrieben, wenn sie betont, dass man die

> „wirtschaftlichen, geistig sittlichen und gesundheitlichen Bedürfnisse nicht voneinander lösen und als gesonderte Angelegenheiten betrachten"

kann, sondern vielmehr den Menschen in seiner Einheit als Gegenstand der Sozialen Arbeit betrachten muss.

Offenbar ist die Soziale Arbeit eine Profession, die die Funktion hat, das einzublenden, was durch die Spezialbrillen anderer gesellschaftlicher Systeme und Professionen nicht sichtbar und damit nicht bearbeitbar ist. Bei einer historischen Betrachtung der Entstehung Sozialer Arbeit kann deutlich werden, dass die professionelle soziale Hilfe (und mit ihr die Supervision) zu einer Zeit entstanden ist – nämlich ungefähr in der Wende vom 19. zum 20. Jahrhundert als die moderne Gesellschaft sich immer mehr *funktional* ausdifferenzierte.

!

Funktionale Ausdifferenzierung

meint, dass sich während der gesellschaftlichen Entwicklung besondere soziale Systeme herausgebildet haben, die für die Gesellschaft je spezifische Funktionen wahrnehmen (z. B. die Religion, die Wirtschaft, die Politik, das Recht, Erziehung, Sport u. a.). Aus dieser Perspektive von gesellschaftlich gleichrangig wichtigen Teilsystemen werden Phänomene und Analysen möglich, die klären, wie wir als Personen für diese Funktionssysteme sichtbar werden. Dies ist mit Klassen- (Karl Marx: Fabrikbesitzer/-arbeiter), Schichtenmodellen (Theodor Geiger: Oberschicht, Mittelschicht, Unterschicht usw.) oder Milieustudien (man denke z. B. an die bekannten Kartoffelgrafiken der SINUS-Studien: Konservativ gehobenes Milieu, kleinbürgerliches Milieu usw.) nicht möglich.

Dies waren auch jene Jahre, in denen der Rationalitäts- und Fortschrittsoptimismus der Aufklärung Risse bekam und langsam abbröckelte. Zwei Kronzeugen dafür sind Friedrich Nietzsche[3] und Sigmund Freud[4]. Nietzsche stellte die Geschichtsphilosophien von Georg Wilhelm Friedrich Hegel[5] und Karl Marx[6] radikal in Frage und bezweifelte, dass die Geschichte einem bestimmbaren Ziel zustrebe. Vielmehr sensibilisierte er für die Turbulenzen, Ambivalenzen und Kreisläufe von historischen Prozessen. Freud demontierte kurz darauf auch noch die Idee von der Allmacht der menschlichen Vernunft und relativierte die Kraft des menschlichen Verstandes, indem er zeigte, dass wesentliche Bereiche von Bewegungsdynamiken im menschlichen Zusammenleben unbewusst, ja irrational motiviert sind. Er schockierte bekanntlich seine aufgeklärte Umgebung aufs Tiefste mit der Behauptung: „Der Mensch ist nicht Herr seiner selbst." Der Glaube der Aufklärung, dass die Menschen die Natur – sowohl die äußere als auch die innere – sowie die Gesellschaft bewusst steuern und planen, entblößte bei genauerem Hinsehen bereits zu Beginn des 20. Jahrhunderts seine mythologischen Züge. Immer deutlicher wurde, dass der rasante wissenschaftlich-technische Fortschritt Schattenseiten produziert, dass mit dem Reichtum zugleich auch die Armut einhergeht, dass gesellschaftliche Lösungen ebenso neue Probleme mit sich bringen. Der Anbruch der Moderne kann also zugleich als Entdeckung einer grundsätzlichen Strukturambivalenz sozialer Entwicklung gelten. Die Moderne macht mithin die Grenze bzw. das „Ende der Eindeutigkeit" (vgl. Bauman 1991) augenscheinlich.

---

[3] Friedrich Nietzsche (1844–1900) war ein deutscher Philosoph und Dichter.

[4] Sigmund Freud (1856–1939) erlangte als Begründer der Psychoanalyse Berühmtheit. Freud gilt als einer der einflussreichsten Denker des 20. Jahrhunderts.

[5] Georg Wilhelm Friedrich Hegel (1770–1831) war ein deutscher Philosoph und gilt als wichtigster Vertreter des 'Deutschen Idealismus'.

[6] Karl Marx (1818–1883) war ein deutscher Philosoph und Kritiker der klassischen Nationalökonomie. Er gilt als einflussreichster Theoretiker des Sozialismus und Kommunismus.

Die Soziale Arbeit lässt sich dem folgend als eine Antwort auf die strukturelle Ambivalenz der Moderne verstehen. Sie differenzierte sich just zu jener Zeit als eine Profession heraus, in der die widersprüchliche Dynamik der Gesellschaft Probleme auf einem ganz neuen quantitativen und qualitativen Niveau produzierte. Die traditionellen gesellschaftlichen Lösungsversuche (vor allem innerhalb von Familien und von religiösen Motivationen ausgehend) reichten nicht mehr aus oder griffen nicht mehr und verebbten durch den Prozess weiterer Modernisierung. Zur gleichen Zeit formierten sich mit ihrer Rolle als Hausfrauen oder damit, nur Ehefrau zu sein, unzufriedene Frauen und griffen beherzt das auf, was in der Gesellschaft an Problemen von anderen nicht mehr bearbeitet werden konnte (vgl. Eggemann/Hering 1999). Die Familien waren immer weniger in der Lage, diese Notlagen ihrer Angehörigen zu lindern, und auch die Kirchen verloren im so genannten Prozess der Säkularisierung (der Verweltlichung) an Bedeutung. Sie konnten keine ausreichende moralische Energie mobilisieren, um Menschen zu motivieren, sich wirksam den neuen sozialen Notständen zu widmen. In diesem Prozess wurde die → 'Mütterlichkeit als Beruf' konstituiert – als Reaktion auf die Probleme, die einer 'ganzheitlichen' Bearbeitung harrten.

!

Das Konzept der **sozialen Mütterlichkeit**

beinhaltete eine feministische Variante der zeitgenössischen Kultur- und Gesellschaftskritik. Gegen die auflösenden und zersetzenden Folgen der Industrialisierung, gegen die Verallgemeinerung sachlicher und technischer Rationalität sollte das weibliche Prinzip der Mütterlichkeit einen Schutzwall von Wärme, Emotionalität und sozialer Ganzheit aufrichten (vgl. Sachße 2005, 673).

Wenn wir diese Entstehungsgeschichte der Sozialen Arbeit aus heutiger Sicht interpretieren, dann könnten wir Soziale Arbeit als die erste postmoderne Profession (vgl. Kleve 1999/2007) ansehen. Denn sie reagierte auf das, was in der Philosophie und den Sozialwissenschaften systematischer erst nach dem Zweiten Weltkrieg analysiert wurde: Auf die „Dialektik der Aufklärung", so der Titel des berühmt gewordenen Werks von Horkheimer/Adorno (1947/1969).

!

Dialektik bedeutet

erstens ganz allgemein eine Methode, durch Denken in Gegensatzbegriffen zur Erkenntnis und zur Überwindung der Gegensätze zu gelangen. Dialektik ist zweitens auch zu verstehen als Methode von Rede und Widerspruch und bezeichnet insofern auch die Kunst, ein wissenschaftliches Streitgespräch zu führen.

Drittens meinen Horkheimer und Adorno mit Dialektik das selbstzerstörerische Umschlagen der Ideen der Aufklärung und Rationalität in Terror, d. h. das Umkippen und Richten der Ideen der Aufklärung gegen sich selbst.

„Die 'Dialektik der Aufklärung' ist mittlerweile überall da, wo es die Ambivalenz von Modernisierungsprozessen zu bezeichnen gilt, zum geflügelten Wort geworden. Daß es ein Mißverhältnis gibt zwischen dem Versprechen der Aufklärung und der gesellschaftlichen Realität, ist am Ende eines Jahrhunderts, das unvergleichbare soziale Destruktivität entfaltet hat, unmittelbar einsichtig" (Auer 1998, 24).

Die Analyse dieses immensen Missverhältnisses bzw. der Paradoxien und Ambivalenzen von sozialen, psychischen und geistigen Prozessen generell wurde ein großes Thema postmoderner *Philosophie* und *Sozialwissenschaft* (vgl. Welsch 1994). Denn diesen geht es vielfach um die Beschreibung und Erklärung von komplexen und ambivalenten sozialen Entwicklungen.

Die Soziale Arbeit kann also deshalb als eine *postmoderne Profession* bewertet werden, weil sie aus der Strukturambivalenz der Moderne geboren wurde. Sie ist sozusagen das einmal mehr, einmal weniger geliebte Stiefkind der gesellschaftlichen Ausdifferenzierung. Wir beobachten dies als Reflex auf die Notwendigkeit, dass zwischen den funktional differenzierten Systemen (auch Familie gehört dazu) der Gesellschaft eine Nachhut für die Folgeprobleme, ein Schmiermittel für all die Übersetzungs-Probleme gebraucht wurde (und wird), die klaren und eindeutigen kognitiven Zuordnungen oder arbeitsteiligen Zuweisungen zuwiderlaufen. Genau dadurch können diese oft diffusen Probleme nicht, noch nicht oder nicht mehr durch die klassischen Professionen und modernen Funktionssysteme der Gesellschaft bearbeitet werden. Aufgrund dieser exklusiven, einmaligen Zwischenstellung im System der modernen Gesellschaft weist Soziale Arbeit eine typisch postmoderne Identität auf. Diese Identität können wir in Anlehnung an den Roman von Robert Musil (1930/1942) „Der Mann ohne Eigenschaften" als eigenschaftslos oder – weniger radikal gesagt – als uneindeutig beschreiben (vgl. theoretisch dazu: Bardmann 1996 und Kleve 2000 sowie empirisch mit ähnlichen Befunden: Harmsen 2004; Kruse 2004). Mit Michael Bommes und Albert Scherr (2000, S. 77 ff.) ließe sich davon sprechen, dass das Spezifische der Sozialen Arbeit gerade darin besteht, auf „unspezifische Hilfsbedürftigkeit" zu reagieren und diese zu bearbeiten. Diese postmoderne, nicht eindeutige Konstitution der Sozialen Arbeit könnte außerdem mit der Formel des *doppelten Generalismus* beschrieben werden (ausführlich Kleve 2003, S. 97):

Tab. 1 Doppelter Generalismus Sozialer Arbeit

Doppelter Generalismus Sozialer Arbeit	
Soziale Arbeit als gesellschaftliches Berufs- und Funktionssystem	**Soziale Arbeit als organisatorisches und interaktionelles Handlungssystem**
Universeller Generalismus: *Heterogenität des sozialarbeiterischen Gesellschaftsbezugs*	Spezialisierter Generalismus: *Heterogenität des sozialarbeiterischen Fallbezugs*
Prävention **Intervention** **Postvention**	**Einzelfallarbeit** (case-work, case-management) **Gruppenarbeit** **Gemeinwesenarbeit**
Sozialhilfe Kinder- und Jugendhilfe Familienhilfe Behindertenhilfe Obdachlosenhilfe Suchthilfe Krankenhilfe Schuldnerhilfe Rechtshilfe Altenhilfe etc.	**Biologisches** insbesondere Bedürfnisse, Körperfunktionen und -entwicklungen, Gefühle, Ökologisches etc. **Psychisches** insbesondere Bedürfnisse, Wahrnehmungen, Gedanken, Gefühle, Einstellungen, kognitive Entwicklungen etc. **Soziales** insbesondere Bedürfnisse, Familiäres, Erzieherisches, Bildendes, Ökonomisches, Politisches, Rechtliches, Religiöses (Spirituelles), Künstlerisches, Wissenschaftliches etc.

Wie auch immer wir jedoch diese besondere Ausprägung der sozialarbeiterischen Profession bezeichnen wollen: Klar scheint uns zu sein, dass eine Wissenschaft, die sich auf diese uneindeutige, vielfältige, flüssige Profession bezieht, die Integration unterschiedlichster Wissensgebiete erfordert. Anders könnte sie ihre Funktion als Schmiermittel zwischen Individuen und Sozialsystemen gar nicht erfüllen. Das wussten so ähnlich auch schon die Wegbereiterinnen der Sozialen Arbeit. Nach Salomon (1929, S. 176) etwa müssen sozialarbeiterische Ausbildungsinstitutionen die Wissenschaften vereinen,

„die sich auf den Menschen beziehen, auf sein leiblich-seelisches Schicksal, auf die wirtschaftlich-sozialen und seelisch-kulturellen Lebensgemeinschaften, in denen die Menschen stehen; auf pflegerische, bildnerische Arbeit". Wichtig dabei sei vor allem, dass diese „Wissenschaften [...] nicht isoliert nebeneinander behandelt werden [sollen], sondern jede einzelne soll in eine neue Betrachtungsweise gestellt, auf die Totalität des Menschen bezogen werden" (ebd.).

Heute vermuten wir aber zu Recht, dass diese „Totalität des Menschen" weder wissenschaftlich noch sozial erreicht werden kann. Wir können – quasi bauartbedingt – nicht *ganzheitlich* erkennen: Wollte man es in der Tat versuchen, würde man einen Hirnschlag aufgrund von Reizüberflutung bekommen. Durch unsere Wahrnehmung zerschneiden wir die Welt (z.B. in die als überholt geltende Unterscheidung von Subjekt und Objekt oder eben: System und Umwelt). Das Unterscheiden ist die Voraussetzung für Erkenntnis schlechthin (vgl. Spencer-Brown 1969). Aber trotzdem ist das, was Salomon für die Soziale Arbeit postuliert, in dem Sinne auch heute noch gültig. Sozialarbeiterisches bzw. sozialpädagogisches Denken und Handeln hat *alle* Systeme, die das Menschliche tangieren – biologische, psychische und soziale – potenziell zu beachten. Es kann sich nicht wie andere Professionen spezialisieren auf die Betrachtung nur eines dieser Systeme.

Bis vor wenigen Jahren wurde genau dies in der Regel noch als defizitärer Makel Sozialer Arbeit bewertet. Ihr wurde abgesprochen, dass sie in den 'Olymp' der Wissenschaften aufsteigen könne, und in Frage gestellt, dass sie eine eigenständige Profession sei. Heute können wir uns schon ein anderes Urteil leisten. Denn inzwischen liegen zahlreiche Arbeiten vor, die deutlich machen, wie derartige plurale Wissenschaftskonzeptionen denkbar und möglich sind. Erwähnt seien etwa die Theorie der transversalen Rationalität von Wolfgang Welsch (1996), die Theorie dialogischer Wissenschaft zwischen Universalismus (Überordnen des Ganzen über das Einzelne) und Partikularismus (Überordnen des Einzelnen über das Ganze) von Peter Zima (1997, S. 367ff.) und insbesondere die Theorie selbstreferentieller, insbesondere sozialer, aber auch biologischer und psychischer Systeme von Niklas Luhmann (1984) (Abbildung 12).

Mit Welsch (1996) etwa können wir den sozialarbeitswissenschaftlichen Prozess der Wissensgenerierung sehr treffend als einen *transversalen* Prozess bezeichnen. D.h. bei diesem Prozess handelt es sich um ein permanentes Disziplingrenzen sprengendes Hin- und Hergehen zwischen unterschiedlichen Wissensgebieten mit dem Ziel, bezüglich bestimmter Problem- bzw. Fragestellungen notwendiges Wissen zu synthetisieren. Um das Gemeinte besser zu veranschaulichen, bezeichnen wir diesen Prozess als *Zapping*. Wir zappen zwischen verschiedenen wissenschaftlichen Programmen und Theorien hin und her mit dem Ziel, die dabei gewonnenen Informationen in eine sozialarbeitswissenschaftliche Perspektive zu integrieren. Genau dies müssen im herkömmlichen Studium der Sozialen Arbeit die Studierenden häufig selbst und auf sich allein gestellt leisten. Gespeist aus eigenen Erfahrungen möchten wir bemerken, dass Studierende überfordert sind mit einer solch komplexen Aufgabe, wenn sie keine Hilfestellung durch Sozialarbeitswissenschaftler bekommen.

Unserer Einschätzung nach müsste eine Sozialarbeitswissenschaft genau das leisten, was Studierende der Sozialen Arbeit in der klassischen, bezugswissenschaftlich und fächerdominierten Ausbildung bisher meistens in Eigenregie versuchen mussten. Sie müsste leisten können die Zusammenführung und Integration unterschiedlicher wissenschaftlicher Perspektiven auf das Feld der Sozialen Arbeit, z.B. auf bestimmte praktische Problemstellungen oder auch bezüglich einer eigenständigen beruflichen Identität und Haltung als (zukünftige/r) Sozialarbeiter/in.

In der klassischen, etwa von Soziologen, Psychologen, Pädagogen oder Juristen dominierten, also bezugswissenschaftlich geprägten Ausbildung zur Sozialen Arbeit ist dieser sozialarbeitswissenschaftliche Prozess der Integration unterschiedlicher Wissensgebiete in eine konkrete (z. B. fallspezifische) Perspektive der Sozialen Arbeit in der Regel kaum, jedenfalls zu wenig erfolgt.

Die Lehrenden in der Sozialen Arbeit waren (und sind) oft zu sehr mit ihrer 'Herkunftsdisziplin' identifiziert. Sie waren (und sind) eben häufig gar keine praktisch erfahrenen Sozialarbeiterinnen und Sozialarbeiter (sondern Soziologen, Sozialwissenschaftler oder Psychologen etc.), und sie können daher sozialarbeiterische Probleme nur theoretisch und aus ihrer je eigenen disziplinären Spezialperspektive erfassen.

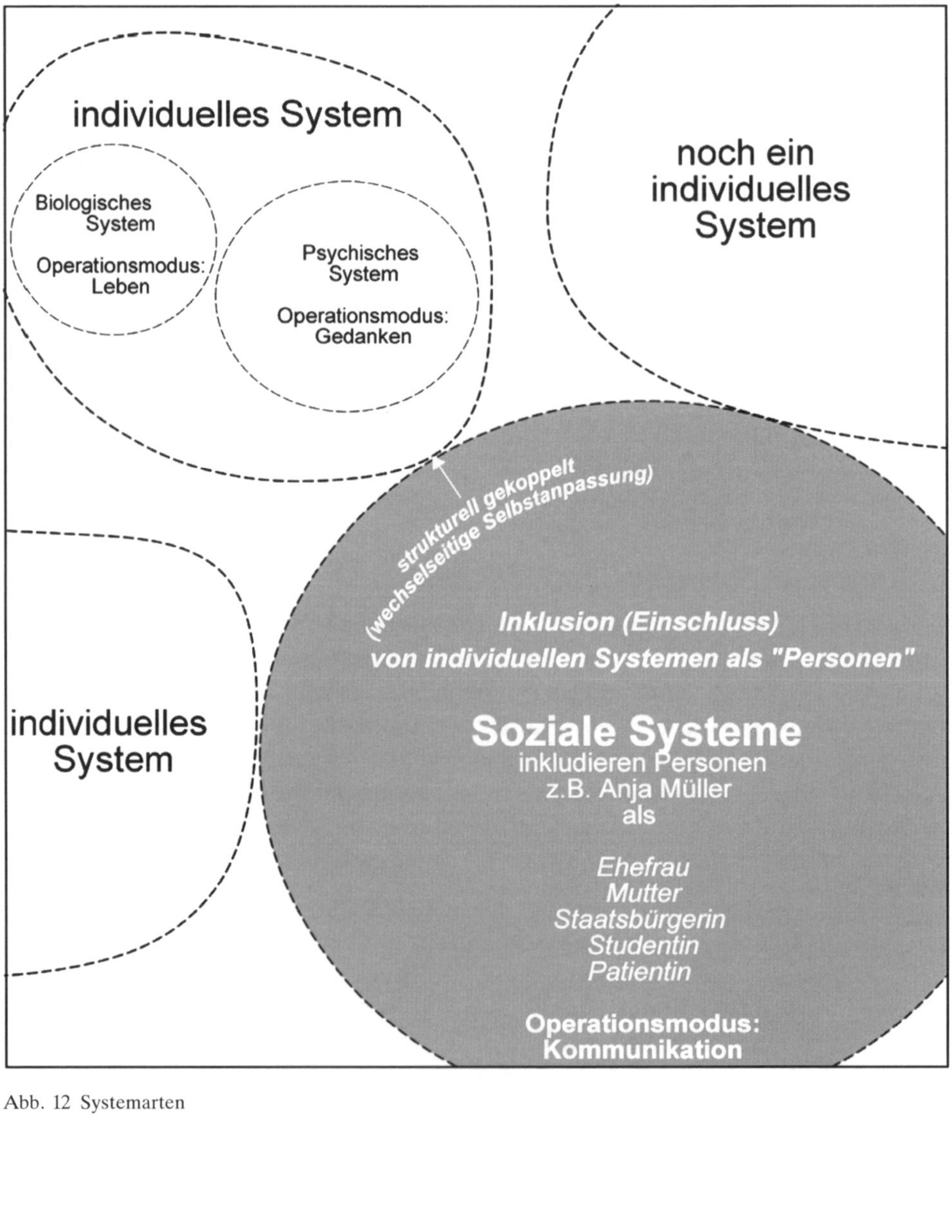

Abb. 12 Systemarten

So erleben die Studierenden oft eine sicherlich manchmal interessante und reichhaltige Vielfalt von Spezialperspektiven, die aber nicht zu einer Sozialarbeitswissenschaft zusammengebunden und transformiert wurden – zumindest nicht institutionell. Ein Grund liegt zweifellos darin, dass ein praktisch brauchbares Verständnis der Identität der Sozialarbeitswissenschaft fehlt, das als Klammer dienen kann. Eine Aufgabe einer institutionalisierten Sozialarbeitswissenschaft wäre es jedoch, genau dies zu realisieren: Die Studierenden dabei zu unterstützen, innerhalb der Vielfalt des notwendigen Wissens eine eigene sozialarbeiterische Identität und Perspektive zu formen.

Ausbildungssupervision als Prozess postmoderner Sozialarbeitswissenschaft

Wenn die eben beschriebene transversale, prozessorientierte und kommunikative Aufgabe der Sozialarbeitswissenschaft akzeptiert wird, die wir als Vermittlungs-, Mediations-, und Moderationsproblematik auffassen, dann stellt sich freilich die Frage, wie sie gelöst werden kann. Es scheint klar, dass dazu mehrere Instrumente und Methoden kombiniert werden müssen. Eine mögliche Antwort könnte jedoch sein: *Durch Ausbildungssupervision.*

So wie die Soziale Arbeit als eine Zwischenprofession beschreibbar ist, können wir die Sozialarbeitswissenschaft im besten Sinne als eine Zwischenwissenschaft (Interdisziplin) bezeichnen. Ihre Heimat sind die Brücken, die sie ausklappt, um zwischen Theorie und Praxis zum einen, zum anderen im Bereich zwischen ganz unterschiedlichen Wissensgebieten zu vermitteln, zu moderieren und selbstbestimmt zu schlichten. Damit gehört die Soziale Arbeit als Ausbildung zu den Studiengängen, denen die Zukunft zweifach gehört: *Erstens* quantitativ in Bezug auf den wachsenden Beratungsbedarf für Probleme der Lebensführung in einer immer unübersichtlicher werdenden Gesellschaft. *Zweitens* qualitativ in Bezug auf die Profession, die als einzige Profession von allen in der Lage bzw. genau darauf spezialisiert ist, unspezifische Probleme zu lösen. Aus diesem Blickwinkel und *nur* aus diesem ist Soziale Arbeit eine Elite-Profession. Gerade mit dem Status einer Zwischenprofession werden ihre Fundamente (noch) als prekär angesehen, denn sie

> „widersprechen den ehrwürdigen Prinzipien der Wissenschaften und der Praxis, weil sie zwischen ihnen liegen. Sie scheinen der zwangsläufigen Ausdifferenzierung von immer neuen Teildisziplinen und der beruflichen Spezialisierung entgegenzulaufen" (Münch 1995, S. 145 ff.).

Wenn wir genauer hinschauen, wird deutlich, welchen Zweck Studiengänge wie eben Soziale Arbeit erfüllen. Es handelt sich bei diesen

> „um Studiengänge, die einerseits eine Marktlücke schließen und so das Spektrum der Berufe um den neuen Beruf des Moderators erweitern und andererseits dem Wissen einzelner wissenschaftlicher Disziplinen das langsam zu erarbeitende Wissen über Möglichkeiten der Verknüpfung hinzufügen" (Münch 1995, S. 146).

Es geht also um die immer wichtiger werdende Funktion der Vernetzung und Vermittlung innerhalb einer stetig vielfältiger und auch unübersichtlicher werdenden

Gesellschaft. Wenn man diese Vielfältigkeit und Unübersichtlichkeit einmal in ein prominentes Theorem gießen wollte, dann würde sich uns – von Luhmann (1997) mit geradezu bestechenden Argumenten ausgestattet – das Bild einer unter dem → *Primat funktionaler Differenzierung* stehenden Gesellschaft bieten.

!

Vom **Primat einer Differenzierungsform**

wollen wir dann sprechen, wenn eine Differenzierungsform die Einsatzmöglichkeiten anderer Differenzierungsformen (z. B. Schichtendifferenzierung) reguliert. Dies heißt jedoch nicht, dass diese anderen Differenzierungsformen verschwänden – z. B. finden wir die bekannte Schichtendifferenzierung (so genannte stratifikatorische Differenzierung) nicht mehr gesellschaftsweit, sondern primär in großen Organisationen und Unternehmen.

Der vielleicht zentrale Grund für diese Unübersichtlichkeit ist also vereinfacht gesagt, dass sich in der modernen Gesellschaft soziale Systeme ausdifferenziert haben, die eigene Sinngrenzen ausbilden und – und das ist ganz wichtig und kann gar nicht oft genug betont werden – füreinander Umwelt bleiben. Soziale Arbeit muss demnach beispielsweise versuchen, a) zwischen verschiedenen sozialen Systemen und b) zwischen den verschiedenen sozialen Systemen und den von diesen Systemen ausgeschlossenen Individuen zu vermitteln und diese unterschiedlichen Systeme zum wechselseitigen Nutzen zu synchronisieren.

Aber eine solche Vermittlungsrolle zu erfüllen ist kompliziert und nicht konfliktfrei zu lösen. Sie ist von vielfältigen Ambivalenzen durchzogen. Daher erfordert diese Vermittlungsfunktion (auch im Rahmen der Ausbildung) spezielle Institutionen, z. B. Ausbildungssupervisionen. In ihnen sollte methodisch reflektiert daran gearbeitet werden, unterschiedliches Wissen zu verknüpfen, genauer: Zwischen Theorie und Praxis sowie zwischen unterschiedlichen (Nicht-)Wissensgebieten zu navigieren. Genau in diesem Sinne stellt unserer Meinung nach die Ausbildungssupervision eine Reflexions- und Integrationspraxis einer Wissenschaft dar, die es mit einer ganz besonderen Problematik zu tun hat. Diese Problematik umgreift die Probleme der Vielfältigkeit, Heterogenität, Komplexität und Konstruiertheit des Wissens und die mangelnden Abgrenzungsmöglichkeiten ihres Gegenstandbereiches. Das, was uns im Studium nur bedingt möglich scheint, könnte vielleicht die Ausbildungssupervision gewährleisten:

- das differenzierte Fachwissen der Studierenden bezüglich bestimmter und ganz konkret erfahrbarer Praxisfragestellungen im Sinne spezifisch sozialarbeiterischer Perspektiven zu intgrieren;

- die Ausbildung einer selbstbewussten und -reflexiven, aber postmodern offenen und vielfältigen sozialarbeiterischen Identität und Haltung (vgl. Haye/Kleve 2003) zu fördern.

Das, was in Lehrveranstaltungen – gewissermaßen im Trockendock – oft nur rational begriffen werden kann, wird in der Ausbildungssupervision hautnah spürbar, emotional erlebbar und kommunikativ mitteilbar. Auf der einen Seite: Die sozialen ('objektiven') Schwierigkeiten und Hindernisse sowie die psychischen ('subjektiven') Ängste und Gefühle, die die komplexen und ambivalenten Aufgaben der Sozialen Arbeit tangieren. Auf der anderen Seite: Die Möglichkeiten und Chancen, diese Schwierigkeiten, Hindernisse, Ängste und Gefühle zu bearbeiten, lösungsorientiert zu verarbeiten und in Richtung realistischer Ziele hin aufzulösen. Studierende können in der Ausbildungssupervision ihre Praxiserlebnisse unmittelbar reflektieren – begleitet durch berufserfahrene Praktikerinnen und Praktiker Sozialer Arbeit mit supervisorischer Kompetenz *und* supervisorischer Zusatzqualifikation. Sie erleben so Beistand, Verständnis, aber eben auch Lösungsorientierung und könnten die Erfahrung machen, dass professionelles Wachstum, professionelle Weiterentwicklung bedeutet, die Schwierigkeiten der Praxis nicht nur zähneknirschend auszuhalten, sondern als persönliche Chancen zu werten. Und zwar als Chancen dazu, das eigene Feld- und Methodenverständnis zu vertiefen sowie das bisherige Wissen zu erweitern. Im Endeffekt können die Studierenden in der Ausbildungssupervision *zugleich* Abstand von der Praxis gewinnen und Praxisnähe erfahren. Supervision ist nämlich ein ganz exklusiver Ort. An ihm laufen vorübergehend zwei – zuweilen recht unterschiedliche – Perspektiven zusammen, die jedoch eng zusammengehören: Eine wissenschaftlich-kühle, eher praxisdistanzierte und eine praktisch-lebendige, arbeitsfeldnahe Perspektive. Genau aus diesem Grund erlaubt Supervision generell das, was Michael Giesecke und Kornelia Rappe-Giesecke als supervisorische „Integration von Selbsterfahrung und distanzierter Beobachtung" bezeichnen (1997).

Sozialarbeitswissenschaftliche Perspektiven der Ausbildungssupervision

Bezüglich der beschriebenen Aufgaben stellt sich die Frage, ob die Ausbildungssupervision genau diese bereits erfüllt. Wird sie schon als ein sozialarbeitswissenschaftlicher Prozess praktiziert? Bedarf es etwa neuer Konzepte und Formen, um diese Aufgaben zu realisieren? Weiterhin möchten wir fragen, welche Kompetenzen Ausbildungssupervisorinnen und -supervisoren benötigen, um diese wissenschaftlichen Aufgaben mit den Studierenden zu bewältigen.

Wenn unsere Einschätzung geteilt wird, Ausbildungssupervision als eine sozialarbeitswissenschaftliche Praxis im Studium der Sozialen Arbeit zu betrachten, dann können wir außerdem darüber nachdenken, ob es nicht sinnvoll wäre, wenn auch Lehrende der Sozialarbeitswissenschaft über supervisorische Qualifikationen verfügen. Zumindest sollten Lehrende in der Ausbildung der Sozialen Arbeit – wie Supervisorinnen und Supervisoren – viel von der Beobachtung zweiter Ordnung verstehen und Methoden kennen, wie Studierende zu Selbstreflexionsprozessen aktiviert werden können und wie diese Prozesse zugleich praxisrelevant und theoriebasiert auswertbar sind. Dadurch lernen die Studierenden vor allem auch das

Lernen selbst, und zwar in Form reflexiver Aneignungsprozesse. Gerade derartige Prozesse sind es, die im Zuge der Orientierung hin zum Paradigma des lebenslangen Lernens immer notwendiger werden.

In der Ausbildungssupervision kann weiterhin das (wieder)erlangt werden, wozu wir bereits – im ersten Kapitel – eingeladen haben: Das Staunen über die Selbstverständlichkeiten (und Ressourcen) der anderen. Dabei lassen sich durchaus die erläuterte Haltung des Nichtwissens und die erwähnten Strategien (Kontextwechsel, Möglichkeitssinn und funktionale Methode) nutzen. Auch ist es möglich, anhand von konkreten Praxisfragestellungen und Fällen das systemische Reflektieren von Theorien zu üben, wie es später im vierten Kapitel von uns vorgeschlagen wird.

Schließlich ist interessant, wie die Studierenden ihre Ausbildungssupervisionen bewerten, ob und wie sie die Reflexionsprozesse als hilfreich erachten. Welchen Nutzen sehen sie, und hat die Supervision geholfen, sowohl die praxiswissenschaftliche Integration als auch die Identitäts- und Haltungsbildung zu stützen und voranzutreiben? Weil die Beantwortung dieser Fragen zur Weiterentwicklung einer sozialarbeitswissenschaftlichen Ausbildungssupervision ausgesprochen wichtig ist, sollten zukünftig an den Hochschulen Forschungsprojekte entwickelt und initiiert werden, um zu untersuchen, ob die Ausbildungssupervision ihre Aufgabe für die Sozialarbeitswissenschaft erfüllt. Was muss möglicherweise getan werden, um diese Aufgabe zukünftig noch adäquater zu realisieren? Aufgrund der hier vorgestellten Perspektive kann jedenfalls vermutet werden, dass derartige Forschungen von Nutzen sein könnten, um Supervision als ein „Medium kommunikativer Sozialforschung“ (Giesecke/Rappe-Giesecke 1997) zu begreifen und zu zeigen, dass speziell Ausbildungssupervision ein wichtiger Bestandteil einer transdisziplinären Sozialarbeitswissenschaft ist.

Supervisorische Fragen zur Reflexion organisatorischer Kontexte – ein Beispiel

Ein zentraler Fokus der Ausbildungssupervision ist die Begleitung der Studierenden bei der Bewältigung der Anforderungen, die die Praxisorganisationen (Träger) an sie stellen. Um Studierenden einen guten Einstieg in ihre – bestenfalls durch Ausbildungssupervision begleiteten – Praktika zu ermöglichen, sollten sie sich mindestens mit den drei folgenden Themenbereichen

- organisatorischer Kontext ihrer Tätigkeit,
- Probleme innerhalb ihrer Praxisorganisation,
- den Hypothesen zu bestimmten Problemen und den damit verbundenen Fragen

auseinandersetzen.

Organisatorische Kontexte der Praxis

Organisatorische Kontexte zeigen sich *zum einen* durch die Struktur der Organisation (sichtbar im Organigramm der Einrichtung, etwa durch eine hierarchische Struktur). Dieser formelle Kontext der Organisation tangiert alle Abläufe. *Zum anderen* zeigen sich die organisatorischen Kontexte aber auch durch informelle Strukturen; diese sind nicht immer offensichtlich, sie werden oft gespürt, aber selten expliziert. Sie bestimmen aber den Alltag in den Organisationen erheblich. Durch die folgenden Fragen können wir versuchen, formelle und informelle Kontextebenen der Organisation in den Blick zu bringen:

Übung 8 | Systemisches Reflektieren 1

Gibt es in der Praxisstelle Erwartungen an dich, die dir mitgeteilt wurden, die du wahrgenommen hast oder die dich überrascht haben?

Welche ausgesprochenen und unausgesprochenen Erwartungen nimmst du bezüglich der Klienten wahr und welche überraschen dich?

Angenommen, du kommst als Klient/in in die Einrichtung, was würdest du zuerst wahrnehmen, was würde dir auffallen, was würde dich überraschen?

Wenn du einen Satz formulieren würdest, der die Stimmung in der Einrichtung wiedergibt, wie würde dieser Satz lauten?

Angenommen, du zeigst diesen Satz deinen Kollegen, was würden die wohl sagen?

Probleme in den Organisationen

Probleme können stets als 'alte' (vergangene) Lösungen oder als Lösungen für andere aufgefasst werden.

Probleme

sind Lösungen aus der Vergangenheit, die für bestimmte Beobachter (Personen, soziale Systeme) in der Gegenwart ein Problem geworden sind.

Deshalb macht es Sinn, danach zu schauen, *wann, wo,* für *wen, warum* und *wie* die beobachteten Probleme auch Lösungen waren oder sind. Welche anderen Seiten – insbesondere Ressourcen – lassen sich also entdecken, wenn wir uns mit Problemzuschreibungen beschäftigen?

Durch die folgenden Fragen können diese Probleme und Ressourcen reflektiert werden:

Ü

Übung 9 | Systemisches Reflektieren 2

Gibt es in deiner Praxiseinrichtung etwas, das du oder das andere als Problem ansehen?

Warum ist das für dich oder für andere ein Problem? Von welcher 'Normvorstellung' weicht das Phänomen ab? Wie wäre es, wenn es das Problem nicht gäbe? Was wäre dann anders?

Nehmen andere (z. B. deine Kollegen, die Klienten) das Problem ebenfalls wahr? Wenn ja, wie würden sie es beschreiben?

Gibt es Personen oder soziale Systeme (Abteilungen, Organisationen etc.), die von dem Problem etwas haben, denen es also gut gelegen kommt? Wenn ja, was haben diese Personen oder sozialen Systeme davon?

Hast du eine Idee, seit wann das Problem besteht (konstruiert wird)?

Für wen (Personen oder soziale Systeme) erfüllt das Problem einen Zweck oder eine Funktion? Wer hat Interesse daran, das Problem nicht zu lösen, sondern es aufrechtzuerhalten?

Welche guten Absichten mit möglicherweise negativen Folgen könntest du unterstellen?

Gibt es irgendetwas an dem Problem, was dir selbst oder anderen, die es sehen oder problematisieren, gefällt oder nützt? Für wenn ist das Problem eine Ressource?

Wer hat am meisten Interesse daran, das Problem zu lösen? Wer hat am meisten Interesse daran, das Problem zu behalten?

Inwieweit ist das Problem ein Lösungsversuch, eine Antwort auf eine früher erlebte Herausforderung?

Wie stehen die Chancen, das Problem zu lösen? Wer müsste an der Problemlösung beteiligt werden? Wie könnte die Problemlösung aussehen?

Hypothesen zu den Problemen

Hypothese (griech. *hypothesis*) Unterstellung, noch unbewiesene Annahme als Hilfsmittel für wissenschaftliche Erkenntnisse

Hypothesen sind theoretische Verknüpfungen in *phänomenaler* Dimension. In der *kausalen* Dimension sollen so beobachtete Phänomene (z. B. Probleme) vorläufig erklärbar werden. Hypothesen dienen dazu, vorläufige Ideen zu finden hinsichtlich der Frage, welche Ursachen das beobachtete Phänomen haben könnte. Demnach arbeiten Hypothesen mit einem Konzept von Kausalität, d.h. mit der Unterscheidung von Ursache(n) und Wirkung(en). Allerdings darf Kausalität nicht als Eigenschaft der Phänomene verstanden werden, sondern es ist vielmehr *eine* Kategorie der Beobachter, d.h. ein Hilfsmittel der Beschreibung und Erklärung. Zu Recht meinen Schwing/Fryszer (2006, S. 131) daher:

„Hypothesen haben für systemische Berater eine geringe Halbwertzeit und sind kurzlebige Konstruktionen im Arbeitsprozess. Sie werden zur Handlungsorientierung genutzt und bleiben offen für Korrekturen."

> **Hypothesen**
> beurteilen wir nicht danach, ob sie wahr sind oder falsch, sondern danach, ob sie hilfreich dafür sind, regenerierende und heilsamere Veränderungen in Systemen anzuregen.

!

Hypothesen sollten in der jeweiligen Gemeinschaft der Beobachter 1) plausibel und nachvollziehbar sein. Sie sollten es 2) ermöglichen, neue, alternative Möglichkeiten des Denkens und Handelns (aktionale Dimension) zu erzeugen.
Hypothesen könnten folgende Fragen thematisieren:

> **Übung 10 | Systemisches Hypothesenbilden**
> Welchen Sinn, welche Funktion erfüllt ein Problem für das relevante System, in dem es sich zeigt?
> Welche Auswirkungen hat das Problem auf das System und seine Mitglieder, und wie werden diese Auswirkungen im System beobachtet, beschrieben, erklärt und bewertet?
> Welche Interaktionsdynamiken könnten im System das Problem bedingen, verstärken oder auch lösen?
> Welche (offenen oder verborgenen) sozialen Regeln (Muster) könnten im System das Problem bedingen, verstärken oder auch lösen?
> Welche Denkmodelle, Glaubenssätze, Anschauungen, Normen oder Werte könnten im System das Problem bedingen, verstärken oder auch lösen?
> Welche sozio-ökonomischen und materiellen Bedingungen könnten das Problem beeinflussen, verstärken oder auch lösen?
> Versuch einmal, die Fragen auf ein aktuelles Problem von dir zu beziehen.

Ü

Weiterführende Literatur

Beratung

Prior, Manfred; Schmidt, Gunther (2008): Beratung und Therapie optimal vorbereiten. Informationen und Interventionen vor dem ersten Gespräch. 3. Aufl., Heidelberg: Carl-Auer-Systeme.

Supervision

Belardi, Nando (2005): Supervision. Grundlagen, Techniken, Perspektiven. 2. aktualisierte Aufl., München: Beck.

Brandau, Hannes; Schüers, Wolfgang (1995): Spiel- und Übungsbuch zur Supervision. 2. Aufl. Salzburg: Müller.

Hercher, Heike/Kersting, Heinz J. (Hrsg.) (2003): Systemische Supervision im Gespräch. Entwicklungen und Konzepte im deutschen Sprachraum. Aachen: Kersting.

Neumann-Wirsig, Heidi/Kersting, Heinz J. (Hrsg.) (1998): Supervision in der Postmoderne. Aachen: Kersting.

Kersting, Heinz J. (2002): Zirkelzeichen. Supervision als konstruktivistische Beratung. Aachen: Kersting.

Systemische Methodik

Schwing, Rainer; Fryszer, Andreas (2006): Systemisches Handwerk: Werkzeug für die Praxis. Göttingen: Vandenhoeck und Ruprecht.

Werkstattnotizen

JVW: „Mir ist beim Arbeiten an diesem Kapitel die Idee gekommen, dass wir die postmoderne Sozialarbeit als 'Prozess-als-Inhalt'-Projektseminar konzipieren könnten. Der Lernprozess wäre uns hier das Vehikel für die Inhaltsvermittlung. Mit 'Prozess-als-Inhalt' meine ich, nicht der Inhalt ist die Message, sondern der Prozess als solcher. Verschiedene Theorien und Perspektiven werden als gleichberechtigt nebeneinander stehend erarbeitet und anerkannt, multiple Perspektivenwechsel werden wertgeschätzt und trainiert. So kann die Gefahr gemindert werden, dass die postmodernen Überlegungen von den Studierenden wieder 'modern', nämlich eigentlich als neuer Dogmatismus, interpretabel werden. Zwar erfordert ein solches Vorgehen eine aktivere Mitarbeit von den Studierenden. Aber das wäre ja nicht wirklich ein Argument dagegen, oder?"

HK: „Ja, ich sehe es ähnlich wie du: Prozesse sind entscheidend, denn schließlich werden Inhalte von diesen produziert. Dieses Buch bietet nun solche Prozesse und Verfahren für die Praxis der Sozialarbeitswissenschaft und zeigt, wie sie angewandt werden können. In einer Welt postmoderner Komplexität kommt es darauf an, Prozesse zu entwickeln, die offen für unterschiedliche Inhalte sind, ja, die passende Inhalte für unterschiedliche Kontexte produzieren. Hier sehe ich eine große Übereinstimmung mit neueren systemischen Ideen, die sich mehr und mehr verabschieden von semantischen/inhalts- und bedeutungsorientierten zugunsten von syntaktischen/strukturellen und prozessorientierten Vorgehensweisen. Auch kann hier ein Hinweis auf die Diskursethik von Jürgen Habermas verdeutlichen, worum es geht. Demnach können wir heute nicht mehr generell sagen, was ethisch gut und passend ist. Was wir aber können, ist, Verfahren zu entwickeln (z. B. die Diskursethik), deren Nutzung die Wahrscheinlichkeit erhöhen, dass eine Diskursgemeinschaft für sie passende Werte produziert. Die Inhalte und Bedeutungen entstehen also erst in einem regelgeleiteten strukturierten Prozess, etwa des Kommunizierens."

JVW: „Das scheint mir ein notwendiger Trend, der irgendwo mittig zwischen den Polen 'Prozess' und 'Inhalt' zur Ruhe kommen könnte. Denn ich erwarte generell (sozial)pädagogische Wirkungsverluste für den Fall, dass Prozess grundsätzlich vor Inhalt gestellt wird. Man vernachlässigt jetzt das zuweilen immense Komplexitätsgefälle, das zwischen Lehrenden (oder Sozialpädagogen) und insbesondere ganz jungen Studierenden (Klienten) auf der inhaltlichen Ebene besteht. Gerade in der praktischen Sozialen Arbeit müssen auch Inhalte und Informationen, die ja häufig Lösungen für individuell unlösbare Probleme der Lebensführung sind, 'empfangen' werden können. Mir fällt da gerade die (idealerweise, aber oft noch nicht) von Sozialpädagogen durchgeführte Schuldnerberatung ein. Da geht es ja viel um Fachinformationen und etwas weniger um Reflexionsprozesse."

HK: „Aber auch die Schuldnerberatung setzt einen Prozess voraus, ein Verfahren, dessen Anwendung die Wahrscheinlichkeit, dass die Beratung erfolgreich verläuft, erhöht. Und nichts anderes sollen Prozesse bewirken: Sie sollen die Erfolgswahrscheinlichkeit erhöhen. Und auch Studierende benötigen Prozesse, um sich Inhalte anzueignen. Da gibt es sicherlich eine Vielzahl von möglichen, etwa didaktischen

Prozessen, von denen einige geeigneter und andere weniger geeignet sind, um Wissen/Informationen zu generieren. Denn aus der konstruktivistischen Perspektive wissen wir doch nur zu gut, dass Wissen und Informationen nicht einfach von einer Person (etwa dem Lehrenden) in die andere Person (etwa den Studierenden) übertragen werden kann. Vielmehr setzt Lernen und Lehren Prozesse voraus, die es erlauben, dass die Lernenden sich das Wissen aktiv aneignen, ja gewissermaßen selbst produzieren können. Sicherlich kann ein solcher Prozess auch eine Vorlesung sein. Aber nur eine solche Veranstaltung reicht nicht, sie muss mit weiteren Prozessen kombiniert werden, etwa mit Arbeitsgruppen, in denen gelesen und das Gelesene diskutiert, d.h. vertieft wird. Und auch dies setzt wieder spezielle Prozesse voraus, wenn es erfolgreich werden soll. Du merkst, ich verwende einen sehr weit gefassten Prozessbegriff. Dieser Begriff hilft dabei, nicht so sehr auf das 'Was' zu schauen, sondern auf das 'Wie'.“

Lerneinheit IV

SYSTEMATISIEREN UND ANALYSIEREN 1 – Die sozialarbeitswissenschaftliche Theoriereflexion

IV. SYSTEMATISIEREN UND ANALYSIEREN 1 – Die sozialarbeitswissenschaftliche Theoriereflexion

In der Wissenschaft gleichen wir alle nur den Kindern,
die am Rande des Nichtwissens hier und da einen Kiesel aufheben,
während sich der weite Ozean des Unbekannten vor unseren Augen erstreckt.
(Frei nach Isaac Newton)

Ausgangspunkte

Die oft hitzige Debatte um das Für und Wider einer Sozialarbeitswissenschaft, die in den 1990er Jahren entbrannt ist, scheint beendet zu sein. Die Zeit der wissenschaftstheoretischen, aber auch wissenschaftspolitischen Konsolidierung hat begonnen. Dies zeigen in wissenschaftstheoretischer Hinsicht die in den letzten Jahren publizierten Grundlagenwerke zum Thema, etwa:

- Bango, J. (2001): Sozialarbeitswissenschaft heute. Wissen, Bezugswissenschaften und Grundbegriffe. Stuttgart: Lucius & Lucius (UTB).
- Engelke, E. (2003): Die Wissenschaft Soziale Arbeit. Werdegang und Grundlagen. Freiburg/Br.: Lambertus.
- Göppner, H.-J./Hämäläinen, J. (2004): Die Debatte um Sozialarbeitswissenschaft. Auf der Suche nach Elementen für eine Programmatik. Freiburg/Br.: Lambertus.
- Mühlum, A. (Hrsg.) (2004): Sozialarbeitswissenschaft. Wissenschaft der Sozialen Arbeit. Freiburg/Br.: Lambertus.
- Sidler, N. (2004): Sinn und Nutzen einer Sozialarbeitswissenschaft. Eine Streitschrift. Freiburg/Br.: Lambertus.
- Erath, P. (2006): Sozialarbeitswissenschaft. Eine Einführung. Stuttgart: Kohlhammer.

und aus wissenschaftspolitischer Perspektive die erfolgreiche curriculare Verankerung der Fachwissenschaft Soziale Arbeit in der Rahmenordnung[1] bzw. in der vorgeschlagenen Modulstruktur (siehe Deutsche Gesellschaft für Sozialarbeit 2005) für den Studiengang Soziale Arbeit.

Dennoch kann noch nicht davon gesprochen werden, dass der Kernbereich der Sozialarbeitswissenschaft, nämlich die Theorie(n) der Sozialen Arbeit, weithin anerkannt und in ihrer Bedeutung für die sozialarbeiterische Ausbildung und Reflexion gewürdigt wird. Im Gegenteil – das, was Johannes Herwig-Lempp (2003) konstatiert hat, ist allerorten zu beobachten: Studierende und Praktiker stöhnen vor Anstrengung und Ablehnung auf oder winken ab, wenn das Gespräch auf die Relevanz von Theorien für die Soziale Arbeit kommt. Theorien werden als weniger wichtig für eine erfolgreiche Praxis und Reflexion angesehen, als es die Theoretiker

[1] Siehe http://www.dbsh.de/Rahmenstudien.pdf [19.01.2006]).

gerne hätten. Die Metapher, dass Sozialarbeitstheoretiker wie Sockenfabrikanten sind, die lediglich Socken für andere Sockenfabrikanten produzieren (vgl. ebd.), gewinnt bei dieser Situation schnell Plausibilität.

Eine Befragung von Absolventen der Evangelischen Fachhochschule Dresden über relevante Lehrinhalte, die von Herbert Effinger (2005) durchgeführt wurde, bestätigt die Bewertung der Randständigkeit von Theorien Sozialer Arbeit:

> „Lehrinhalte wie Theologie, Philosophie und Theorien Sozialer Arbeit werden weder vermisst noch als elementar benötigt" (ebd., S. 226).

Offenbar kommen die Befragten ohne Theorien der Sozialen Arbeit aus (vgl. ebd., S. 227). Angesichts dieses Untersuchungsergebnisses sucht Effinger nach einer These, die dies erklären kann, und schlussfolgert, dass die Theorien Sozialer Arbeit sich zumeist – in ihrer sozialwissenschaftlichen Tradition – auf Gegenstands-, Erklärungs- und Funktionswissen bzw. – in ihrer geisteswissenschaftlichen Tradition – auf ethische und normative Fragen, also auf Kriterienwissen beschränken. Die Brücke zur Handlungspraxis, zum Methodischen, zum Verfahrenswissen werde kaum geschlagen.

> „Wenn dem so ist, [...] dann ließe sich erklären, warum [sich] Sozialarbeiter oft so leidenschaftlich und eklektisch auf scheinbar unverbundene Wissensbestände [...] beziehen und sich ihren professionellen Rückhalt einerseits in allgemeinen Handlungsmaximen und andererseits mit damit nicht immer schlüssig verbundenen Handlungstheorien aus anderen Disziplinen und Professionen bedienen" (ebd.).

Effinger plädiert deshalb dafür, dass die Vermittlung von Theorien, d. h. von Beschreibungs- und Erklärungswissen kombiniert werden sollte mit der intensiven Beschäftigung mit Verfahrens- bzw. Handlungswissen (vgl. ebd., S. 228).

Hier wollen wir eine ähnliche, aber andere Perspektive einnehmen und darstellen. Zunächst plädieren wir dafür, die Erfahrung der Studierenden und Praktiker für wichtig zu nehmen und zu akzeptieren, dass Theorien der Sozialen Arbeit als wenig nützlich für die Handlungsorientierung erscheinen. Diese Akzeptanz führt uns sogleich weiter zu der Forderung, die Praxis nicht aus einer Defizitperspektive zu betrachten. Man sollte der Praxis nicht vorwerfen, dass in ihr etwas geschieht, das problematisch ist. Ebenso defizitär und noch dazu falsch wäre es zu meinen, dass die Praxis eben theorielos abläuft und einfach so handelt. Eine Defizitbetrachtung, die der Praxis und ihren Vertretern vorwirft, mit unangemessenen oder nicht schlüssigen Theorien oder Theorieversatzstücken zu hantieren und die Bedeutung und Stärke der Theorien Sozialer Arbeit nicht zu erkennen, produziert nicht nur eine wenig konstruktive Asymmetrie, sondern einen Konflikt zwischen Praktikern auf der einen und Theoretikern auf der anderen Seite. Wir schlagen vor, die Studierenden und Praktiker in ihrer Abstinenz hinsichtlich von Theorien Sozialer Arbeit ernst zu nehmen. Beide Gruppen sollen als Experten für die Auswahl dessen betrachtet werden, was sie für ihre Arbeit benötigen. Nicht die Praktiker und Studierenden werden aufgefordert, sich in ihren Sicht- und Handlungsweisen zu verändern, vielmehr soll der Blick gewendet werden in Richtung der Praxis der wissenschaftlichen Sozialarbeit.

In diesem Kapitel geht es uns dementsprechend darum zu verdeutlichen, wie eine Sozialarbeitswissenschaft auf Theorieunlust reagieren könnte. Das, was Studierende und Praktizierende über Theorien der Sozialen Arbeit häufig zurückmelden, könnten für das Wissenschaftssystem Sozialer Arbeit wichtige Irritationen und Anlässe sein, um ihre eigene Praxis zu befragen und zu verändern. Wie sollte eine Praxis der Sozialarbeitswissenschaft in der Lehre und in der Reflexion (z. B. in der Supervision) vorgehen, die für Studierende und Praktiker als brauchbar und nützlich bewertet wird? So lautet unsere zentrale Frage. Diese Frage wird in vier Etappen beantwortet:

- Erstens soll die Verwobenheit von Theorie und Praxis herausgearbeitet werden, um zu zeigen, dass Praxis theoriegetränkt ist und dass es darauf ankommt, für diese Erkenntnis zu sensibilisieren.
- Zweitens wird Wissenschaft als ein Prozess beschrieben, in dem es darum geht, Distanz zur Praxis und zur Wirklichkeit zu gewinnen, um frei zu werden für die Analyse oder Konstruktion brauchbarer Theorien.
- Drittens werden Systematisierungshilfen vorgeschlagen, die es Studierenden und in der Praxis Tätigen ermöglichen, Theorien zu untersuchen bzw. zu analysieren.
- Viertens werden schließlich fünf Theorien knapp reflektiert, um beispielhaft zu zeigen, wie die vorgeschlagenen Systematisierungshilfen Struktur in die unübersichtliche Theorielandschaft bringen können (siehe dazu die Lerneinheit V).

Bei diesen Theorien handelt es sich um die Dialektik der Aufklärung, die Psychoanalyse, um die soziologische Systemtheorie am Beispiel des Systems Familie, um die Lebensweltorientierung und die Sozialraumorientierung.

Theorie und Praxis – eine oszillierende Unterscheidung

Die erste Frage, die hier und ebenfalls während der Beschäftigung mit Theorien primär zu klären ist, lautet freilich: Was sind eigentlich Theorien und welchen Nutzen haben sie? Darauf lassen sich ausgehend von unterschiedlichen wissenschaftstheoretischen Schulen sicherlich die differenziertesten Antworten finden. Wir versuchen eine Antwort zu geben, die *zugleich* in der Sozialarbeitswissenschaft und in der Sozialarbeitspraxis anschlussfähig sein könnte.

Einen ersten Zugang zum Begriff 'Theorie' eröffnet bekanntermaßen die griechisch-lateinische Herkunft des Wortes. Demnach wird Theorie als (gedankliche) Anschauung und als Erkennen im Gegensatz zu Praxis aufgefasst. Praxis gilt demgegenüber als Tätigsein, als Handeln. Aber bereits durch das Thema unseres Beitrags wollen wir die beiden – nur theoretisch so reinen – Phänomene so verkoppeln, dass deren Verbindung in der Sozialen Arbeit offen gelegt wird, so dass diese Verbindung als wechselseitige Verunordnung oder zugespitzter gesagt, als 'wechselseitige Verschmutzung' eindeutiger Logiken sichtbar wird. Hier geht es im weiten Sinne um die Praxis der Sozialarbeitswissenschaft und im engeren Sinne um die Praxis der Theorie. Theorie, gedankliche Anschauung und Erkennen kann natürlich (auch gemeinsam) praktiziert werden, ist ebenfalls ein Tätigsein, ein Handeln. Eine weitere gegenseitige Verweisung der oft als Gegensätze benutzten Begriffe geht mit unserem Kurt Lewin zugeschriebenen Eingangszitat einher, dass nichts so praktisch sei wie eine gute Theorie. Noch deutlicher wird in Anlehnung an Immanuel Kant (1787, S. 101) Theorie und Praxis verwoben mit dem Satz: „Theorie ohne Praxis ist leer, Praxis ohne Theorie ist blind". Diese wechselseitige Beziehung zwischen Theorie und Praxis kennzeichnet weiterhin den bekannten ästhetischen Imperativ Heinz von Foersters (1981, S. 60): „Willst du erkennen, lerne zu handeln." Allerdings interpunktiert von Foerster die Wechselseitigkeit von Erkennen und Handeln beim Handeln. Er setzt Handeln primär, damit von dort zum Erkennen gelangt werden kann. Dies ist konstruktivistisch betrachtet richtig, wenn wir bedenken, dass der Kontakt zur Umwelt und deren Beeinflussung (handeln) unabdingbare Voraussetzung des Erkennens ist. Denn wo nichts (wahrzunehmen) ist, darüber kann auch nichts gedacht und gesagt werden. Nun kann man sich aber leicht vorstellen, dass im täglichen Handeln häufig zu wenige Reflexionsmöglichkeiten vorhanden sind, um das mit dem Handeln verbundene Geschehen zu verarbeiten und etwaige neue Schlüsse aus diesen zu ziehen, z. B. trägerbedingt (permanente Überlastung), aus persönlichen Gründen (Ignoranz, Ausgebranntsein) oder Ähnlichem. Würden wir probehalber die Aussage umkehren zu: „Willst du handeln, lerne zu erkennen", hätte dies zwar einen soliden sozialarbeitswissenschaftlichen Mehrwert, wäre dann jedoch erkenntnistheoretisch blind, weil Erkennen auf Wahrnehmung und Wahrnehmung auf Umweltkontakt (als Handeln) angewiesen ist.

Für eine brauchbare sozialarbeitswissenschaftliche Verwendung muss deshalb von Foersters These so umgeformt werden:

Theorie und Praxis

bilden einen zirkulären und transversalen Zusammenhang: Lerne, zwischen Handeln und Erkennen (noch mehr) *Übergänge* zu schaffen.

Ü

Viele Sozialarbeiter und Sozialpädagogen sind aus sich heraus (intrinsisch) bestrebt, ihre Erfahrungen kognitiv zu verarbeiten und so ihr Handeln weiter zu verbessern. Hier möchten wir mehr klar machen: Theorie und Praxis – als Erkennen und Handeln – gehören normativ (handlungstheoretisch) *und* operativ (erkenntnistheoretisch) zusammen. Handeln ist operativ an Erkenntnis gebunden, und Erkenntnis ist operativ auf Handeln angewiesen. Anders formuliert: Theorie und Praxis sind in der Praxis (der Sozialen Arbeit) nicht zu trennen. Und selbst wenn wir sie auseinander halten könnten: Erkennen ohne Handeln ist ohne jede Bedeutung; Handeln, das sich nicht aufs Erkennen beruft, ist diffus und stumpfsinnig. Handlungstheoretisch führt uns dies zu der Erkenntnis der Notwendigkeit, sich im Beratungsalltag noch mehr Brücken zwischen Erkennen und Handeln zu schaffen z. B. durch 'Zeitinseln in der Kommunikation' (Paraphrasieren, Wiederholen, Zusammenfassen, Nachfragen, aktives Zuhören etc.).

Wenn wir also die wechselseitige Bedingtheit von Erkennen (Theorie) und Handeln (Praxis) anerkennen, dann ergibt sich ein Kreislauf von Praxis und Theorie, eine Art Schleife, so dass in der Praxis immer auch Theorie und in der Theorie immer auch Praxis aufscheint. Die Frage ist, ob diese Schleife noch genauer bestimmt werden kann. Wie sieht die Praxis der Theorie konkret aus? Was passiert, wenn Theorie praktiziert wird? Die Antwort auf diese Frage gibt Kurt Eberhard (1999), der in seinem sehr empfehlenswerten Werk *Einführung in die Erkenntnis- und Wissenschaftstheorie* veranschaulicht, dass während des Praktizierens von Theorie bzw. während des Theoretisierens in der Praxis *drei* Fragen (oft nur implizit) gestellt werden, die folgende Antworten produzieren: Diese drei Fragestellungen lassen sich wiederum zirkulär miteinander verzahnt vorstellen (Abbildung 13). Wir beginnen aus Gründen der besseren Nachvollziehbarkeit mit der phänomenalen Frage.

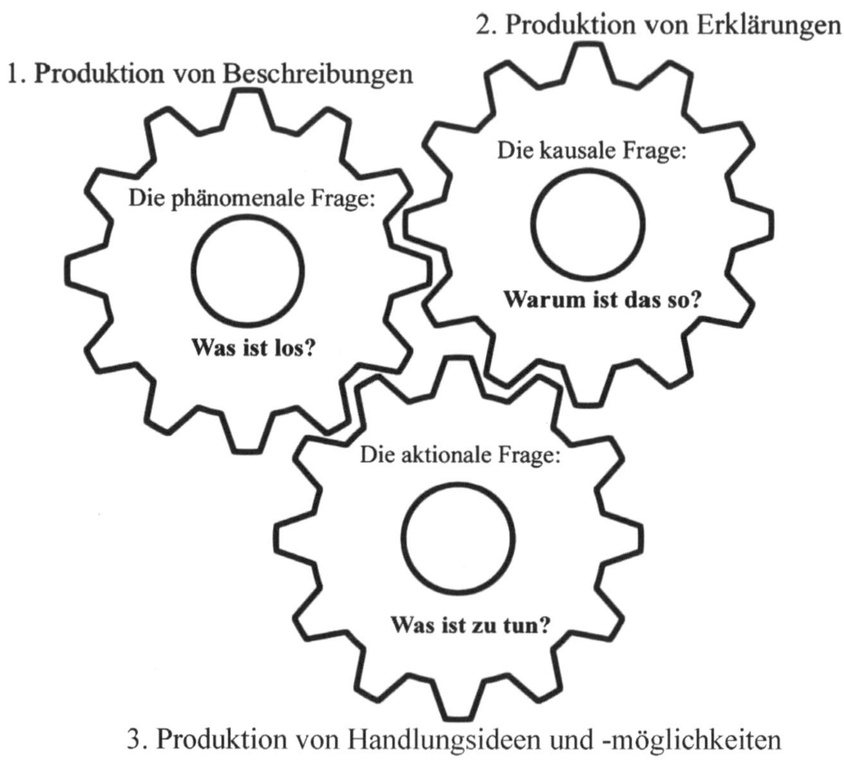

Abb. 13 Die Theorie der Praxis

Die *phänomenale* Frage stellt sich in einer Praxis, die vor Problemen steht, die gelöst werden sollen, aber ständig beobachtet sowie in differenzierter Weise beschrieben werden müssen. Weiterhin wird nach Erklärungen für die Herkunft oder für die anhaltende Stabilität und Dauerhaftigkeit der Probleme, also nach Antworten auf die *kausale* Frage gesucht. Schließlich findet sich bestenfalls eine passende und brauchbare Antwort auf die *aktionale* Frage, was also in der Praxis getan werden kann, um das beobachtete und beschriebene Problem zu lösen.

Diese Darstellung der Kreisläufigkeit greift aber noch zu kurz. Denn wir erinnern uns: Wir haben den Kreislauf zuerst bei der Praxis interpunktiert, beim Handeln, das uns als Ausgangs- und Endpunkt der Zirkularität dient. Dies deckt sich einerseits mit der Tatsache, dass viele professionell Helfende zuvor schon oft gehandelt haben (z. B. freiwillig und ehrenamtlich), ohne diese dabei gemachten Einzelbeobachtungen einem methodischem Erkenntnisprozess zuzuführen.

Andererseits betonen wir damit noch einmal, dass Soziale Arbeit nicht nur auf einer mentalen Ebene stattzufinden hat, sondern im Handeln, auf der aktionalen Ebene sich zu erschöpfen hat – dies schließt übrigens das Nichthandeln ausdrücklich mit ein. Auch nicht zu handeln ist Handeln, und diese Einsicht muss der Praxis der Sozialen Arbeit hochrelevant bleiben.

Das Eingangszitat unseres Buches von Albert Einstein (z. n. Watzlawick 1978, S. 57) vervollständigen wir nun mit einem praxistheoretisch wichtigen Hinweis zum Verhältnis von *Theorie* und *Praxis* (analog dazu: *Einsicht* und *Sicht*):

Theorien wirken wie Brillen:
Die Theorie bestimmt, was wir erkennen, während wir handeln.

!

In der Praxis ist demnach keine Beobachtung und Beschreibung, keine Antwort auf die phänomenale Frage möglich, die nicht bereits eine theoretische Antwort ist. Mit anderen Worten: Von den Leuten in der Praxis wird man keine Beschreibung ihres Handelns bekommen können, die keine Theorie ist. Praxis kann demnach gar nicht theorielos (selbst)beobachtet und beschrieben werden. Unsere Handlungen wurzeln immer schon in einem Netzwerk von Prämissen (Vorannahmen), aus dem wir immer schon unsere Handlungen ableiten usw. Daher können wir die uns jetzt mehr und mehr naiv erscheinende Frage, ob eher Theorie oder Praxis den Primat zu bekommen hat, gar nicht entscheiden, da sie falsch gestellt und zudem unentscheidbar scheint. Diese Frage ließe uns auch nur eine Wahlmöglichkeit: Eines von beiden. Jedoch beruht Soziale Arbeit auf beidem, und sie braucht auch – um erfolgreich zu sein – beide: *Sowohl als auch*. Wenn wir uns dazu noch auf die Schulter eines Riesen, wie es der schon erwähnte Herr Hegel ganz sicher war, begeben, könnten wir versuchen, einen Blick durch dessen dialektische[2] Brille zu werfen und die Beziehung zwischen Praxis und Theorie einmal so fassen:

Theorie und Praxis (des organisierten Helfens) durchdringen sich in ihrer wechselseitigen Negation so, dass ihr Gegensatz zwar nach Aufhebung drängt, ihre vom Selbigen sich jedoch nährende Ambivalenz aber zugleich (auf)bewahrt werden muss, um Soziale Arbeit als reelle Wirklichkeit zu 'setzen'.

[2] Siehe zur Erinnerung, was 'Dialektik' ist: Infobox S. 86.

Uff – hierbei handelt es sich aber um weit mehr als nur um ein intellektuelles Wortspiel von uns. Denn es gilt zu bedenken, dass von dieser gedanklichen Setzung als Wirklichkeit vieles abhängt, z. B. das Vertrauen der Bürger auf unsere fachliche Hilfe und ihr Verlass auf unsere Kompetenzen, ja auf unser professionelles Handeln als Ganzes überhaupt. *Soziale Arbeit fußt auf Vertrauen. 'Realität durch das Bewusstsein zu setzen' wird für uns – und damit wenden wir den → Idealismus konstruktiv – bedeuten, widrigen Umständen der Lebensführung wie Gewalt, Krankheit, Ohnmacht und soziale Ausgrenzung (Exklusion) eben nicht, wie Hegel es wohl auch formuliert hätte, die 'letzte Seinsmacht' zuzuschreiben.*

!

Idealismus im Gegensatz zum Realismus und Konstruktivismus

Die erkenntnistheoretische Position des Idealisten lässt sich am besten im Kontrast zum Realismus verdeutlichen. Der erkenntnistheoretische Realist geht davon aus, dass wir in unserer Erkenntnis auf Gegenstände bezogen sind, die jenseits unseres Geistes bzw. Bewusstseins liegen. Unsere Wahrnehmung von Gegenständen setzt uns z. B. in Beziehung zu externen Gegenständen wie Häusern, Bäumen usw. Diese Gegenstände, so nimmt der Realist an, existieren unabhängig von ihrem Erkanntwerden durch eine bestimmte Person. Der Baum, so der Realist, hört ja nicht auf zu existieren, nur weil man seinen Blick von ihm abwendet. Ebenso wenig verliert er seine Eigenschaften. Demgegenüber behauptet nun der Idealist, dass die Gegenstände der Erkenntnis im Geiste liegende Ideen sind. Wahrnehmen und Denken ist nicht, wie der Realist glaubt, auf etwas bezogen, das außerhalb unseres geistigen Vermögens liegt. Denken und Wahrnehmen beziehen sich auf etwas, das seinen Platz im Geiste selbst hat (gekürzt nach Rehfus, Wulff D. 2005, *Idealismus*). Der Konstruktivist erklärt dagegen, dass es sich bei den Phänomenen der Erkenntnis (der 'Baum') nicht um ein repräsentatives Abbild der Wirklichkeit handelt, sondern um rezeptiv-kognitiv (durch Sinnesorgane und psychisches System) konstruierte Erkenntnisleistungen handelt, deren Richtigkeit vom beobachtenden System im Hinblick auf die Übereinstimmung mit der Umwelt (dem 'Jenseits' des Systems) *nicht* überprüft werden können. Er weiß nicht, ob das da draußen wirklich ein Baum *ist* – aber er beobachtet in der Realität andere, die das Ding so beobachten und bezeichnen.

Ob Sein oder Nichtsein – das Insistieren auf die eine oder die andere Seite von *Erkennen* und *Handeln* ist zu sehr durch das jeweilige individuelle Erkenntnisinteresse und den Standpunkt des Beobachters geprägt und läuft so unbeabsichtigt Gefahr, nur einseitig produktiv zu sein. Vielmehr scheint es uns handlungstheoretisch brauchbarer, ein Verhältnis operativer Gleichzeitigkeit (Simultanität) anzusetzen und es zu beschreiben. Das Verständnis für diese Gleichzeitigkeit wird uns oft dadurch erschwert, dass wir immer nacheinander denken, sprechen und schreiben. Aber Erkennen und Handeln verweisen wechselseitig aufeinander, sind fest miteinander verdrahtet: Wir beobachten uns und den Kontakt zur Umwelt wechselseitig und rechnen jedes Ereignis entweder uns (unser Handeln) oder der Umwelt (Erleben fremden Handelns) zu. Eines ist ohne das andere nicht möglich. So weit, so gut. Aus dem bisher Erläuterten leiten wir nun zwei bereits recht weitreichende Konsequenzen für die Lehre und Reflexion ab:

Die *erste* Konsequenz ist, dass Studierende und Praktiker (freilich zumeist, ohne dies zu reflektieren) eigene Theorien konstruieren und verknüpft aufschichten, vor deren Hintergrund sie (phänomenal) beschreiben, (kausal) erklären und (aktional) handeln bzw. Handlungsideen generieren. Dies akzeptieren wir und nehmen es zum Ausgangspunkt einer Praxis der Sozialarbeitswissenschaft. Lehrveranstaltungen, die sich mit Theorien der Sozialen Arbeit beschäftigen, oder Supervisoren, die Praktiker beim Reflektieren unterstützen (siehe Kleve 2005), müssten die Teilnehmer zunächst einmal für die eigenen Theorien sensibilisieren. Dies kann etwa durch die Beschäftigung mit Fällen geschehen, indem beispielsweise die Studierenden aufgefordert werden zu überlegen und zu beschreiben, wie sie in einem in Frage stehenden Fall agieren würden. Anhand der dadurch gewonnenen studentischen Überlegungen würde dann systematisch herausgearbeitet, aufgrund welcher Beschreibungen (phänomenale Ebene) und Erklärungen (kausale Ebene) welche Handlungsideen (aktionale Ebene) generiert werden. Da Studierende und auch viele Praktiker bei der Beschäftigung mit Fällen zumeist sehr schnell Handlungsideen produzieren, kann von diesen Ideen ausgegangen und untersucht werden, welche Beschreibungs- und Erklärungsebenen mit diesen einhergehen. Schritt für Schritt lassen sich so die subjektiven Theorien der Studierenden oder Praktiker differenzierter rekonstruieren.

Die *zweite* Konsequenz, die aus unserer Herangehensweise folgt, ist, dass nun gemeinsam geprüft werden kann, ob alternative Beschreibungen und Erklärungen zu anderen, vielleicht brauchbareren Handlungsideen führen würden und ob eventuell wissenschaftliche Theorien in Sicht sind, die solche Antworten auf die phänomenale, kausale und aktionale Frage liefern. Hier führen wir nun zum ersten Mal die Bezeichnung 'wissenschaftliche Theorien' ins Feld. Denn die Theorien, die die Studierenden und Praktiker aus ihrem Alltag mitbringen, sind ja noch nicht wissenschaftlich-methodisch reflektiert. Sie entsprechen eher selten wissenschaftlichen Kriterien. Aber alles hat irgendwie einmal angefangen, möchten wir hier ausrufen. Eine wissenschaftliche Reflexion lässt sich ausgehend von diesen so genannten Alltagstheorien sehr wohl beginnen und so weiterführen, dass die Alltagstheorien mit wissenschaftlichen Theorien konfrontiert, erweitert, ergänzt oder korrigiert werden können. Aber worin besteht eigentlich der Prozess des wissenschaftlichen Reflektierens von Theorien? Und was kennzeichnet Theorien überhaupt als *wissenschaftlich*?

Theorie und Praxis – eine unüberbrückbare Differenz

Wissenschaftliche Praxis ist ein Prozess, der sich von der Alltagspraxis, aber auch von der professionellen Praxis in den unterschiedlichsten sozialarbeiterischen Feldern grundsätzlich unterscheidet. Durch die wissenschaftliche Praxis wird eine Distanzierung vom eigenen Denken und Handeln ermöglicht, die in der Alltags- und der professionellen Praxis eher unüblich und aufgrund des Handelns unter Zeitdruck zumeist auch nicht umsetzbar ist. Eine Supervision oder eine Lehrveranstaltung, in der es um die Praxis der Theorie geht, kann Zeit für etwas schaffen, das – systemtheoretisch-konstruktivistisch ausgedrückt – als Beobachten des Beobachtens, als so genannte *Beobachtung zweiter Ordnung* bezeichnet wird. Diese Beobachtung zweiter Ordnung gilt uns mit Schmidt (1994, S. 45) als das ganz zentrale Merkmal von wissenschaftlichen Prozessen:

!

Wissenschaft

operiert auf der Ebene der Beobachtungen zweiter Ordnung. Das heißt, sie beobachtet Beobachter dabei, wie sie beobachten.

Der wissenschaftliche Prozess besteht also im Grunde schlicht darin, dass wir beobachten, wie (etwas) beobachtet wird. Die Studierenden und Praktiker werden in der Lehrveranstaltung oder der Supervision dabei begleitet, dass sie sich selbst beobachten hinsichtlich der Frage, wie sie beobachten, genauer: Wie sie beschreiben und erklären und welche Auswirkungen ihre Beschreibungen und Erklärungen auf ihr Handeln haben. Im Einzelnen werden sie dafür sensibilisiert, den komplexen Kontext ihres Denkens und Handelns zu betrachten, um so zu bemerken, dass bereits ihre Beschreibungen Selektionen sind, also ausgewählte Unterscheidungen vor dem Hintergrund vieler weiterer Unterscheidungsmöglichkeiten. Genauso ergeht es ihnen bestenfalls mit ihren Erklärungen: Sie werden bemerken, dass auch diese immer auch anders möglich sind, dass eine Vielzahl möglicher Erklärungen auf die zuvor getroffenen Beschreibungen folgen kann. Jedoch – und das ist ganz wichtig – begrenzen unsere gewählten Beschreibungen die im Weiteren möglichen Erklärungen. Und auch die Handlungsideen, die als Antwort auf die aktionale Frage entworfen werden, stammen nicht zufällig ab von den zuvor angefertigten Beschreibungen und Erklärungen. Zugleich stehen aber auch diese Handlungsideen in einem Horizont immer auch anders möglicher Ideen. Wir nennen dies, wie schon von weiter oben bekannt, Kontingenz (siehe S. 43).

Intervention (lat. *interventio* Dazwischenkunft) Dazwischentreten, Einmischung, Vermittlung

Spätestens wenn Studierende oder Praktiker diese *Kontingenz* – das Phänomen also, dass hinsichtlich des Beschreibens, Erklärens und Handelns immer auch etwas anderes möglich ist – bemerkt haben, können wir sie einer weiteren wissenschaftlichen Ernüchterung aussetzen: Dass nämlich – mit Blick auf die uns umgebende Umwelt, in die wir intervenieren möchten – zwischen Theorie und Praxis, zwischen Erkennen und Handeln und zwischen Beobachtung und Wirklichkeit trotz der wechselseitigen Verwobenheit dieser Bereiche paradoxerweise eine unüberwindliche Barriere angesiedelt ist. Diese Grenze kommt darin zum Ausdruck, wie Alfred Korzybski (vgl. Bateson 1979, S. 40) es formuliert hat, dass die Karte nicht das Gebiet und der Name nicht die benannte Sache ist:

Die Landkarte ist nicht das Gebiet

Wir alle haben verschiedene Vorstellungen von der Welt. Keine dieser Vorstellungen kann die Welt vollständig und akkurat repräsentieren. Menschen reagieren demnach auf ihre Konstruktion der durch die Sinnesorgane und das kognitive System vermittelten Realität, jedoch nicht auf die Realität selbst.

!

Zwischen Karte und Gebiet und zwischen Name und Sache klaffen Lücken, die nicht geschlossen werden können. Insofern sind Theorien lediglich Modelle der Praxis. Oder sie dienen als Landkarten, um sich auf dem Territorium der Praxis zurechtzufinden. Auch als Speisekarten können sie gelten, aber nicht als die Speisen selbst: Der Biss in die Speisekarte – vielleicht eines dieser Eiscafés mit den leckeren italienischen Eisspezialitäten – beweist es uns sofort.

Im Alltag und auch beim professionellen Handeln haben wir in der Regel einfach nicht die Zeit, diese feine, aber weitreichende und vor allem so wirkmächtige Unterscheidung zu treffen. Wir tun in der Regel so, als ob unsere Beobachtungen, unsere gedanklichen Anschauungen die Praxis in der Tat so widerspiegeln, wie sie ist. So verwechseln wir die Theorie mit der Wirklichkeit bzw. identifizieren das eine mit dem anderen. Genau hier schafft nun der wissenschaftliche Prozess Abhilfe, indem er uns *zum einen* für die Unterscheidung zwischen diesen beiden Bereichen sensibilisiert. *Zum anderen* verdeutlicht dieser Prozess, dass trotz dieser grundsätzlichen Unterscheidung Praxis immer theoriegefärbt, Wirklichkeit immer erkenntnisgefärbt ist. Und deshalb können wir genau genommen keinen anderen Weg als den theoretischen gehen, um zur Praxis zu kommen.

Doch auch dieser Weg führt uns nicht direkt in die unverfälschte, wirkliche Praxis, denn in diesem Land war noch niemand! Der Weg führt vielmehr zu einer *theoretisch* betrachteten Praxis, deren Erscheinen sich ändert mit der jeweils gewählten Theorie. Was wir jedoch bemerken können, ist, wenn eine gewählte Theorie unpassend, unbrauchbar ist. Genau dann passiert nämlich das, was Karl Popper (vgl. 1974) mit Falsifikation bezeichnet: Die Theorie stößt sich an den Barrieren der Wirklichkeit.

Falsifikation (von lat. *falisificare*) als falsch erkennen, Widerlegung, Nachweis der Ungültigkeit

Mit dem Ansatz von Popper, der als → Kritischer Rationalismus bezeichnet wird, aber auch mit dem Ansatz des radikalen Konstruktivismus (siehe S. 18), der an diesem Punkt eine ähnliche Auffassung vertritt, können wir davon sprechen, dass „die 'wirkliche' Welt sich ausschließlich dort offenbart, wo unsere Konstruktionen scheitern" (vgl. von Glasersfeld 1981, S. 37).

Ü

Die Kritik des **Kritischen Rationalismus**

bezieht sich hier in erster Linie auf die Abgrenzung zwischen empirischer Wissenschaft und Metaphysik, die als Pseudowissenschaft verworfen wird. Das bedeutet, dass alle Theorien prinzipiell nur Hypothesen sind, da sie stets umgestoßen werden können. Von daher gibt es kein positives Wahrheitskriterium wie in der Metaphysik, sondern nur noch das negative der Falsifikation. Eine Theorie wird umso wahrscheinlicher, je mehr Falsifizierungsversuchen sie ausgesetzt worden ist und dabei bestanden hat.

Metaphysik (griech. *ta meta ta physika*) das, was auf die Physik folgt, den Bereich der Physis, der Natur übersteigend

Theorien sind solche Konstruktionen. Sie können scheitern, aber auch brauchbar sein. Aber weder das Scheitern noch die Feststellung der Brauchbarkeit offenbaren uns eine objektive Welt, Praxis oder Wirklichkeit. Die Realität jenseits unserer Beschreibungen, mögen sie auch noch so systematisch angefertigt sein, bleibt versteckt.

Dies wollen wir mithilfe von zwei Beispielen etwas deutlicher machen. Im *ersten Beispiel* kann man sich ein Schiff in einem Eismeer – nennen wir es mal Titanic – vorstellen. Wenn dieses Schiff einen Kurs wählt, der es ermöglicht, das Eismeer heil zu durchqueren, dann kann lediglich geschlussfolgert werden, dass dieser Weg passend war. Eine Aussage darüber, wie das Eismeer beschaffen ist oder wo sich Eisberge befinden, kann nicht zuverlässig getroffen werden. Und wenn das Schiff mit einem Eisberg kollidiert, dann kann lediglich die Unbrauchbarkeit des eingeschlagenen Wegs erkannt und festgestellt werden, dass in der Wirklichkeit nicht alles möglich ist, dass es Begrenzungen gibt, die manchmal nachhaltige Folgen haben können. Aber die Frage, wie das Eismeer wirklich beschaffen ist, bleibt immer noch unbeantwortet. Im *zweiten Beispiel* kann ein ähnliches, aber weitaus weniger dramatisches Szenario durch das Verhältnis von Schlüssel und Schloss betrachtet werden. Das Passen eines Schlüssels in ein Schloss offenbart nicht das Aussehen des Schlossinneren, sondern lediglich das Passen des Schlüssels, um etwa die Tür zu öffnen. Freilich lassen sich in der Regel eine Mehrzahl von verschiedenen, aber gleichermaßen passenden Schlüsseln finden. Passt ein Schlüssel nicht, dann scheitern wir an der Wirklichkeit des Schlosses. Wir bekommen jedoch auch wieder keinen Hinweis darüber, wie das Schloss im Innern aussieht. Der wissenschaftliche Prozess, der hier betrachtet wurde, zeitigt eine ernüchternde Erkenntnis, die mit Popper (1974, S. 80) auf den Punkt gebracht werden kann:

„Unsere Theorien sind unsere Erfindungen. Sie mögen oft nichts Besseres sein als schlecht durchdachte Mutmaßungen. Sie sind nie mehr als kühne Vermutungen, Hypothesen. Aus diesen erschaffen wir eine Welt: Nicht die wirkliche Welt, sondern Modelle; von uns gemachte Netze, mit denen wir die wirkliche Welt einzufangen versuchen."

Aber was nützt uns dann noch die Wissenschaft, außer dass sie uns ernüchtert und verunsichert und uns den festen Boden unter den Füßen entreißt, indem sie immer nur sagt, wie es nicht 'richtig' ist? Diese Frage soll im Folgenden von uns beantwortet werden.

Sozialarbeitswissenschaft als phänomenale, kausale und aktionale Theorieanalyse

Was wir bereits deutlich gemacht haben, ist, dass Wissenschaft als ein Prozess verstanden werden kann, indem es darum geht, Beschreibungen (phänomenale Ebene) und Erklärungen (kausale Ebene) zu generieren, die sich der empirischen bzw. praktischen Prüfung unterziehen. Diese Prüfung besteht darin zu testen, ob die Beschreibungen und Erklärungen zu Handlungen (aktionale Ebene) führen, die problemlösend, also passend bzw. brauchbar sind. In Anlehnung an Popper (1974, S. 16) können wir davon sprechen, dass Theorien Texte sind,

- die der Formulierung bzw. Beschreibung von Problemen,
- der Aufstellung von hypothetischen kausalen Erklärungen,
- der Entwicklung von Handlungsstrategien zur Lösung dieser Probleme und
- der kritischen Diskussion mit konkurrierenden Theorien

dienen. Der praktische bzw. empirische Test besteht darin zu untersuchen, ob es mit den Theorien möglich ist, die Probleme zu lösen – wobei mit Problem auch irgendeine Fragestellung, irgendein Stocken im Erkenntnis- bzw. Handlungsprozess gemeint sein kann. Die Theorien können (wie ein Schlüssel) passend sein; oder die praktische/empirische Situation offenbart ihre Unbrauchbarkeit, weil die Lösung des Problems nicht erreicht wurde, weil das Problem nach wie vor besteht oder sich gar verschärft hat.

In Lehrveranstaltungen könnte also zunächst untersucht bzw. gemutmaßt werden, welche phänomenalen, kausalen und aktionalen Potenziale zur Problemlösung die mitgebrachten Theorien der Teilnehmer bieten. Darüber hinaus ist es natürlich möglich und in Lehrveranstaltungen zur Theorie Sozialer Arbeit durchaus notwendig, verschiedenste wissenschaftliche Theorien hinsichtlich ihrer phänomenalen, kausalen und aktionalen Ebenen zu analysieren. Die drei Dimensionen des Phänomenalen (Ebene des Beschreibens), Kausalen (Ebene des Erklärens) und Aktionalen (Ebene des Handelns) können als Grundlage dienen, um Theorien zu betrachten.

Die Vorgehensweise sieht beispielsweise so aus, dass die Studierenden theoretische Texte unterschiedlichster Ansätze auswählen und diese vor dem Hintergrund der drei Ebenen untersuchen. Dazu sollen nun einige Vorschläge zur Analyse unterbreitet werden:

!

Hinsichtlich der **phänomenalen Ebene** geht es darum festzustellen, was von der Theorie betrachtet wird, auf welche Probleme, welchen Gegenstandsbereich bzw. welches Thema sie sich bezieht. Daran anschließend sollte herausgearbeitet werden, welche Fachbegriffe die Theorie nutzt und konstruiert, um die Beschreibungen zu systematisieren. Diese Begriffe sollten sodann definiert werden.

!

Hinsichtlich der **kausalen Ebene** wird nach Kausalerklärungen gesucht, die die Theorie konstruiert und einsetzt, um die Beschreibungen zu strukturieren. Welche Ursachen und Gründe formuliert sie, um die beschriebenen Phänomene, Gegenstände oder Probleme näher zu bestimmen?

!

Hinsichtlich der **aktionalen Ebene** geht der Blick der Analyse zur Frage, welche expliziten und/oder impliziten Handlungsideen von der Theorie offeriert werden. Auch wenn es viele wissenschaftliche Theorien gibt, die bezüglich des Handelns Enthaltsamkeit empfehlen, lassen sich unseres Erachtens in jeder Theorie zumindest Spuren finden, die auf von der Theorie bevorzugt behandelte Handlungswege hinweisen.

Entscheidend bei dieser dreidimensionalen Theorieanalyse bleibt immer die kritisch-rationale und zugleich konstruktivistische Grundhaltung. Die Theorien offerieren nichts, was ihre Erkenntnisgegenstände so widerspiegelt, wie sie wirklich sind. Theorien sind *Konstruktionen*! Daher generiert eine solche Theorieanalyse nichts anderes als die phänomenale, kausale und aktionale Struktur der jeweiligen Theorie. Wir beobachten hier also, wie Theorien beobachten. Und natürlich sollte stets dialogisch bedacht und geprüft werden – insbesondere hinsichtlich der aktionalen Ebene –, welche praktischen Wirkungen die jeweilige Theorie bzw. ihre Beschreibungen, Erklärungen und impliziten oder expliziten Handlungsideen zeitigen (könnten).

Sozialarbeitswissenschaft als transdisziplinäre Praxis

Da die Soziale Arbeit als eine generalistische („ganzheitlich" orientierte) Profession und damit einhergehend als eine transdisziplinäre Disziplin bewertet werden kann (vgl. ausführlich Kleve 2000; 2003), nutzen Sozialarbeiter die unterschiedlichsten Theorien, wie ja auch Effinger mit seiner oben erwähnten Untersuchung belegt. Diese Vielfalt – der passende Gegenbegriff wäre übrigens Einfalt – wird nicht selten defizitär bewertet. Es wird der → Eklektizismus der Praxis kritisiert und die Konstruktion und Nutzung von ‘reinen’ sozialarbeiterischen Theorien gefordert.

!

Eklektizismus

(von griech. *eklegein* auswählen) bezeichnet uns die strukturierte Zusammenstellung von verschiedenen Methoden und Theorien zu einem situativ brauchbaren Ensemble von Möglichkeitsspielräumen. Der Begriff wird manchmal noch negativ im Sinne einer Methodenbeliebigkeit verwendet, aber in der Praxis sieht die Bewertung anders aus (vgl. auch von Spiegel 2004, S. 118).

Von einer solchen Forderung verabschieden wir uns, und zwar vor allem zum Nutzen unserer zu beratenden Bürger und Klienten. Nur ein kleines, aber klares Beispiel, warum: In den USA gaben in einer Umfrage 40 % der Beratungspsychologen an, eklektisch zu arbeiten (vgl. Nestmann 1997; z. n. Belardi 1999, S. 331). Das ist viel, vor allem, wenn wir aufgrund der wie erwähnt negativen wissenschaftlichen Konnotation von *Eklektizismus* mit einer weit höheren Dunkelziffer rechnen müssen.

Konnotation (lat. *con* mit + *notatio* Bezeichnung) zusätzliche, assoziative Bedeutung eines Wortes, Nebenbedeutung

Dagegen wollen wir die Theorienpluralität der Praxis akzeptieren und als funktional und überaus brauchbar bewerten. Mit einer solchen Position, die wir mehrfach als *postmodern* bezeichnet haben (vgl. grundsätzlich Kleve 1999; Wirth 2005), grenzen wir uns ab von Versuchen, die Soziale Arbeit *eindeutig* theoretisch fassen zu wollen, und heben eher das Plurale, die Ambivalenz, das vielfältige Hin- und Hergehen und die Verstrebungen zwischen unterschiedlichsten Ansätzen und Konzepten hervor. Und fassen Soziale Arbeit praktisch auf: Wir fragen nach der *hilfesituativen Brauchbarkeit*. Ja, wie denn sonst, müssen wir uns fast fragen! Wir schlagen nun mit einer solchen postmodernen Auffassung vor, die Sozialarbeitswissenschaft als transdisziplinäre *Moderatorin*, *Supervisorin* und *Mediatorin* innerhalb der unterschiedlichsten Theorielandschaften zu konzipieren (Abbildung 14).

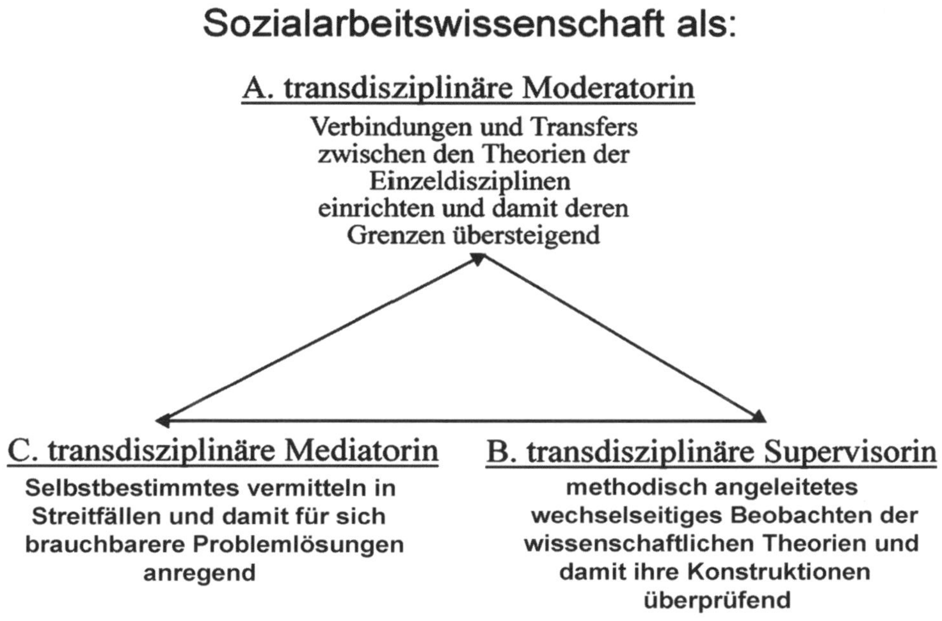

Abb. 14 Sozialarbeitswissenschaft als Vermittlungswissenschaft

Wir wollen daher – ergänzend zu den phänomenalen, kausalen und aktionalen Dimensionen – *drei* weitere nützliche Systematisierungen vorschlagen, um die Praxis der Sozialarbeitswissenschaft bzw. die Praxis der Theorie zu gestalten. Zwischen den sozialarbeitsrelevanten Theorien können wir drei ganz wichtige Unterscheidungen treffen: Theorien *über* die Soziale Arbeit, Theorien *in* der Sozialen Arbeit und Theorien *der* Sozialen Arbeit (Tabelle 2).

Theorien über die, Theorien in der, Theorien der Sozialen Arbeit

Als *Theorien über die Soziale Arbeit* gelten uns vor allem soziologische oder sozialphilosophische Theorien, in denen auch die Soziale Arbeit als gesellschaftliches Phänomen Thema ist, zu deren Entstehung oder Funktion also etwas ausgesagt wird. Die im ersten Exkurs zur Theorieanalyse skizzierte Kritische Theorie der Dialektik der Aufklärung könnte als eine Theorie betrachtet werden, die – zumindest implizit – auch etwas über die Entwicklung (Genese) der Sozialen Arbeit aus der Ambivalenz der Moderne aussagt. Ein anderes soziologisches Beispiel ist Bommes'/ Scherrs sehr lesenswerte *Soziologie der Sozialen Arbeit* (2000).

Theorien in der Sozialen Arbeit sind hingegen Ansätze, die von Praktizierenden genutzt werden, vor allem um ihren Handlungsvollzug zu realisieren oder um Fälle deutend zu verstehen. Hier sind beispielsweise psychologische Ansätze zu erwähnen, etwa die im zweiten Exkurs zur Theorieanalyse präsentierte Psychoanalyse. Auch die Systemtheorie kann als eine Theorie in der Sozialen Arbeit aufgefasst werden, wenn sie dazu dient, konkrete Arbeitsfelder (etwa die Soziale Arbeit mit Familien) zu beschreiben und hinsichtlich des professionellen Handelns zu prägen.

Und *Theorien der Sozialen Arbeit* sind Modelle, die innerhalb des wissenschaftlichen Diskurses der Sozialen Arbeit entstanden sind. Sie generieren sowohl über die Soziale Arbeit relevante Beschreibungen und Erklärungen und finden in der Sozialen Arbeit auch als aktionale Perspektiven Anwendung – wie etwa die Lebensweltorientierung und die Sozialraumorientierung.

Tab. 2 Theorien über die, Theorien in der, Theorien der Sozialen Arbeit

Theorien *über die* Soziale Arbeit	**Theorien *in der* Sozialen Arbeit**	**Theorien *der* Sozialen Arbeit**
Zum Beispiel:	Zum Beispiel:	Zum Beispiel:
Kritische Theorie (Max Horkheimer, Theodor W. Adorno; siehe dazu den ersten Theorieexkurs im fünften Kapitel)	*Psychoanalyse* (Sigmund Freud; siehe dazu den zweiten Theorieexkurs im fünften Kapitel)	*Lebensweltorientierung* (Hans Thiersch, Klaus Grunwald u. a.; siehe dazu den vierten Theorieexkurs im fünften Kapitel)
Theorie des kommunikativen Handelns (Jürgen Habermas)	*Theorien der humanistischen Psychologie* (z. B. Bedürfnistheorie; Abraham Maslow, Carl Rogers)	*Sozialraumorientierung* (Wolfgang Hinte u. a.; siehe dazu den fünften Theorieexkurs im fünften Kapitel)
Theorie der reflexiven Modernisierung/ Theorie der Risikogesellschaft (Ulrich Beck)	*Bindungstheorie* (John Bowlby) *Kommunikationstheorie* (Gregory Bateson, Paul Watzlawick)	*Systemisch-ontologischer Ansatz* („Züricher Schule"; Silvia Staub-Bernasconi u. a.)
Soziologische Systemtheorie (Niklas Luhmann, Peter Fuchs, Dirk Baecker)	*Entwicklungstheorie* (Jean Piaget)	*Systemisch-konstruktivistischer Ansatz* (Wilfried Hosemann, Wolf Ritscher u. a.)
	Systemtheorie der Familie (Niklas Luhmann, Fritz B. Simon u. a.; siehe dazu den dritten Theorieexkurs im fünften Kapitel)	*Ökosoziale Theorie* (Wolf Rainer Wendt) *Postmoderne Theorie* (Heiko Kleve, Jan V. Wirth; siehe dazu insbesondere das dritte Kapitel in diesem Buch)

Biologische, psychische und soziale Dimensionen

Die Transdisziplinarität der Sozialen Arbeit kommt vor allem dann zum Tragen, wenn Soziale Arbeit – ausgehend vom Sozialen, vom Zwischenmenschlichen, vom Kommunikativen – neben der sozialen Dimension auch die psychischen und die biologischen (somatischen) Dimensionen des Lebens im Blick hat. Die Probleme, mit denen Sozialarbeiterinnen und Sozialarbeiter konfrontiert sind, entfalten sich oft in der Folge wechselseitiger Koppelungen von biologischen, psychischen und sozialen Problemen. Anders als andere Professionen, die jeweils die Ausschnitte des Biologischen, des Psychischen oder Sozialen bearbeiten, ist der Sozialen Arbeit eine solche Spezialisierung nicht dienlich (siehe dazu beispielhaft für den Bereich der Klinischen Sozialarbeit Pauls 2004). Vielmehr werden Sozialarbeiter gerade dann tätig, wenn die Spezialperspektiven von Ärzten, Psychologen oder Juristen versagen, wenn die Probleme nicht mehr jeweils eingeengt werden können auf das Biologisch-Körperliche, auf das Psychische oder auf das Soziale, sondern wenn hybride, durchmischte, schmuddelige Komplexitäten sichtbar werden.

Daher halten wir es für sinnvoll, Theorien, die in der Sozialen Arbeit genutzt werden, immer auch daraufhin zu untersuchen, für welche Systemebenen sie Wissen generieren. Nur wenigen Theorien (eine Ausnahme sind beispielsweise die Systemtheorien unterschiedlicher Provenienz) gelingt es übrigens, für alle drei Bereiche des Menschlichen gleichermaßen weitreichende Beschreibungen, Erklärungen und Handlungsideen zu konstruieren. Aber was sind die zentralen Perspektiven von genutzten Theorien, wie erklären sie die Verkoppelung des Biologischen, Psychischen und Sozialen und was folgt daraus für das Handeln? Das sind genau die Fragen, die es in der Lehre etwa anhand von Textanalysen theoretischer Beiträge zu erörtern gilt.

Interaktion, Organisation und Gesellschaft

Schließlich ist eine weitere, ebenfalls wieder dreidimensionale Systematisierung nützlich, um sozialarbeitsrelevante Theorien zu analysieren: Die sozialen Ebenen der Interaktion, Organisation und Gesellschaft (siehe ausführlich dazu Luhmann 1997, S. 812 ff. / 826 ff.). Denn Soziale Arbeit realisiert sich auf diesen drei Ebenen: In der Interaktion unter jeweils körperlich, fernmündlich oder internetgestützt (gleichzeitig) anwesenden Personen, in der Organisation sozialer Dienstleistungen als öffentliche / staatliche oder als freie Träger und schließlich als gesamtgesellschaftliche Kommunikation über die Notwendigkeiten und Möglichkeiten sowie die Realisierung von Hilfe und Nicht-Hilfe (vgl. dazu grundlegend Baecker 1994). Alle drei Ebenen erfordern die theoretische Betrachtung. Daher ist es sinnvoll, Theorien daraufhin zu untersuchen, was sie zu bieten haben hinsichtlich dieser Differenzierungen des Sozialen. Die sich uns stellende Frage lautet dann: Welche interaktions-, organisations- und gesellschafstheoretischen Beschreibungen, Erklärungen und Handlungsideen offerieren die in Frage stehenden Theorien?

Systematisieren von Theorien als Lehr- und Reflexionskonzept – eine Zusammenfassung

Wir meinen, dass die Praxis der Sozialarbeitswissenschaft in der Lehre und Reflexion darin besteht, für relevant erachtete Theorien zu analysieren und zu systematisieren. Kritisch betrachten wir das häufige Vorgehen an den Hochschulen, bei einem Kanon von Theorien Sozialer Arbeit stehen zu bleiben, die von Hochschullehrern (z. B. Engelke 1998) ausgewählt werden. Vielmehr sollten u. E. die Studierenden und Praktiker selbst darauf Einfluss bekommen, welche (sozialarbeitswissenschaftlichen, sozialarbeitsrelevanten oder bezugswissenschaftlichen) Theorien sie untersuchen wollen, weil sie ihnen als praktisch brauchbar erscheinen. Im fünften Kapitel versuchen wir anhand von fünf Exkursen zur Theorieanalyse zu zeigen, wie die vorgestellten Analysewerkzeuge zur Systematisierung von theoretischen Aussagen verwendet werden könnten.

Zusammenfassend wollen wir noch einmal betonen, dass bei der Untersuchung und Systematisierung von Theorien von folgenden acht – in diesem Kapitel ausführlich beschriebenen – Grundsätzen ausgegangen werden kann:

Praxis und Theorie bedingen sich gegenseitig. Denn – aus der konstruktivistischen und auch einer pragmatischen Sicht – kann jedes Handeln auch als ein Erkennen und jedes Erkennen auch als ein Handeln bewertet werden. Oft ist es so, dass wir erst lernen müssen, anders zu erkennen, also anders zu theoretisieren, bevor wir anders handeln können. Erkennen und Handeln sind in der Praxis zwei Pole eines Kontinuums: Zum Beispiel kann das Schreiben eines Hilfeberichts zum erkenntnislosen, automatisierten und pauschalem Handeln unter Zeitdruck degenerieren. Andererseits und gleichsam als Mahnung an diejenigen, die im selbstversenkten Theoretisieren stecken bleiben: Erkenntnis, die sich nicht im Handeln bzw. als von anderen Erlebtes ausdrückt – als Unterschied, der einen Unterschied macht – ist bedeutungslos, insbesondere in der Sozialen Arbeit. Denn bis auf Weiteres gilt immer noch: Es gibt nichts Gutes, außer man tut es.

Jede Beobachtung der Praxis ist theoriebasiert. Sie generiert immer auch anders mögliche, also kontingente Beschreibungen, Erklärungen und Handlungsideen. Mit dem Wechseln von Theorien (gewissermaßen wie Brillen, die wir ja auch bei unterschiedlichen Lichtverhältnissen austauschen) wechseln auch die Inhalte dessen, was wir wahrnehmen können.

Theorien sind Konstruktionen und Modelle. Sie sollten daher nicht verwechselt werden mit den Phänomenen, auf welche sie sich beziehen wollen. Zwischen Landkarte und Gebiet, zwischen dem Erdbeereisbecher und seiner Abbildung auf der Speisekarte der Cafeteria (oder eben zwischen Name und Sache) besteht ein unüberwindbarer Graben.

Wissenschaft konstruiert und testet Theorien. Sie ist ein Prozess, in dem die Theorien konstruiert und hinsichtlich ihrer empirischen bzw. praktischen Brauchbarkeit getestet (falsifiziert) werden. Die Testergebnisse offenbaren entweder, dass eine Theorie passend ist, um ein bestimmtes Problem zu lösen oder eben nicht; sie decken jedoch nicht auf, wie die Praxis oder die Wirklichkeit objektiv, unabhängig von den Beobachtern strukturiert ist. Wenn wir das Methodische und Systematische der Falsifikation einmal weglassen, wird sichtbar, dass auch unsere einzelne Lebensführung häufig auf dem Prinzip der Falsifikation beruht: Wenn etwas nicht funktioniert, lassen wir es früher oder später bleiben.

Theorien enthalten mindestens drei Aussagedimensionen. *Erstens* offerieren sie Beschreibungen (phänomenale Ebene), *zweitens* enthalten sie Erklärungen (kausale Ebene) und *drittens* generieren sie Handlungsideen (aktionale Ebene). Diese drei Ebenen sollten in der Analyse von theoretischen Texten systematisch herausgearbeitet werden. Z.B. die Aussage „Peter stört den Unterricht" entspricht der phänomenalen Dimension; „... vielleicht weil Peter derzeit viele Probleme hat" entspricht der kausalen Dimension; „daher schicke ich Peter zur Schulsozialarbeiterin" entspricht der aktionalen Dimension.

Soziale Arbeit muss eklektisch vorgehen, muss aussuchen können. In der Sozialen Arbeit und Beratung werden Theorien aus unterschiedlichen Disziplinen verwendet. Daher können wir diese zahlreichen Theorien unterscheiden in Theorien über die Soziale Arbeit (insbesondere soziologische Theorien), Theorien in der Sozialen Arbeit (insbesondere psychologische Theorien) und Theorien der Sozialen Arbeit. Theorien der Sozialen Arbeit entstammen dem sozialarbeiterischen Wissenschaftsdiskurs und sind in der Regel transdisziplinär verfasst, beziehen sowohl soziologische als auch psychologische sowie zahlreiche weitere Beschreibungs- und Erklärungsdimensionen mit ein.

Soziale Arbeit ist eine generalistische Allround-Profession. Sie benötigt Theorien, mit denen sie Beschreibungen, Erklärungen und Handlungsideen konstruieren kann, um die Autonomien und wechselseitigen Verknüpfungen des Biologischen, Psychischen und Sozialen bei der Entstehung von Problemen zu erfassen. Deshalb können Theorien hinsichtlich der Frage untersucht werden, zu welchen dieser Ebenen sie etwas aussagen. Ausgehend davon lassen sich unterschiedlichste Theorien transdisziplinär verknüpfen. Ein Beispiel für eine transdisziplinäre Theorie ist eine postmodern-systemtheoretisch-konstruktivistische Theorie Sozialer Arbeit.

Soziale Arbeit agiert auf drei sozialen Ebenen: Interaktiv, formal organisiert und gesellschaftsweit. Daher ist sie auf interaktions-, organisations- und gesellschaftstheoretisches Wissen angewiesen, so dass Theorien hinsichtlich dieser drei Ebenen betrachtet und analysiert werden sollten. Z.B. benötigt Soziale Arbeit Interaktionswissen (wie beraten wir), Wissen von der Organisationsentwicklung (wohin wird oder soll sich der jeweilige Träger entwickeln) und sozialtheoretisches Wissen (in was für einer Gesellschaft leben wir; wie soll die Gesellschaft aussehen, in der wir leben wollen).

Weiterführende Literatur

Wissenschaftstheorie

Eberhard, Kurt (1999): Einführung in die Erkenntnis- und Wissenschaftstheorie. Stuttgart: Kohlhammer.

Theorieentwicklung in der Sozialen Arbeit

Klüsche, Wilhelm (2000): Ein Stück weitergedacht ... Beiträge zur Theorie- und Wissenschaftsentwicklung der Sozialen Arbeit. Freiburg i. Br.: Lambertus.

Werkstattnotizen

JVW: „Beim Überarbeiten unseres Kapitels fiel mir auf, dass wir 'Erkennen' nicht weiter konkretisieren. Ein solcher Versuch könnte uns auch vom eigentlichen Thema des Buches zu weit weg führen, das ja praxisorientiert sein will. Nachvollziehbar dürfte aber unseren Lesern schon sein, dass Erkennen nicht mit der phänomenalen Dimension gleichgesetzt werden kann."

HK: „Erkennen kann nicht gleichgesetzt werden mit der phänomenalen Dimension; diese Dimension setzt es aber voraus. Die phänomenale Dimension meint eher, dass wir versuchen sollten, unsere Erkenntnisprozesse zunächst von Erklärungen und Bewertungen frei zu halten. Es geht um ein offenes Hinschauen und um ein Schauen, wie die Theorien schauen, die wir analysieren, rekonstruieren oder systematisieren wollen. Demnach kann die phänomenale Dimension mehr verstanden werden als ein Erkennen des Erkennens, als ein Erkennen zweiter Ordnung."

JVW: „Ich bin ein wenig überrascht. Das könnte man interessanterweise so deuten, dass das Phänomen, das es zu erkennen gilt, in uns selbst zu finden ist! Somit würden wir uns auch der klassischen Interpretation des Erkennen des Erkennens – konstruktivistisch – annähern, die ja auf den Selbstbezug, auf die Selbstbezüglichkeit des Bewusstseins abzielt."

HK: „Nicht ganz! Sicherlich, das Erkennen zweiter Ordnung, wie es konstruktivistisch verstanden wird, ist immer ein Selbsterkennen. Aber dieses Selbsterkennen kann sich auf anderes beziehen, z. B. – wie in unserem Buch – auf Theorien. Und diese Theorien werden dann in gewisser Weise dekonstruiert, sie werden hinsichtlich der Frage untersucht, wie sie mit ihren Unterscheidungen das produzieren, was sie produzieren. Wir lassen uns also nicht verlocken von den ausgestreckten Zeigefingern der Theorien, die auf welche Phänomene auch immer weisen. Vielmehr fragen wir, wie die Theorien diesen Zeigefinger gerade so ausstrecken, wie sie ihn ausstrecken, und was dabei ein-, aber auch ausgeblendet wird."

JVW: „Systematisch das eigene Denken zu überdenken und zu reflektieren halte ich für sehr wichtig, gerade in der Arbeit an Beziehungen zu und mit Personen in psychosozialer Not. Zu groß ist die Gefahr der Selbsttäuschung und von daraus im Hilfeprozess eventuell entstehenden Risiken. Wie war das bei dir persönlich? War da schon immer ein Interesse für die Grundlagen und Bedingungen der Möglichkeit, so oder so denken zu können? Oder wurde dieses Interesse erst durch deine sozialpädagogischen Tätigkeiten geweckt?"

HK: „Dieses Denken ist in gewisser Weise familiär bedingt. Als Kind und Jugendlicher wurde ich oft von einem Onkel, einem Bruder meiner Mutter, verstört. Dieser interessierte sich sehr für philosophische, ja erkenntnistheoretische Fragen, z. B. hinsichtlich des Verhältnisses von Bewusstsein und Wirklichkeit. Wir setzten uns oft über die so genannte Grundfrage der Philosophie auseinander, was nun primär sei, das Bewusstsein oder die Materie. In der Sozialen Arbeit angekommen, stellte ich Anfang der 1990er Jahre fest, dass solche Fragen für Praktiker/innen der Sozialen Arbeit ebenfalls bedeutend sind. Wie werden Klienten charakterisiert? Wer definiert die Probleme? Welche Theorien/Unterscheidungen liegen diesen Definitionen zugrunde? Spiegeln diese Definitionen die Realität der Klienten oder die Sichtweisen/Interpretationen der Professionellen?"

JVW: „Ja, da hast du recht. Wie ist es eigentlich mit der Grundfrage der Sozialen Arbeit? Wie lautet diese? Auf jeden Fall nicht so: Wie könnten wir Soziale Arbeit überflüssig machen? Ich meine, dass dies eine sehr ehrenhafte, aber ins Utopische zielende Frage ist. Denn es gibt keine problemfreie menschliche Existenzweise. Insofern wird es auch immer wechselseitige Hilfe geben, ob als Gabe, Almosen oder moderne Soziale Arbeit. Natürlich ist die Frage entscheidend, wie viel Soziale Arbeit gesellschaftlich und sozialökonomisch sinnvoll ist. Wenn die Differenzierung und Flexibilisierung der Gesellschaft anhält und damit ihre Unübersichtlichkeit zunimmt, dann darf man mit einem weiter ansteigenden Beratungsbedarf für Probleme und Risiken der Lebensführung rechnen. Auch von daher ist es meiner Meinung nach wichtig, dass man als Gegenstand der Sozialen Arbeit nicht diffus auf soziale Probleme, sondern ganz konkret auf Probleme der Lebensführung abstellt. Man kann nun präziser fragen, wie es Soziale Arbeit effektiver und effizienter gelingen könnte, Probleme der Lebensführung (Gewalt, Krankheit, Isolation, Wohnungslosigkeit, unwirtschaftliche Lebensführung etc.) zügig lösen zu helfen. Es geht dann darum, dass nachhaltig und zügig wieder Selbsthilfe zu einer subjektiv als angemessen zufriedenstellenden Lebensführung erreicht werden kann."

Lerneinheit V

SYSTEMATISIEREN UND ANALYSIEREN 2
Fünf Exkurse zur Theoriereflexion

V. SYSTEMATISIEREN UND ANALYSIEREN 2 – Fünf Exkurse zur Theoriereflexion

Objektivität ist die Wahnvorstellung,
Beobachtungen könnten
ohne Beobachter
gemacht werden.

(Heinz von Foerster)

Ausgangspunkte

Die Möglichkeiten, die wir im vierten Kapitel zur Systematisierung und Analyse von Theorien vorgestellt haben, sollen nun in fünf Exkursen zu verschiedenen sozialarbeitsrelevanten Theorien veranschaulicht werden. Dabei besteht unser Ziel nicht darin, die im Folgenden referierten Theorien in allen ihren Dimensionen vollständig zu präsentieren. Vielmehr sollen Sie beispielhaft an die Hand bekommen, wie die sozialarbeitswissenschaftliche Theorieanalyse praktiziert werden kann und welche verschiedenen Wege hier denkbar sind. Sicherlich lassen sich neben den hier vorgeführten Weisen, Theorien zu analysieren, noch weitere finden, doch was sich auf diesen Wegen in unserem Rucksack befinden sollte, ist die dreidimensionale Perspektive, die (phänomenales) Beschreibungswissen, (kausales) Erklärungswissen und (aktionales) Handlungswissen expliziert. Aber nun zu den einzelnen Exkursen:

Im ersten Exkurs versuchen wir, zentrale Elemente der phänomenalen, kausalen und aktionalen Struktur eines zumeist als recht kompliziert bewerteten Theorieansatzes zu reflektieren, und zwar der *Dialektik der Aufklärung*. Da Sie als Lesende sich an dieser Stelle vielleicht fragen, warum gerade dieses Buch als ein sozialarbeitsrelevanter Theorieansatz betrachtet wird, möchten wir etwas weiter ausholen, um dies zu begründen.

Die „Dialektik der Aufklärung" ist – wir sagten es weiter oben schon – ein Werk der beiden kritischen Theoretiker der so genannten 'Frankfurter Schule der Soziologie und Sozialphilosophie' Max Horkheimer (1895–1973) und Theodor W. Adorno (1903–1969), das 1944 fertig gestellt und 1947 zum ersten Mal veröffentlicht wurde. Horkheimer und Adorno untersuchen hier die Frage, wie es im aufgeklärten und zu immer weiteren Fortschritten vorgerückten 20. Jahrhundert zur Entstehung von Faschismus kommen konnte. Ihre Diagnose ist erschreckend: Der Grund für die Geburt das Faschismus liegt in bestimmten Tendenzen, die mit der Aufklärung und Rationalisierung verwoben sind. Insofern sprechen sie hier von einer Dialektik, nämlich von einem Umschlagen der befreienden und humanistischen Dynamiken der Aufklärung und Rationalität in knechtende und menschenverachtende, ja vernichtende.

Für die Soziale Arbeit lohnt eine Beschäftigung mit diesem Ansatz vor allem deshalb, weil hier zum ersten Mal – gesellschaftstheoretisch – etwas beschrieben wurde, was auch die Entstehung der Sozialen Arbeit charakterisieren und erklären kann (vgl. ausführlich dazu Kleve 1999/2007). Dem Fortschritt der Gesellschaft wohnt nämlich eine grundsätzliche Ambivalenz inne. Diese führt etwa dazu, dass Lösungen mit Problemen einhergehen, dass das, was wir heute noch als 'gut' bezeichnen, sich morgen als problematisch und äußerst 'schlecht' entpuppen kann. Weiterhin praktizieren Horkheimer und Adorno eine Methode, die das klassische wissenschaftliche Denken der Moderne radikal in Frage stellt. Entgegen den geläufigen Forderungen der formalen Logik nach Widerspruchsfreiheit begegnet uns in ihrer Analyse eine eher postmoderne wissenschaftliche Reflexion (siehe dazu ausführlicher Bauman 1991). Diese hält die „logischen Ideale der Klarheit, Eindeutigkeit und Widerspruchsfreiheit [für] unangemessen" (Beyer 1989, S. 288f.), wenn der „Gegenstand der Wissenschaft selbst nicht klar, eindeutig und widerspruchsfrei ist" (ebd.). Im weitesten Sinne handelt es sich bei diesem Ansatz also auch um eine Theorie über die Sozialarbeit, die die soziale Ebene der Gesellschaft einblendet – auch wenn die Soziale Arbeit selbst nicht explizit thematisiert wird.

Der zweite Theorieexkurs greift einen psychologischen Ansatz auf. Er tangiert aber auch die biologische, insbesondere neurophysiologische, und soziale Dimension des sozialarbeiterischen Hilfeprozesses: Die Psychoanalyse. Seit ihrer Entstehung zum Ende des 19. bzw. zu Beginn des 20. Jahrhunderts wird die Psychoanalyse immer wieder als Theorie in der Sozialen Arbeit aufgegriffen, die insbesondere deren Interaktion theoretisch fundieren kann. Auch in dieser Theorie geht es um das Aufblenden von blinden Flecken der Aufklärung und Rationalisierung. Exemplarisch dafür wurde bekanntlich die schockierende Erklärung, dass der Mensch nicht Herr seiner selbst sei. Sigmund Freud (1856–1939) konnte zeigen, dass hinter unserem Glauben, uns selbst und die Welt nach vernünftigen Prinzipien regeln und planen zu können unbewusste Dynamiken lauern, die wenig mit Rationalität gemein haben, sondern tiefe emotionale Bedürfnisse und Triebe zum Ausdruck bringen. Für die Soziale Arbeit, insbesondere für deren Interaktion, ist die Psychoanalyse ein wichtiger Ansatz, der die unbewussten Dynamiken in professionellen Beziehungen reflektierbar macht und uns sensibilisiert für so genannte Übertragungs- und Gegenübertragungsphänomene. Deshalb wird vor allem dieses Thema in der knappen Theoriereflexion vertieft.

Im dritten Theorieexkurs wird die Soziale Arbeit mit Familien aus einer *systemtheoretischen Sicht* reflektiert. Wir stellen dort die Frage, welche systemtheoretischen Modelle uns etwas Hilfreiches und Brauchbares anbieten können, um die Dynamiken und schließlich sozialarbeiterischen Interventionsmöglichkeiten in Familien zu beschreiben und zu erklären. Dabei werden insbesondere die drei sozialen Ebenen der Interaktion, Organisation und Gesellschaft beleuchtet. Den Ausgangspunkt bildet die Systemtheorie der Bielefelder Schule, also der Ansatz, der auf Niklas Luhmann (siehe insbesondere 1984 und 1997) zurückgeht. Vor dem Hintergrund der phänomenalen, der kausalen und der aktionalen Frage nutzen wir *drei* Konzepte dieser Theorie: Das Prinzip der Autopoiesis, die These von der Familie als einem gesellschaftlichen Funktionssystem und die strukturelle Koppelung der Familie mit anderen Systemen. Damit soll (neben der Psychoanalyse) ein weiteres Beispiel gegeben werden, das zeigt, wie man komplexe Theorien gewissermaßen als Steinbrüche benutzen kann, um aus ihnen die praxisrelevanten „Ideen-Brocken“ herauszuschlagen, die für die Soziale Arbeit äußerst nützlich sind (siehe als Ausgangspunkt dazu bereits Kleve 2005a).

Die Lebensweltorientierung als – insbesondere von Hans Thiersch (*1935) entwickelte – und (unbestritten) hoch relevante – Theorie der Sozialen Arbeit wird im vierten Theorieexkurs nicht nur hinsichtlich ihrer phänomenalen, kausalen und aktionalen Dimensionen analysiert und reflektiert. Innerhalb dieser Dimensionen nutzen wir dann auch die Differenzierung des Sozialen in Interaktion, Organisation und Gesellschaft, um zu zeigen, welche zentralen Aussagen diese Theorie hinsichtlich dieser Ebenen trifft.

Die Sozialraumorientierung als weitere und in den letzten Jahren sich äußerst stark ausbreitende Theorie der Sozialen Arbeit – entwickelt und promotet etwa von Wolfgang Hinte (*1952) – wird schließlich im fünften Theorieexkurs knapp skizziert. Auch wenn Hinte (in Hinte/Treeß 2007, S. 80) betont, dass Sozialraumorientierung nicht als eine neue Theorie, nicht als ein mit anderen „Schulen“ konkurrierender Ansatz verstanden werden soll, bezeichnen wir dieses Konzept hier genau als das, eben als eine Theorie. Denn wie Hinte selbst sagt (vgl. ebd.), ist die Sozialraumorientierung eine

> „Weiterentwicklung verschiedener theoretischer und methodischer Blickrichtungen“ und offenbart uns etwas über sozialarbeiterische Phänomene (Beschreibungswissen), bietet diesbezüglich kausale Erklärungen an und wird schließlich postuliert „als konzeptioneller Hintergrund (Fachkonzept) für das Handeln in zahlreichen Feldern sozialer [sic!] Arbeit“ (ebd.).

Daher werden – ebenso wie bei der Lebenswertorientierung – die drei zentralen Dimensionen der Theorieanalyse durch die drei Ebenen des Sozialen ergänzt.

Neben diesen hier ausschnitthaft betrachteten Theorien lassen sich freilich zahlreiche weitere Theorien auflisten, die etwas über die Soziale Arbeit referieren, die in der Sozialen Arbeit genutzt werden oder als Theorien der Sozialen Arbeit bewertet werden könnten. Eine umfangreiche Auflistung (allerdings keine eingehende Vertiefung) dieser Theorien bieten Wilhelm Klüsche u. a. (1999, vor allem S. 74ff.) in ihrem Buch *Ein Stück weitergedacht … Beiträge zur Theorie- und Wissenschaftsentwicklung der Sozialen Arbeit.*

1. Exkurs: Dialektik der Aufklärung als Theorie über Soziale Arbeit

Wie in diesem Buch an unterschiedlichen Stellen anklingt, halten wir die (Kritische) Theorie von der Dialektik der Aufklärung von Max Horkheimer und Theodor W. Adorno (1947/1969) für einen ausgesprochen wichtigen Ansatz, auch um die Gründe für die Genese der Sozialen Arbeit zu verstehen. Leider ist ihr Werk aufgrund des sprachlichen Stils und der zahlreichen philosophischen Bezüge relativ schwer verstehbar für Einsteiger. Jedoch wird mit dieser Theorie eine ganz zentrale Strukturambivalenz der Moderne beschrieben. Die Theorie erklärt diese Ambivalenz, die implizit auch auf das verweist, was Ausgangspunkt der Sozialen Arbeit ist:

dass mit den vermeintlichen Lösungen und Fortschritten der gesellschaftlichen Entwicklungen zahlreiche Probleme und Rückschritte verschweißt sind. Dies noch einmal konstatierend, sagt Horkheimer 1970 (S. 169):

„Wir müssen uns darüber klar sein, daß es eine der wichtigsten Theorien der Philosophie ist, die sich Kritische Theorie nennt, daß der 'Fortschritt' mit schrecklichen, negativen Dingen bezahlt wird." Und weiter (ebd., S. 171): „Die Kritische Theorie hat die Aufgabe, auszudrücken, was im allgemeinen so nicht ausgedrückt wird. Sie muß deshalb auf die Kosten des Fortschritts hinweisen".

Höchst interessant ist nun zu sehen – zumal aus einer Perspektive, die sich wie die unsrige für Ambivalenzen interessiert –, dass die Kosten des Fortschritts, die Probleme, die dieser produziert, die Triebfedern der Sozialen Arbeit sind. Aber nun zum Versuch, die Dialektik der Aufklärung hinsichtlich ihrer phänomenalen, kausalen und aktionalen Dimensionen zu analysieren.

Die phänomenale Frage

Die Dialektik der Aufklärung versucht zu erklären, wie es angesichts der Modernisierung der Gesellschaft, die seit dem 17./18. Jahrhundert unter dem Titel → Aufklärung firmiert, zu solchen Phänomenen wie Faschismus oder Stalinismus kommen kann.

Aufklärung

nennen wir die im Europa des 18. Jahrhundert herrschende Bewegung zur Erneuerung von Wissenschaft und Bildung, die selbstbewusst gegen Willkürherrschaft, religiösen Aberglauben und Unwissenheit auftrat.

!

Das hat die Aufklärung natürlich nicht gewollt! In ihrem Selbstverständnis als fortschrittliche Modernisierung der Gesellschaft intendierte sie ja genau das Gegenteil:

- die Befreiung der Menschen aus ihrer Unmündigkeit, etwa nach den Ideen von Immanuel Kant (1724–1804);
- die Verwirklichung geistiger und humanistischer Ideale durch den gesellschaftlichen Fortschritt, etwa im Sinne von Georg Wilhelm Friedrich Hegel (1770–1831);
- die Emanzipation der Menschen aus der gesellschaftlichen Unterdrückung, etwa im Sinne von Karl Marx (1818–1883).

Den Aufklärern war gemeinsam, dass sie daran glaubten, dass die Geschichte ein Ziel vorantreibt, das den Idealen der Aufklärung entspricht, also die Menschen in einen Zustand der Befreiung, Erkenntnis und des Glücks versetzt. Auch die wissenschaftlich-technischen Errungenschaften schienen mit der Industrialisierung, mit der wissenschaftlich-technischen Revolution zu Beginn des 20. Jahrhunderts so weit zu sein, dass eine Welt greifbar wurde, die den Idealen der Aufklärung entsprach: Eine Welt ohne Hunger, Krieg und Unterdrückung. Aber die Welt wandelte sich in eine andere Richtung. Angesichts des Faschismus und des Zweiten Weltkrieges schrieben Horkheimer und Adorno (1947/1969, S. 7):

> „Seit je hat Aufklärung im umfassenden Sinn fortschreitenden Denkens das Ziel verfolgt, von den Menschen die Furcht zu nehmen und sie als Herren einzusetzen. Aber die vollends aufgeklärte Erde strahlt im Zeichen triumphalen Unheils."

Dieses triumphale Unheil spürten die beiden kritischen Theoretiker aus Frankfurt/Main am eigenen Leibe. Sie gründeten 1924 das Institut für Sozialforschung in Frankfurt/Main, das es sich zur Aufgabe gemacht hatte, eine Kritische Theorie der Gesellschaft zu entwickeln. Horkheimer und Adorno, selbst Antifaschisten und jüdischer Abstammung, mussten das Institut nach der Machtergreifung der Nazis 1933 zuerst nach Genf verlegen und später dann nach New York. Dort entwickelten sie die Kritische Theorie der Gesellschaft weiter, vor allem mit der Dialektik der Aufklärung.

Die Leitfrage des Werkes ist die Frage nach den Bedingungen der Möglichkeit des triumphalen Unheils auf einer vollends aufgeklärten Erde:

> „Was wir uns vorgesetzt hatten, war tatsächlich nicht weniger als die Erkenntnis, warum die Menschheit, anstatt in einen wahrhaft menschlichen Zustand einzutreten, in eine neue Art von Barbarei versinkt" (ebd., S. 1).

Die Gefahr von Barbarei sahen die Aufklärer (noch) nicht: Kant und Hegel glaubten an die Geschichte als Verwirklichung der Vernunft im Sinne eines „Vernünftigwerdens der Welt" (Behrens 2003, S. 73). Sie sahen nicht, was im 20. Jahrhundert sichtbar wurde: „Was sich als Vernunft zu realisieren schien, entpuppte sich als Umschlag von Rationalität in Irrationalität" (ebd.). Die Vernunft wurde dafür eingesetzt, den Massenmord (in Auschwitz und anderswo) und den Krieg zu planen und zu verwalten – und zwar nach Kriterien der Aufklärung, der Modernisierung und Technisierung, etwa nach Effektivität und Effizienz. Der Aufklärer Marx glaubte an die Befreiung der Arbeiter durch die Entwicklung der Produktionsverhältnisse, die – wie eine Lokomotive der Geschichte und des Fortschritts – die Menschen durch Revolutionen aus den kapitalistischen Ausbeutungsverhältnissen befreien wird. Es zeigte sich jedoch Gegenteiliges:

> „Adorno und Horkheimer [...] stellen heraus, dass die ökonomischen Verhältnisse weit über den eigentlichen Produktionsbereich hinaus die gesellschaftlichen Beziehungen der Menschen bestimmen: Ausbeutung ist zur allgemeinen Unterdrückung der Menschen durch den Menschen geworden" (ebd.).

Und in den USA hat sich, wie Horkheimer und Adorno Mitte der 1940er Jahre fanden, alles kapitalisiert. Alle Verhältnisse der Menschen zueinander stehen unter dem ökonomischen Gesetz der Effektivität und Effizienz, der Nützlichkeit und Verwertbarkeit. Die Welt ist zu einer vollkommen ökonomisierten (im Kapitalismus) und vollkommen verwalteten (besonders im Faschismus und Stalinismus) Welt geworden. Damit steht die Vernunft der Aufklärung in ihrer Dynamik selbst in Frage:

„Die Absurdität des Zustandes, in dem die Gewalt des Systems über die Menschen mit jedem Schritt wächst, der sie aus der Gewalt der Natur herausführt, denunziert die Vernunft der vernünftigen Gesellschaft als obsolet“ (Horkheimer/Adorno 1947/1969, S. 38).

Das augenscheinlichste Zeichen dieses „absurden Zustandes“ der Vernunft, der zu einer „neuen Art der Barbarei“ führt, war zwar zunächst der Faschismus.

„Was sie zu Papier brachten, geht indes über den Versuch einer Analyse der katastrophischen Zeitereignisse hinaus. Es ist die Dokumentation einer prinzipiellen Infragestellung des absurd gewordenen Zustands der Welt in der Mitte des 20. Jahrhunderts“ (Müller-Dohm 1998, S. 15).

Horkheimer und Adorno untersuchten eine grundsätzliche Frage: Wie nämlich die menschliche Vernunft, die rationale und moralisch „gute“ Intention menschlicher Theorie und Praxis in ihr Gegenteil umschlagen kann, in die Unvernunft und in das „Böse“. Der Dialektik der Aufklärung geht es also um die Reflexion der Ambivalenz der Moderne, um die Darlegung der Gleichzeitigkeit gegensätzlicher Tendenzen, um die Gleichzeitigkeit von Fortschritt und Rückschritt, von Aufbau und Zerstörung. Denn die Dialektik der Aufklärung

„fordert Aufklärung über die Schattenseiten des gesamten geschichtlichen Fortschritts; sie will nichts Geringeres als die Suche nach der Ursache für die geistigen, kulturellen, sozialen, politischen und ökonomischen Perversionen der Menschheitsgeschichte schlechthin provozieren“ (Auszug aus dem Klappentext der Reclam-Ausgabe der Dialektik der Aufklärung, Leipzig 1989).

Die kausale Frage

Für Horkheimer und Adorno erklärt sich der in phänomenaler Hinsicht beschriebene Zustand aus der Entwicklung der Geschichte selbst, aus ihrer eigenen inneren Logik. Die Vernunft und die Aufklärung treten nicht aus ihren eigenen Logiken heraus, wenn sie in ihr Gegenteil, in Barbarei, in Faschismus oder Stalinismus oder in eine vollends kapitalisierte Gesellschaft umschlagen, sondern sie folgen vielmehr ihren eigenen (ambivalenten) Logiken.

Mit dieser These schließen Horkheimer und Adorno an die Philosophie von Friedrich Nietzsche (1844–1890) an, der wohl der erste moderne Aufklärer über die Aufklärung war: „Nicht nur die Vernunft von Jahrtausenden – auch ihr Wahnsinn bricht an uns aus“ (Nietzsche 1883, S. 100). Nietzsche kritisierte die Dialektik von Hegel, auf die Marx nur wenig später so wirkmächtig aufsetzte. In dieser entwickelt sich Niederes zum Höheren und Schlechtes zum Besseren. Das, was ihre Dialektik ausmacht, ist die Einheit der Gegensätze, die die Höherentwicklung des Lebens ermöglicht. Nietzsche entwarf dagegen eine *Dialektik der Ambivalenz.* Sie verweist auf das ewige Fortbestehen von Gegensätzen, sie ist eine Dialektik der ewigen Wiederkehr des immer Gleichen.

Horkheimer und Adorno zeigen beispielsweise die Ambivalenzen der Aufklärung, wenn sie argumentieren, dass Befreiung mit Unterdrückung einhergeht: Die Menschen befreien sich von der Natur, aber nun werden sie von dem System, das sie selbst geschaffen haben, mehr und mehr verwaltet:

„Am Ende steht, wenn keine Katastrophen alles Leben vernichten, eine völlig verwaltete, automatisierte, großartig funktionierende Gesellschaft, in der das einzelne Individuum zwar ohne materielle Sorgen leben kann, aber keine Bedeutung mehr besitzt. Der Unterschied von Ministern und einfachen Verkehrspolizisten wird dann sehr gering werden, denn, ob man im Ministerium auf einen Knopf drückt oder an der Straßenkreuzung, um das grüne oder rote Licht erscheinen zu lassen, alles wird darauf ankommen, daß man lernt, wie man in bestimmten Fällen Automaten bedient, die dafür sorgen, daß die Gesellschaft funktioniert. Denn wir wollen ja, daß die Welt vereinheitlicht wird, wir wollen ja, daß die Dritte Welt nicht mehr hungert oder an der Hungersgrenze leben muß. Aber um dieses Ziel zu erreichen, wird mit einer Gesellschaft bezahlt werden müssen, die eben eine verwaltete Welt darstellt“ (Horkheimer 1970, S. 171).

Hier zeigt sich genau genommen etwas, was uns auch in den bekannten Matrix-Filmen vorgeführt wird: Maschinen, die die Menschen einst bauten, um sich von dem Joch der harten Arbeit zu befreien, verwalten, verwerten und züchten nun diejenigen, die ihre Erbauer waren – und zwar so perfekt, dass es die meisten Menschen gar nicht merken! Denn der „Verblendungszusammenhang“ (Horkheimer/Adorno) – die Matrix als computerinszenierte Scheinwelt – verhindert den Blick in die wirkliche Wirklichkeit, in die Welt hinter der Fiktion. Marx erkannte dieses Phänomen bereits und nannte es Entfremdung; das, was die Menschen durch ihre Arbeit schufen, vergegenständlicht sich und tritt ihnen als etwas Fremdes gegenüber. „Die Realisierung des 'Wesens des Menschen' durch die Arbeit war [...] zugleich sein Verlust“ erläutert Rolf Sieferle in *Karl Marx zur Einführung* (2007, S. 35), und Horkheimer und Adorno folgend gewinnt dieses vergegenständlichte Fremde allmählich Macht über uns. Zunächst hat die Aufklärung jedoch versucht, den Mythos zu besiegen, die Scheinwelten des (Aber-)Glaubens umzustürzen, die „Verblendungszusammenhänge“ zu lüften und die Menschen zur Macht der Erkenntnis zu verhelfen. Aber:

„Die Menschen bezahlen die Vermehrung ihrer Macht mit der Entfremdung von dem, worüber sie die Macht ausüben. Die Aufklärung verhält sich zu den Dingen wie der Diktator zu den Menschen. Er kennt sie, insofern er sie manipulieren kann“ (Horkheimer/Adorno 1947/1969, S. 12).

Damit wird die Aufklärung selbst zum Schleier der Verhältnisse, zum Mythos. Unsere Vernunft verschleiert beispielsweise, dass sie nicht eindeutig, sondern ambivalent ist. Sie gaukelt uns trügerische Sicherheit vor und verdunkelt die Ambivalenz, dass sie dazu führt, dass die Menschen die Macht, die sie im Laufe der Geschichte über sich, die Natur und die Gesellschaft gewinnen, zugleich verlieren, abgeben an das, was sie – rational aufgeklärt – schaffen: An ominöse, kalt operierende Systeme und zunehmend komplexere Maschinen.

„Daher wäre es eine vergebliche Hoffnung, wenn man meinte, von der Positivbilanz äußerer Naturbeherrschung die Negativbilanz innerer Naturunterdrückung abkoppeln zu können. Es liegt vielmehr im Zuschnitt dieser Vernunft begründet, dass sie Zwang von den Menschen nur so nehmen kann, dass sie ihnen zugleich anderen Zwang auferlegt“ (Welsch 1996, S. 81).

Die Herrschaft über die Natur führt dazu, dass die Menschen ihre Natur entäußern und damit eine entstellte Natur schaffen, der sie sich nun selbst unterwerfen müssen. Die von den Menschen gemachte Welt wird nun zu einer entmenschlichten, nicht nach humanen Gesetzen bestimmte Anpassungswelt:

„Die ökonomisch bestimmte Richtung der Gesamtgesellschaft, die seit je in der geistigen und körperlichen Verfassung der Menschen sich durchsetzte, läßt Organe des Einzelnen verkümmern, die im Sinne der autonomen Einrichtung seiner Existenz wirkten. Seitdem Denken ein bloßer Sektor der Arbeitsteilung wurde, haben die Pläne der zuständigen Experten und Führer die ihr eigenes Glück planenden Individuen überflüssig gemacht. Die Irrationalität der widerstandslosen und emsigen Anpassung an die Realität wird für den Einzelnen vernünftiger als die Vernunft. Wenn vordem der Bürger den Zwang als Gewissenspflicht sich selbst und den Arbeitern introjiziert hatten, so wurde inzwischen der ganze Mensch zum Subjekt-Objekt der Repression. Im Fortschritt der Industriegesellschaft, die doch das von ihr selbst gezeitigte Gesetz der Verelendung hinweggezaubert haben soll, wird nun der Begriff zuschanden, durch den das Ganze sich rechtfertigte: Der Mensch als Person, als Träger der Vernunft. Die Dialektik der Aufklärung schlägt objektiv in Wahnsinn um" (Horkheimer/Adorno 1947/1969, S. 183).

Die aktionale Frage

Zunächst kann die aktionale Frage *erstens* so beantwortet werden, dass genau das gesehen werden sollte, was als Dialektik der Aufklärung beschrieben wird: Wir sollten uns selbst aufklären über die Ambivalenz der Aufklärung – und dies ist zweifellos selbst Aufklärung, und zwar über Aufklärung.

„Die ihrer selbst mächtige, zur Gewalt werdende Aufklärung selbst vermöchte die Grenzen der Aufklärung zu durchbrechen" (ebd., S. 231).

Und dies könnte beispielsweise für die Sozialarbeit bedeuten, dass sie sich aufklärt über eine Funktion innerhalb dieser Dialektik der Aufklärung. Diese Funktion hat Michel Foucault[1] (1975, S. 392f.) deutlich gemacht. Demnach gehört die Soziale Arbeit ebenfalls zum Vollstrecker der verwaltenden und normierenden Vernunft, und zwar als Teil eines Normalisierungsapparates, der über Norm und Abweichung richtet:

„Die Normalisierungsrichter sind überall anzutreffen. Wir leben in der Gesellschaft des Richter-Professors, des Richter-Arztes, des Richter-Pädagogen, des Richter-Sozialarbeiters; sie alle arbeiten für das Reich des Normativen; ihm unterwirft jeder an dem Platz, an dem er steht, den Körper, die Gesten, die Verhaltensweisen, die Fähigkeiten, die Leistungen".

Zweitens ist die These, dass die Dialektik der Aufklärung nur durch Aufklärung selbst aufklärbar ist und vielleicht durchbrochen werden kann, eine Aporie, eine Ausweglosigkeit. Aufklärung über Aufklärung kann nur eines sein – wie gesagt: Aufklärung, vernünftige Kritik an der Vernunft, logische Argumentation gegen die Logik der Moderne. Die Aufklärung über die Aufklärung wendet damit das auf sich selbst an, was sie kritisiert, nämlich die (ambivalente) Aufklärung. Es gibt offenbar kein Entrinnen aus dem System der Aufklärung. Die Aufklärung kann nur immanente Kritik üben: Selbstkritik. Dies wird uns auch in der bereits erwähnten Matrix-Trilogie vorgeführt: Der Protagonist namens Neo kommt nicht heraus aus der Matrix, vielmehr merkt er, dass auch die Negation der Matrix zur Matrix gehört,

[1] Michel Foucault (1926–1984) war ein berühmter französischer Philosoph, Psychologe und Soziologe. Foucaults Verdienst sind zumeist historische Analysen, die untersuchen, wie Wissen entsteht, Geltung erlangt und Macht ausgeübt wird.

dass das System seinen eigenen Widerspruch enthält. Die Verneinung ist selbst Teil der Bejahung des Systems. Aus diesem Paradox gibt es kein Entrinnen. *Drittens* empfehlen Horkheimer/Adorno (siehe dazu Welsch 1996, S. 83ff.), der Vereinheitlichungstendenz, dem totalitären Prinzip der Aufklärung entgegenzuwirken:

„Aufklärung ist totalitär wie nur irgendein System. Nicht was ihre romantischen Feinde ihr seit je vorgeworfen haben, analytische Methode, Rückgang auf Elemente, Zersetzung durch Reflexion ist ihre Unwahrheit, sondern daß für sie der Prozeß von vornherein entschieden ist. Wenn im mathematischen Verfahren das Unbekannte zum Unbekannten einer Gleichung wird, ist es damit zum Altbekannten gestempelt, ehe noch ein Wert eingesetzt ist. Natur ist, vor und nach der Quantentheorie, das mathematisch zu Erfassende; selbst was nicht eingeht, Unauflöslichkeit und Irrationalität, wird von mathematischen Theoremen umstellt" (Horkheimer/Adorno, z. n. Welsch 1996, S. 83).

Demnach sollte das Ziel darin bestehen, das Unbekannte, das Andere, das Fremde der (eigenen) Vernunft nicht einzuverleiben und es zum Gleichen, zum Selben zu machen, sondern es in seiner Verschiedenheit auszuhalten. Adorno hat ein solches Denken später *Negative Dialektik* (1966) genannt. Eine negative Dialektik verweigert sich dem identifizierenden Denken, der Totalität der Begriffe und interessiert sich für das mit dem begrifflichen Denken nicht klar Fassbare, für das Paradoxe und Ambivalente.

„Utopie wäre über der Identität und über den Widerspruch, ein Miteinander des Verschiedenen" (Adorno 1966, S. 153).

Sie als Lesende mögen an dieser Stelle selbst bewerten und mit Anderen gemeinsam – vielleicht im Café, vielleicht im Seminar – diskutieren, was dies für die Soziale Arbeit heißen und auf welchen Ebenen ihrer Tätigkeiten es relevant werden könnte. Betonen wollen wir abschließend noch, dass in den letzten Jahren die Thesen der Kritischen Theorie der Frankfurter Schule, wie sie von Horkheimer und Adorno insbesondere auch mit dem hier skizzierten Werk geprägt wurden, wieder vermehrt Aufmerksamkeit für sozialarbeiterische Reflexionen erhalten. Zu denken ist hier etwa an aktuelle Arbeiten von Roland Anhorn und Johannes Stehr (2006) oder Jan Kruse (2006).

2. Exkurs: Psychoanalyse als Theorie in der Sozialen Arbeit

Die Psychoanalyse ist seit ihrer starken Verbreitung, also seit Anfang des 20. Jahrhunderts, generell ein sehr wichtiger Theorieansatz geworden. Die Psychoanalyse wird auch als Wissenschaft vom Unbewussten bezeichnet (siehe Ernst Federn unten). Denn zu den großen Entdeckungen Freuds zählt seine Erkenntnis, dass weite Bereiche subjektiven Fühlens, Erlebens und Denkens unbewusst determiniert sind. Dies ist aber nicht etwa krankhaft, sondern Teil unseres Alltags wie z. B. die bekannten Fehlleistungen wie das Verlegen von Gegenständen, das Vergessen eines wichtigen Termins oder das Versprechen, Verwechseln und Verschreiben. Hierzu ein kleines, nettes Beispiel: Der Leiter des Allgemeinen Sozialen Dienstes im Jugendamt der Stadt Y. unterschreibt einen Brief an einen Amtskollegen mit folgenden Worten: „Mit freundlichen Grüßen, A. Meier, Leider des Sozialen Dienstes“ (Finger-Trescher 2005, S. 1456).

Die Psychoanalyse wird seit über 80 Jahren auch in der Sozialen Arbeit verwendet. Die ersten Ansätze, psychoanalytische Erkenntnisse auch in nichttherapeutischen sozialen Praxisfeldern nutzbar zu machen, finden wir bereits zu Anfang des 20. Jahrhunderts in der damals beginnenden psychoanalytisch-pädagogischen Bewegung (vgl. Bernfelds *Antiautoritäre Erziehung und Psychoanalyse* von 1921 oder Pfisters *Erziehung schwererziehbarer und abnormer Kinder* aus dem Jahr 1921). Es wurden also recht früh systematische Versuche unternommen, pädagogische Konzepte und Methoden auf der Basis psychoanalytischer Erkenntnisse zu entwickeln. Große Beachtung fand beispielsweise Aichhorns Konzept der psychoanalytischen Erziehung ‘verwahrloster’ Jugendlicher, das aus heutiger Sicht zu den ersten Konzepten psychoanalytischer Sozialarbeit zählt – siehe dazu sein Buch *Verwahrloste Jugend* von 1925.

Ohne Zweifel dürfen wir daher die Psychoanalyse als eine – wichtige – Bezugstheorie Sozialer Arbeit bezeichnen. Obwohl es freilich zahlreiche neuere Literatur zu einer psychoanalytisch orientierten Sozialen Arbeit gibt (empfehlenswert sind etwa Becker 1995; Müller 1995; Körner/Ludwig-Körner 1997), beschränken wir uns für einen leichten Einstieg in der folgenden dreidimensionalen Differenzierung auf Kernaussagen dieses Ansatzes, die hauptsächlich immer noch auf Sigmund Freud selbst verweisen.

Die phänomenale Frage

Psychoanalyse ist mittlerweile die Bezeichnung für ein äußerst komplexes psychologisches Theorieprogramm geworden (siehe Infobox S. 80). Diese Komplexität wird noch verständlicher, wenn wir gewahr werden, dass sich Freud schon seinerzeit mit mindestens fünf Themen bzw. Theorien intensiv auseinandergesetzt hat, und zwar mit

- der Theorie des menschlichen Bewusstseins, mit der so genannten Typographie der Psyche;
- der Theorie der sexuellen Entwicklung des Menschen;
- der Theorie der gesellschaftlichen und kulturellen Entwicklung;
- der Theorie der Entstehung seelischer bzw. psychischer Probleme und schließlich
- der Methodik der Psychotherapie selbst.

Die *Topographie des Bewusstseins* ist vielleicht Freuds bekanntester Ansatz, nach dem die menschliche Psyche binnendifferenziert ist in die drei Bereiche: Es, Ich und Über-Ich. Auf diesen Teil seiner Theorie werden wir hier aber nicht näher eingehen. Auch die *Theorie der sexuellen Entwicklung*, nach der die menschliche Sozialisation in Phasen verläuft, die von der oralen, der analen, der genitalen über die Latenzphase schließlich nach der Adoleszenz in die reife Sexualität des Erwachsenen mündet, wird hier kein Thema sein. Ebenfalls aussparen werden wir Freuds *Kultur- bzw. Gesellschaftstheorie*, die die sozialen Errungenschaften der Menschen erklärt durch die Fähigkeit zur Sublimierung, also zur Umwandlung bzw. Umleitung triebhafter Energien in sozial erwünschte und honorierte Produkte wie etwa Kunst, Kultur, Religion, Wissenschaft etc. Beschäftigen werden wir uns hingegen mit einigen Aspekten der *Theorie zur Entstehung seelischer/psychischer Probleme* sowie mit dem Ansatz, der die *methodische Interaktion des therapeutischen Prozesses* beschreibt und erklärt.

Als phänomenaler Ausgangspunkt unserer Betrachtungen soll uns eine Beobachtung Freuds dienen, die zu einem Konzept geführt hat, das für die Interaktion in der Sozialen Arbeit, also für die so genannte professionelle Beziehungsarbeit von außerordentlicher Wichtigkeit ist: Das Konzept der → Übertragung.

!

Übertragung
ist das von Freud beschriebene Phänomen, dass affektive Einstellungen oder Bindungen aus einer (zumal frühkindlichen) Beziehung in spätere, in irgendeiner Hinsicht ähnliche Beziehungen unbewusst 'mitgebracht' und somit gegenüber Personen (oder Institutionen) reaktiviert werden, die 'eigentlich' nicht gemeint sind (vgl. Schoene 1988, S. 802f.).

Übertragungen sind bedeutsam,

„weil prinzipiell in jeder aktuellen Beziehung das Nach- und insofern Mitwirken früherer Beziehungen – meist zu den gegenwärtigen Partnern unbekannten Personen – aufzufinden und ein entsprechendes Fortwirken auf künftige Beziehungen zu vermuten ist" (ebd., S. 803).

Daher können Übertragungen in unserem Alltag eigentlich permanent sichtbar werden, wenn wir aufmerksam beobachten. Sobald wir Menschen begegnen, übertragen wir. Besonders bewusst werden uns solche Übertragungen bei Personen, die uns emotional bewegen.

Das Phänomen der Übertragung könnten wir als ein Kernstück der psychoanalytischen Interaktion bezeichnen, das nicht nur in der therapeutischen, sondern auch in der sozialarbeiterischen Beziehung einen starken Einfluss hat und konstruktive wie destruktive Dynamiken entfalten kann. Der psychoanalytisch orientierte Theoretiker und Praktiker der Sozialen Arbeit Ernst Federn (1914–2007) bringt dies auf den Punkt, wenn er schreibt:

„Psychoanalytische Sozialarbeit findet ihre Grundauffassung in der Psychoanalyse. Diese ist die Wissenschaft des Unbewußten, von der eine Anwendung die Behandlung seelischer und geistiger Erkrankungen ist. Diese Behandlung dient auch dem Heilen sogenannter seelischer Erkrankungen, vor allem der Neurosen. Allerdings ist die psychoanalytische Methode Freuds im Grunde ein Helfen. Mit ihr hilft der Psychoanalytiker dem Patienten, unbewußte Konflikte ins Bewußtsein zu bringen und mit einer gegenwärtigen, nicht mehr vergangenen Sicht, zu behandeln. Obwohl die psychoanalytische Methode zur Heilung seelischer Erkrankungen verwendet wird, ist sie daher in ihrer praktischen Tätigkeit eine besondere Form der Hilfe. Einer der großen wissenschaftlichen Durchbrüche Freuds war es, zu entdecken, wie eine solche Hilfeleistung vor sich geht, deren wichtigstes Instrument die Übertragung ist. Die Psychoanalyse ist neben einer Wissenschaft auch eine helfende Tätigkeit. Psychoanalytische Sozialarbeit benützt auch das Instrument der Übertragung [...]. Sie beruht [...] im wesentlichen auf den Vorgängen im unbewußten Seelenleben. Wer den Begriff des Unbewußten ablehnt, muß auch die Psychoanalyse ablehnen, wer ihn annimmt, muß früher oder später auf die Psychoanalyse stoßen" (Federn 1995, S. 23).

Federn spricht in dieser Passage neben der phänomenalen bereits die aktionale Ebene an, wenn er betont, dass die Übertragung das wichtigste Instrument psychoanalytischer Hilfe darstellt. Wir kommen darauf zurück. Bevor wir uns aber der aktionalen und zuvor noch der kausalen Dimension des Übertragungsphänomens zuwenden, soll ein weiterer Begriff eingeführt werden, nämlich jener der Gegenübertragung. In der Psychoanalyse spricht man von *Gegenübertragungen*, wenn die Professionellen auf die Übertragungen des Klienten wiederum mit Übertragung antworten. Alle Beziehungspartner in professionellen Interaktionen übertragen also Erfahrungen, d.h. Erinnerungen an eigene vergangene Erlebnisse auf die anderen gegenwärtigen Interaktionsteilnehmer. Dabei haben die Professionellen natürlich eine besonders große Verantwortung, weil sie versuchen müssen, ihre Gegenübertragungsreaktionen in konstruktiver Weise zu reflektieren und zu nutzen.

Die kausale Frage

Timo Ackermann (2007, S. 48ff.) hat in seiner empfehlenswerten Studie *Fallstricke Sozialer Arbeit. Systemtheoretische, psychoanalytische und marxistische Perspektiven* ausführlich gezeigt, was Übertragungs- und Gegenübertragungsreaktionen für die sozialarbeiterische Interaktion in negativer und positiver Hinsicht bedeuten können. Außerdem macht er mit der Metapher „dass wir uns als Menschen gewissermaßen rückwärtsgewandt in die Zukunft bewegen" darauf aufmerksam, dass der Hintergrund für das Übertragungsphänomen darin liegt, dass Menschen immer nur strukturbasiert operieren, sie also stets auf Vergangenem, auf ihren Beziehungserfahrungen aufbauen müssen. Wir verstärken dieses Argument der unbemerkten *Rückwärtsgewandtheit* prozesstheoretisch: Das Unbewusste (als *einfache*, unreflektierte Beobachtung) schiebt sich nämlich stets *vor dem* Bewusstsein des psychischen Systems (als Beobachten des schon Beobachteten) durch die Zeit. Wir behaupten deshalb, dass Vergangenheit *und* sogar die Zukunft *im Unbewussten* verortet werden können, denn das Bewusstsein selbst operiert ja in der je seinigen *Gegenwart*. Wir räumen somit dem Unbewussten das *operative* Primat bei Erkenntnisvorgängen ein.

Die Ursache von Übertragungen liegt – so der wirkmächtige Sigmund Freud – in der prägenden Kraft der biografischen Vergangenheit, insbesondere der Kindheit:

„Machen wir uns klar, daß jeder Mensch durch das Zusammenwirken von mitgebrachter Anlage und von Einwirkungen auf ihn während seiner Kinderjahre eine bestimmte Eigenart erworben hat, wie er sein Liebesleben ausübt, also welche Liebesbedingungen er stellt, welche Triebe er dabei befriedigt, und welche Ziele er sich setzt. Das ergibt sozusagen ein Klischee (oder auch mehrere), welches im Laufe des Lebens regelmäßig abgedruckt wird, insoweit die äußeren Umstände und die Natur der zugänglichen Liebesobjekte es gestatten, welches gewiß auch gegen rezente [gegenwärtige, aktuelle; d.A.] Eindrücke nicht völlig unveränderlich ist" (Freud 1912, S. 364 f.).

Die Kindheit ist deshalb eine so prägende Zeit unseres Lebens, weil wir hier – so wie nie mehr im Leben – auf Gedeih und Verderb auf uns pflegende, nährende und behütende Erwachsene angewiesen sind, die in der Regel unsere Eltern sind. Besonders in den ersten drei Lebensjahren des Menschen spielen die Eltern eine das Kind besonders beeinflussende Rolle. Denn die Interaktionen zwischen ihnen und dem Kind wirken auf die organische Struktur des Gehirns. Die neuere Neurophysiologie versucht nachzuweisen (z. B. Roth 2003), dass Freud mit seiner Sicht der prägenden Kinderjahre Recht hatte. Denn bestimmte zentrale Hirnbereiche (insbesondere der so genannte Mandelkern, auch genannt *Amygdala*), die für die Steuerung unserer psycho-emotionalen Prozesse zuständig sind, werden in dieser Zeit möglicherweise so geprägt, dass sie das gesamte weitere Leben mit formen. Jedenfalls scheint die Plastizität, also die Formbarkeit dieser zentralen, uns prägenden Hirnbereich bereits mit der Vollendung des Kleinkindalters deutlich nachzulassen.

Da wir alle eine solche – unsere Hirnstruktur formende – soziale und immer zugleich subjektive Vergangenheit haben, die uns prägt, ist Übertragung vorstellbar als die aus unserer Kindheit kommende Emotions- und Interpretationsbasis, vor deren Hintergrund wir unsere Welt erleben. Insbesondere die (früh-)kindlichen Beziehungsmuster sind sehr prägend, nicht zuletzt weil sie ja vorbewusst ablaufen. Sie können dennoch später handlungsanleitend sein, insofern sie uns zu bestimmten Handlungen oder Reaktionen drängen. Beispielsweise sagte einmal ein jugendlicher Klient im Gespräch mit einer Erziehungsberaterin:

„Ich weiß nicht warum, aber jedesmal, wenn ich in einer Sportsendung eine Siegerehrung sehe, kommen mir die Tränen" (Finger-Trescher 2005, S. 1456).

Übertragung ist etwas völlig Selbstverständliches. Es ereignet sich überall in unserem Alltag. Dies bringt der Anthropologe Gregory Bateson (1979, S. 24) aus einer etwas anderen Perspektive zum Ausdruck, wenn er schreibt, dass

„nichts Bedeutung hat, solange man es nicht in irgendeinem Kontext sieht". Und weiter: „Diese Sicht wird *Übertragung* genannt und ist ein allgemeines Phänomen in menschlichen Beziehungen. Sie ist ein universelles Charakteristikum jeglicher Interaktion zwischen Personen, weil schließlich die Form dessen, was gestern zwischen Ihnen und mir vorgefallen ist, darauf einwirkt, in welcher Form wir heute aufeinander reagieren. Und diese Gestaltung ist im Prinzip eine *Übertragung* aus vergangenem Lernen" (ebd., S. 24 f.).

Der wortmächtige Philosoph Peter Sloterdijk (1998, S. 14) pointiert dies – auf seine bekannt poetische Weise – noch deutlicher, wenn er meint,

„daß Übertragung die Formquelle von schöpferischen Vorgängen ist, die den Exodus der Menschen ins Offene beflügeln".

In Anlehnung an den Sprachphilosophen Ludwig Wittgenstein, für den die Grenzen der Sprache die Grenzen der Welt bedeuten, formuliert Sloterdijk:

„Die Grenzen meines Übertragungsvermögens sind die Grenzen meiner Welt“ (ebd.).

Die Idee der Übertragung als eine Wiederkehr/Wiederholung des Gleichen in anderen Kontexten stammt jedoch nicht allein von Freud. Bereits in der hinduistischen Religion und Philosophie ist das Konzept der Reinkarnation eine Beschreibung von Übertragungen von Leben zu Leben, von Wiedergeburt zu Wiedergeburt. Alles wiederholt sich in einem steten Kreislauf – bestenfalls auf höherer Stufe. In einer eher pessimistischen Deutung singt die Band *Deine Lakaien* (*Dark Star. Chrom Records 1996, Titel 2: Reincarnation*):

„So you go round and round,
Another life, another wound.
From death to birth, from birth to death,
No time to waste, no time to rest.
So you go round and round.
Another life, another wound.
And when you finally touch the light
They send you back into the night.
Reincarnation, the torture will not end
Reincarnation, our bloody fate
Reincarnation, the torture will not end
Reincarnation, our bloody fate“.

In der abendländischen Philosophie hat Friedrich Nietzsche (1844–1900), von dem Freud sehr beeinflusst wurde, das Prinzip der ewigen Wiederkehr/Wiederkunft des Gleichen beschrieben, so z.B. formuliert er – ebenfalls in düsterer Konnotation:

„Wie, wenn dir eines Tages oder Nachts, ein Dämon in deine einsamste Einsamkeit nachschliche und dir sagte: ‘Dieses Leben, wie du es jetzt lebst und gelebt hast, wirst du noch einmal und noch unzählige Male leben müssen; und es wird nichts Neues daran sein, sondern jeder Schmerz und jede Lust und jeder Gedanke und Seufzer und alles unsäglich Kleine und Große deines Lebens muß dir wiederkommen, und Alles in der selben Reihe und Folge – und ebenso dieser Augenblick und ich selber. Die ewige Sanduhr des Daseins wird immer wieder umgedreht – und du mit ihr, Stäubchen vom Staube!’“ (Nietzsche 1886, Aphorismus 341).

Die aktionale Frage

Kommen wir nun zur Frage, wie das bereits von Federn angedeutete psychoanalytische Helfen mit dem Konzept der Übertragung arbeitet. Die psychoanalytische Behandlung zielt darauf ab, unbewusste (Interaktions-)Erfahrungen bewusst zu machen. Denn es wird davon ausgegangen, dass seelische Konflikte und Probleme (Neurosen) auf der Verdrängung von traumatischen Interaktionserfahrungen (aus der Kindheit) beruhen. Durch das Liegen auf der Couch, das Vermeiden des Blickkontaktes und die möglichst freie Assoziation während einer (klassischen) psychoanalytischen Psychotherapie soll das Erinnern und das Verbalisieren (Aussprechen) dieser Erfahrungen erleichtert werden.

Im Verlaufe einer Psychoanalyse werden aktuelle Konflikte mit Bezugspersonen bzw. mit dem Psychoanalytiker auf die Grundkonflikte, auf die traumatischen Interaktionserfahrungen der Kindheit zurückgeführt. Es wird angestrebt, diese Erfahrungen und die damit einhergehenden Gedanken und Gefühle nicht nur zu erinnern, sondern auch in der professionellen Übertragungsbeziehung zum Therapeuten emotional zu wiederholen und schließlich mit Hilfe des Therapeuten durchzuarbeiten. Übertragung bedeutet, wie wir bereits gesehen haben, dass die Interaktionserfahrungen der Kindheit (z. B. bezüglich der Eltern) auf die aktuellen Beziehungen (z. B. auf die Beziehung zum Therapeuten) übertragen werden. Diese Übertragung ist Voraussetzung für eine erfolgreiche Psychoanalyse, in der kindliche Ängste, enttäuschte Erwartungen an die Eltern, Traurigkeit, Wut, Verzweiflung etc. zunächst erinnert, dann noch einmal emotional wiederholt, noch einmal erlebt und schließlich in Richtung einer neu zu konstruierenden („gesunden") erwachsenen Perspektive auf die Realität therapeutisch durchgearbeitet werden können.

Dieser Prozess des Wiederholens durch die Übertragung von vergangenen Erfahrungen und Gefühlen auf aktuelle Beziehungen geschieht in jeder Interaktion und damit freilich auch in allen sozialarbeiterischen Hilfeprozessen. Vor diesem Hintergrund nutzt das psychoanalytische Helfen die drei Aspekte, die bereits deutlich geworden sind:

- *erstens:* die Bedeutung der vergangenen, insbesondere kindlichen Interaktionserfahrungen für je aktuelle bzw. gegenwärtige Beziehungen;
- *zweitens:* Wiederholungen vergangener Beziehungserfahrungen in den je aktuellen bzw. gegenwärtigen, also auch helfenden/professionellen Beziehungen und
- *drittens:* die Bedeutung der helfenden Beziehung – sowohl für die Diagnostik als auch für die Behandlung – von individuellen Interaktionsproblemen.

Gerade der dritte Aspekt verdeutlicht, dass das Gelingen oder Misslingen einer Hilfe mit der Gestaltung der Übertragungsbeziehung zusammenhängt. Wie Ackermann (2007, S. 65 ff.) zu Recht meint, können Gegenübertragungsphänomene, also Übertragungen des Helfers auf den Klienten dann konstruktiv sein, wenn sie seine Fähigkeiten zur Empathie und Wertschätzung des Klienten erhöhen und wenn sie es möglich machen, dass der Helfer seine *eigenen* Gefühle und Erinnerungen als Instrument nutzen kann, um vor diesem Hintergrund die Probleme des Klienten praxisangemessen und wirksam zu verstehen.

Problematisch entwickelt sich die Gegenübertragung dann, wenn sie dazu führt, dass der Helfende dem Klienten gegenüber Ressentiments entwickelt, die Empathie und Wertschätzung erschweren. Weiterhin wäre es recht problematisch und würde den konstruktiven Fortgang der helfenden Interaktion behindern, wenn die eigenen Erlebnisinhalte des Helfers, die durch den Klienten angeregt wurden, Dominanz in der Gestaltung der helfenden Beziehung gewinnen. Schließlich kann auch das bekannte „Helfersyndrom" als eine negative Folge von bestimmten Gegenübertragungen betrachtet werden. Dieses Syndrom macht sich etwa bemerkbar, wenn ein Helfer in erster Linie mit der Erwartung hilft, dass seine Bedürfnisse nach Anerkennung, Liebe und Wertschätzung befriedigt werden. Damit entsteht eine Abhängigkeit des Helfers vom Klienten: jener benötigt diesen zum Aufbau seines Wohlbefindens.

Helfer haben eine besondere Verantwortung, ihre Gegenübertragungsreaktionen zu reflektieren und wenn nötig zu bearbeiten. Sichtbar werden massive Gegenübertragungen besonders dann, wenn ein Helfer seine notwendige Distanz zum Klienten verliert, wenn ihn seine Arbeit nicht mehr loslässt, wenn in Gesprächen mit Freunden, Bekannten oder Verwandten die Arbeit mit dem Klienten permanent thematisiert wird.

Abschließend soll betont werden, dass die große Bedeutung der Psychoanalyse als Bezugstheorie für das Verständnis der sozialarbeiterischen Interaktion darin liegt zu betonen, welche Bedeutung Übertragungsprozessen zukommt und dass diese Prozesse destruktiv *und* konstruktiv wirken können. Die Verantwortung für den Versuch, erkannte Übertragungen und Gegenübertragungen für Hilfeprozesse zum Nutzen der Klienten zu gestalten, liegt *ganz* bei den professionellen Helfern. Dafür benötigen sie häufig unterstützend Supervision. Und unsere Ausführungen zur hohen Relevanz von Supervision nun auch aus der psychoanalytischen Perspektive indirekt ergänzend (Finger-Trescher 2005, S. 1460):

„Der Ort für diese unabdingbare systematische Selbst-Reflexion ist die Supervision, die unverzichtbarer Bestandteil professioneller Psychoanalytischer Sozialarbeit ist.“

Die Verantwortungsübernahme der Berufsanfänger und ihrer Supervisoren beginnt also schon während ihrer Ausbildungssupervision.

3. Exkurs: Systemtheorie der Familie als Theorie in Sozialer Arbeit

Die Systemtheorie ist in unterschiedlichen Versionen in den letzten Jahren in der Sozialen Arbeit sehr stark rezipiert worden. Einen guten Überblick hinsichtlich des Paradigmas der Bielefelder Schule[2] genannten Systemtheorie, das auch hier Pate steht, geben Wilfried Hosemann und Wolfgang Geiling (2005) in ihrem Buch *Einführung in die systemische Soziale Arbeit*. Im Folgenden geht es uns lediglich um einen sehr kleinen Ausschnitt dieser Systemtheorie (siehe als Ausgangspunkt dazu Kleve 2005a; 2007, S. 115ff.).

Unsere Ausgangsthese lautet, dass die soziologische Systemtheorie genau das leistet, was für wissenschaftliche Theorien postuliert wurde: Sie bietet der Praxis – in diesem Fall: Der Sozialen Arbeit mit Familien – einen Beschreibungs- und Erklärungsapparat, der der praktischen Komplexität gerecht wird und das Handeln transparent zu beschreiben und zu begründen vermag. Die soziologische Systemtheorie selbst ist eine so überaus komplexe Theorie, dass wir hier nur ausschnitthaft Fragmente skizzieren können. Dennoch soll zweierlei deutlich gemacht werden. *Zum einen*, wie eine Theorieanalyse gelingen kann, die eine „große“ Theorie auf brauch-

---

[2] Siehe zur Erklärung dieser Bezeichnung Fußnote 1 auf S. 28.

bare, etwa für ein zentrales Praxisfeld relevante Versatzstücke abklopft. *Zum anderen*, wie damit die Brauchbarkeit dieser Theorie anschaulich werden kann.

Die phänomenale Frage

Auf der Beschreibungsebene sind zunächst die Begriffe wichtig, die die Systemtheorie zur Beobachtung der empirischen Welt offeriert, z. B. der systemtheoretische, dem Griechischen entlehnte Zentralbegriff der → Autopoiesis.

!

Autopoiesis

bedeutet Selbstherstellung. Das ursprüngliche Paradigma dafür ist die biologische Zelle, anhand derer Humberto Maturana und Francisco Varela dieses Konzept entwickelt haben. Es wurde von Luhmann – mit eigenen Anpassungen – auf psychische und soziale Systeme übertragen.

Wir beschränken uns hier auf die *soziale* Autopoiesis, die (nicht nur) für die Soziale Arbeit mit Familien besonders interessant ist. Dem Konzept der 'sozialen Autopoiesis' nach realisieren sich soziale Systeme durch Kommunikationen, die durch wechselseitige Beobachtungsverhältnisse entstehen.

!

Soziale Systeme

bestehen aus Kommunikation.

Sie grenzen sich von der Umwelt durch spezifische Muster von Kommunikationen ab, etwa durch die Kommunikation von besonderer Liebe. Zur Umwelt der Familie – bzw. sozialer Systeme generell – gehört auch der Mensch. Das bedeutet konsequenterweise, dass die Familienmitglieder – als Menschen betrachtet – zur Umwelt der Familie gehören. Menschen bestehen aus biologischen und psychischen Systemen, sind also nicht Elemente des Sozialen. An solche Gedanken muss man sich sicherlich langsamer herantasten. Wie geht das? Nun, es kann ja kein Gedanke direkt kommuniziert werden. Glücklicherweise, könnten wir aufatmend sagen, sonst würden wir unsere Gedanken – öffentlich sichtbar – durch den Raum fliegen sehen. Und auch körperliche Moleküle sind kein Bestandteil der Kommunikation. Leider, könnten wir etwas amüsiert bemerken, sonst könnten wir ja mit unseren Organen gleich direkt Kontakt aufnehmen und fragen, ob sie vielleicht sonst noch etwas brauchen. Die Existenz biologischer und psychischer Systeme ist zwar Voraussetzung für das Entstehen von sozialen Systemen (und umgekehrt). Aber wie die sozialen Systeme auf ihre Umwelt zugreifen, wie sie diese beobachten, was sie für relevant halten und thematisieren, bestimmen ihre Kommunikationen und nicht die beteiligten Psychen (vgl. Luhmann 1984). So jedenfalls ist die Theorie angelegt. Und um es noch einmal zu sagen: Wir können Theorien – und dies gilt für Gesellschaftstheorien ganz besonders – nicht auf *Wahrheit* hin überprüfen. *Wahrheit ist die*

Erfindung eines Lügners, so lautet das so bekannte wie überspitzende Diktum von Heinz von Foerster (1998; 2003). Auch wenn man mit dieser radikalkonstruktivistischen Aussage so nicht unbedingt einverstanden sein muss: Es ist wichtig und zu begrüßen, dass immer wieder Theoreme wie z. B. die 'Autopoiesis' die Sozialwissenschaften befruchten, obwohl sie sinnlicher Beobachtung nicht zugänglich sind, also streng genommen nicht empiriefähig sind. Denn Empirie wiederum kommt ohne bestimmte theoretische Vorannahmen gar nicht in Tritt! Wichtig für unsere Soziale Arbeit ist in jedem Fall nur, ob und was für neue, interessante Ressourcen wir mit der jeweiligen Theorie-Brille zu sehen bekommen, z. B. für die → Familie.

> Die **Familie**
>
> wollen wir als autopoietisches Sozialsystem betrachten, das mit den psychischen Systemen ihrer Mitglieder strukturell, d. h. im Medium Sinn gekoppelt ist.

!

Nun konstatieren die Sozialwissenschaften für die heutige Zeit bekanntlich eine Pluralisierung der familialen Lebensformen, so dass sich z. B. in der Familienförderung und familienbezogenen Hilfen zu Recht die Frage erhebt, wer nun 'objektiv gesehen' eigentlich zur Familie gehört? Nun, es kommt allein auf die Fragestellung des Beobachters an. Aus der Sicht des Rechtssystems (vgl. Art. 6 Abs. 1 GG; § 1626 Abs. 2 BGB; § 27 SGB VIII) gesehen meint 'Familie' – trotz einiger Neuerungen, z. B. bei der Lebenspartnerschaft – häufig nur die Kernfamilie, nämlich die verheirateten Eltern und ihre (un)ehelichen Kinder. Aus der Sicht der sozialen Ökonomie dagegen ist häufig ein gemeinsam geführter Haushalt beobachtungsanleitend. Aus Sicht der Sozialen Arbeit ist freilich eine andere Perspektive vielversprechender: Wer zur Familie gehört, entscheiden die Familien – kommunikativ – selbst! Familie, das bedeutet heute ja nicht nur, dass man zusammen im Haushalt lebt und gemeinsam wirtschaftet. Sondern Familie meint für uns vielmehr allgemein: Gelebte kommunikative Beziehungen. Um herauszufinden, wer zur Familie gehört, müssten wir also *die Familie selbst* fragen. Das Spannende ist natürlich, dass die Antworten darauf oft unterschiedlich ausfallen. Mit der Frage, wer zur Familie gehört, ließe sich dann ein fruchtbarer Austausch beginnen. Schließlich werden damit zugleich weitere Unterscheidungen angestoßen, die das soziale Netzwerk von alltagsbezogener Solidarität und gegenseitiger Hilfe mit betreffen. Nichtwissend gefragt: Inwiefern ist der Vater, obwohl er doch nur so selten da ist, relevant für die einzelnen Familienmitglieder? Wie für die anderen Funktionssysteme auch lässt sich für die familiäre Kommunikation eine exklusive Funktion, angeben und zwar die *Komplettbetreuung der gesamten Person,* die personelle „Totalinklusion" (vgl. auch Fuchs 1999). Was bedeutet → Inklusion?

!

> **Inklusion**
> bedeutet die Teilnahme (Einschluss) an funktionssystemischer Kommunikation (z. B. als Käufer, Klient, Schüler, Kind, Patient oder Wähler usw.) – Exklusion meint den Ausschluss daraus. Die sozialwissenschaftlich wichtige Differenz von Inklusion und Exklusion bezieht sich demnach auf die Art und Weise, in der eine Gesellschaft es den Individuen erlaubt, Personen zu sein und daher an der Kommunikation teilzunehmen.

!

> Die **soziale Funktion** der Familie
> ist die Komplettbetreuung (Totalinklusion) der gesamten Person bzw. Persönlichkeit.

Die Familie wäre – wie die Systeme Wirtschaft, Politik, Wissenschaft, Kunst, Religion, Erziehung/Bildung oder auch Sport u. a. – als ein unverzichtbares gesellschaftliches Funktionssystem zu beschreiben (Abbildung 15).

Während die anderen Funktionssysteme aber lediglich sehr begrenzte Ausschnitte des Persönlichen eines Individuums in ihre Kommunikationen einbeziehen (inkludieren), z. B. nur bestimmte Rollenaspekte (etwa Käufer und Verkäufer in der Wirtschaft), inkludiert die Familie die komplette Person. Sowohl das innerfamiliäre Verhalten als auch die außerfamiliären Aktivitäten der Familienmitglieder sind für die familiäre Kommunikation hoch relevant. Sie können potenziell in der Familie jederzeit mit ausgesprochen wenigen Stoppregeln und Einschränkungen thematisiert werden. Für die familiäre Kommunikation sind *alle* Persönlichkeitsanteile der Familienmitglieder von Bedeutung. Nichts kann und darf – ohne Erklärung – voreinander geheim gehalten werden, so sind jedenfalls die wechselseitigen Erwartungen. Natürlich fallen diese Erwartungen und aktuell gemachte Erfahrungen oft auseinander, womit sich für uns Sozialpädagogen und Sozialarbeiter ein hoch interessantes Beobachtungsfeld auftut.

Die Komplettbetreuung stellt einen ganz wesentlichen Unterschied der familiären Kommunikation zu den Kommunikationen anderer Funktionssysteme dar. In diese werden Personen immer nur hinsichtlich weniger bestimmter Persönlichkeitsanteile und Rollenausschnitte inkludiert. Zum Beispiel werden in der Schule Kinder ja nicht als Menschen – obwohl das eine so betörend schöne wie alte pädagogische Zielvorstellung ist! – sondern in erster Linie als *Schüler* (ins Bildungssystem) inkludiert.

Somit stellt die Familie für die moderne Gesellschaft *ein besonderes System unter besonderen Systemen* dar: Sie ist das einzige Sozialsystem, das Personen sozusagen ganzheitlich inkludiert. Sie ist damit für die moderne Gesellschaft ein eher untypisches Sozialsystem (vgl. Luhmann 1990, S. 211).

Aufgrund der familiären Totalinklusion von Personen bekommt die Familie für die individuelle Sozialisation eine ganz besondere Bedeutung. Genau diese Bedeutung ist beispielsweise Gegenstand psychoanalytischer, bindungstheoretischer und familiendynamischer bzw. familientherapeutischer Betrachtungen und sollte daher in der Sozialen Arbeit weiterhin zentrale Beachtung erhalten.

Integration (von lat. *integer* bzw. griech. *entagros* unberührt, unversehrt, ganz) Herstellung eines Ganzen

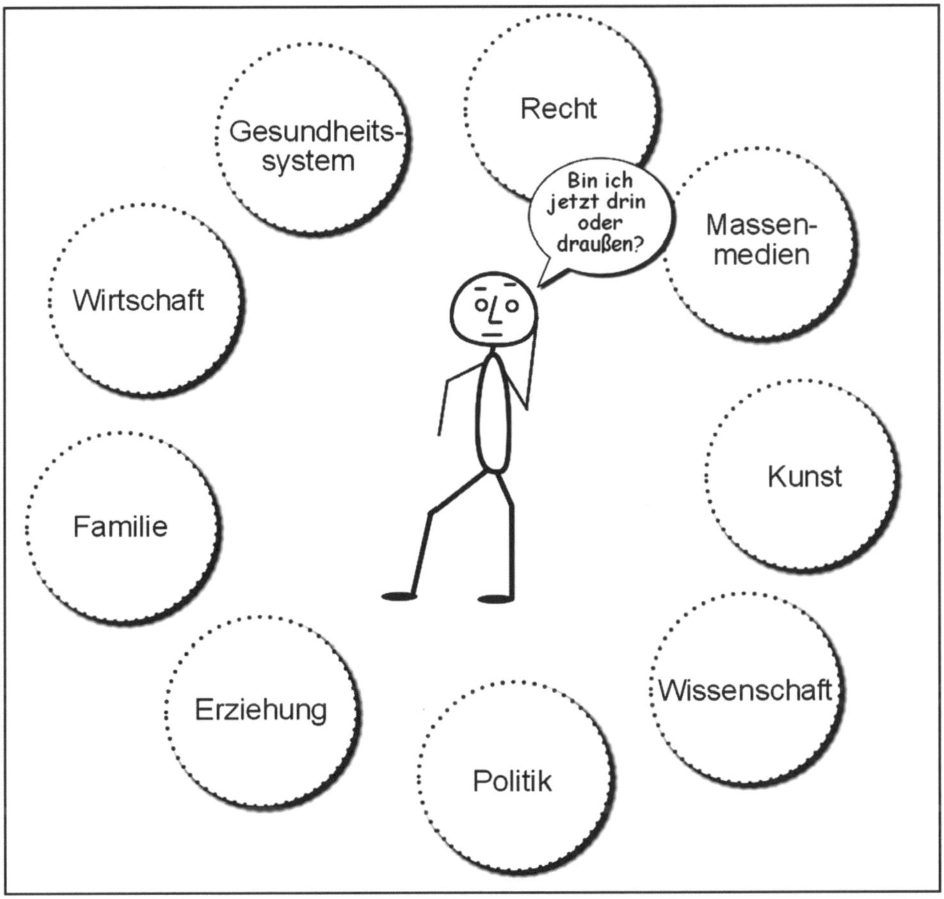

Abb. 15 Ausgewählte Funktionssysteme der Gesellschaft

Aufgrund der *ganzheitlichen* Inklusion von Personen in Familien kann für die familiäre Einbindung nach unserem Dafürhalten ein anderer Begriff (als Inklusion) fruchtbar recycelt werden. Denn Inklusion meint in der Regel – wie beschrieben – das soziale Relevantwerden von Personen in sozialen Systemen unter nur *ganz bestimmten* funktionalen Hinsichten. Es gilt jedoch u.E., die besonders starke soziale Einbindung von Personen in Familien durch wechselseitiges Beobachten und oft zu hohe Erwartungen (siehe Scheidungszahlen) auch begrifflich noch besser zum Ausdruck zu bringen. Daher erscheint der klassische soziologische, auch normativ-moralische Bezüge in den Blick bringende Begriff der *Integration* möglicherweise passender. Familienmitglieder sind so gesehen: *Hochintegriert* (siehe weiterführend dazu bereits Kleve 2000, S. 45).

Drittens kann die Familie aus systemtheoretischer Sicht hinsichtlich ihres Verhältnisses, ihrer strukturellen Koppelung zu den anderen Funktionssystemen und zu Organisationen der modernen Gesellschaft beschrieben werden. Dadurch möchten wir zwei wichtige Aspekte stark machen. *Zum einen*, dass Familien auf die Inklusion ihrer Mitglieder in *weitere* Funktionssysteme und Organisationen der modernen Gesellschaft angewiesen sind. Denn keine Familie kann sich in der modernen Gesellschaft von der (sozialen) Umwelt unabhängig (autark) reproduzieren. Die physische und psychische Reproduktion der Individuen und ihre Lebensführung ist in der modernen Gesellschaft hochgradig abhängig von den Möglichkeiten, an den Kommunikationskreisläufen der anderen Funktionssysteme und Organisationen zu partizipieren (vgl. Scherr 2002). Nahrung, Kleidung, Wohnung, Bildung, Geld, Symbole etc. werden von Funktionssystemen vermittelt. *Zum anderen* setzt jedoch die Teilnahme an den Funktionssystemen voraus, dass auch deren Inklusionsregeln akzeptiert werden.

Diese Regeln können jedoch die familiäre Integration gefährden, z. B. wenn das Wirtschaftssystem Flexibilität und Mobilität erwartet, die Familie dagegen zeitliche, moralische und emotionale Kontinuität und Beständigkeit braucht. Der Soziologe Richard Sennett arbeitet in *Der flexible Mensch* z. B. aus, dass das Wirtschaftssystem mittels des 'flexiblen Kapitalismus' (vgl. z. B., S. 139)

„beansprucht, den Menschen, die kurzfristige Arbeitsverhältnisse eingehen, statt der geraden Linie einer Laufbahn im alten Sinne zu folgen, mehr Freiheit zu geben, ihr Leben zu gestalten. In Wirklichkeit schafft das neue Regime (gemeint ist das Wirtschaftsregime; d. A.) neue Kontrollen, statt die alten Regeln einfach zu beseitigen – aber diese neuen Kontrollen sind schwerer zu durchschauen“ (1998; 2006, S. 11).

Wie Sennett und auch Ulrich Beck (1997) beschreiben, erwarten die Funktionssysteme der modernen Gesellschaft (insbesondere die Wirtschaft und die Politik) den flexiblen Menschen, der losgelöst von zu festen familiären und moralischen Bindungen, 'sozial ortlos' durch die Gesellschaft wandert. Besonders die Soziale Arbeit sollte deshalb sensibel dafür sein, ihre Inklusionsangebote so zu gestalten, dass die familiäre Kommunikation gestärkt und konstruktiv irritiert, aber nicht angegriffen oder gar zerstört wird. Wir kommen auf diesen Aspekt zurück.

Die kausale Frage

Durch ihre vielfältigen begrifflichen Werkzeuge erlaubt die Systemtheorie das Konstruieren von Hypothesen, um familiäre Entwicklungen und Probleme in der modernen Gesellschaft zu erklären und zu verstehen. Dies wollen wir systematisch verdeutlichen hinsichtlich der drei bereits dargestellten Beschreibungskonzepte:

- Autopoiesis,
- Familie als ein Funktionssystem der Gesellschaft und
- das Verhältnis der Familien zu anderen Funktionssystemen und Organisationen, ihre strukturelle Koppelung mit diesen Systemen.

Autopoiesis: Das Konzept der Autopoiesis macht uns erklärbar, warum Familien in jeweils eigenständiger, ja eigensinniger Weise auf interne Entwicklungsanforderungen und Umwelteinflüsse reagieren. Denn jede Familie entwickelt spezifische autopoietische Muster. Diese Kommunikationsmuster spielen sich oft unbemerkt, d. h. hinter dem Rücken der Familienmitglieder ein und reproduzieren sich dort unbeschwert. Daher haben auch die einzelnen Familienmitglieder nur begrenzten Einfluss auf die Lösung von Entwicklungsproblemen!

Die soziale Realität der Familie ist demnach eine Ordnung mit höherer bzw. eigener (emergenter) Qualität. Für die Soziale Arbeit heißt dies, dass ihre kommunikativen Angebote so aussehen müssen, dass sie von der jeweiligen Familie, von der spezifischen familiären Kommunikation angenommen werden und weiterverarbeitet werden können. Darüber hinaus resultiert für die Soziale Arbeit daraus die Aufforderung, die soziale Autopoiesis der Familie – prozessual als auch inhaltlich – konstruktiv zu stärken und zu unterstützen, denn:

> Nur das **Familiensystem**
> selbst ist in letzter Instanz in der Lage, seine Kommunikation zu verflüssigen (dynamisieren) bzw. lösungsorientiert in Gang zu bringen.

!

Zur Dynamisierung der familiären Kommunikation ist keine Umwelteinwirkung imstande, sondern ausschließlich die interne kommunikative Selbstregulation. Mit dieser Folgerung aus dem Autopoiesis-Konzept wird der alte sozialarbeiterische Leitspruch „Hilfe zur Selbsthilfe" auch wissenschaftlich unterfüttert. Aus der Sicht der soziologischen Systemtheorie ist für die Soziale Arbeit nichts anderes möglich, als Anstöße zu geben, um nachhaltig die Selbsthilfe anzuregen. Es steht außer Frage, dass es dazu einer hohen professionellen Kompetenz bedarf. Damit es beim Thema Hilfe zur Selbsthilfe keine ungewollten Missverständnisse gibt: Es geht uns um *Hilfe durch Kommunikation*. D. h. nicht um die Erlangung materieller Hilfen (qua Antragstellung und Verwaltungsbescheid). Diese sind zumeist unabdingbar und auf sie besteht Rechtsanspruch. Diese Hilfen lindern materielle Notlagen und ökonomischen Notstand, sie verhindern oft weitere Verschlimmerung. Als materielle Ressourcen sind sie unabkömmlich. Es geht uns vielmehr generell um den Umgang mit Ressourcen und Hilfebedarfen. Das SGB VIII artikuliert z. B. einen Rechtsanspruch auf Hilfe bei Bekanntwerden eines Bedarfs. Das ist gut, aber: Die Hilfe muss auch gewollt sein, sonst macht sie nur wenig Sinn (Ausnahmen bestätigen die Regel!). Wenn wir – durch die Theoriebrille der soziologischen Systemtheorie gesehen – sagen, dass wir nur kommunikative Anstöße zu Selbsthilfe geben können, bezieht sich das auf den ganz wichtigen Umstand, dass wir nicht auf

Menschen direkt 'zugreifen' können, etwa um sie zu nachhaltigem Umgang mit Ressourcen zu erziehen oder anderweitig zu ändern. Auch Appellen an Betroffene, doch bitte dies oder jenes anders zu machen, z.B. besser mit ihrem Geld zu wirtschaften oder mehr auf ihre Gesundheit zu achten oder Ähnliches, wird i.d.R. kein Erfolg beschieden sein.

!

Intervention und Erfahrung

Es verbietet sich, den Ratsuchenden bestimmte Lösungen oder Lösungsvarianten aufzudrängen bzw. sie von bestimmten Lösungswegen abzuhalten – und zwar auch dann, wenn ein mögliches Scheitern 'vorprogrammiert' scheint (Braun/Wetzel 2006, S. 78).

„Es sind die eigenen Erfahrungen des Scheiterns, welche die Grundlage eines neuen, erweiterten Problemverständnisses und darauf gegründeter neuer Lösungsanstrengungen bilden. Von daher ist die Aussage 'Wenn Sie auf mich gehört hätten, dann hätten Sie sich das erspart' in der Beratungsarbeit – wie in allen pädagogischen Zusammenhängen – immer unzulässig. Vielmehr gilt es, die Gründe für die nachträglich als falsch eingestufte Entscheidung ohne jede Zensur und Besserwisserei aufzuklären und damit auch die Erfahrungen des Scheiterns fruchtbar zu machen" (ebd.).

Letztendlich entscheidet es sich vor Ort, nämlich durch lösungsorientierte Kommunikation und intelligente Beziehungsgestaltung, ob und wie sich das Selbsthilfenetzwerk 'Familie' entwickeln kann.

Familie als Funktionssystem: Die familiäre Funktion, die Person als Ganzes zu inkludieren, sie komplett zu betreuen bzw. sie ganzheitlich zu integrieren, macht die Familie verständlicherweise zu einem äußerst empfindlichen Ort, an dem relativ schnell Probleme und Konflikte entstehen und eskalieren können.

„Gerade der Umstand, dass man nirgendwo sonst in der Gesellschaft für alles, was einem kümmert, soziale Relevanz finden kann, steigert die Erwartungen und Ansprüche an die Familie" (Luhmann 1990, S. 208).

Wo so hohe Erwartungen und Ansprüche sich selbstverdichtend einstellen, ist die Chance sehr groß, dass diese Erwartungen und Ansprüche nicht erfüllt, ja enttäuscht werden und aus diesen Enttäuschungen heraus Konflikte entstehen.

In keinem anderen System der Gesellschaft ist die emotionale Bindung, als besonders enge Koppelung von biologischen, psychischen und sozialen Systemen, so stark wie in der Familie. Wie wir etwa aus der Psychoanalyse, der → Bindungstheorie[3] oder Familienpsychologie wissen, ist diese Bindung Voraussetzung für die bio-psycho-soziale Entwicklung der Kinder, ja für die bio-psycho-soziale Reproduktion aller Familienmitglieder.

---

[3] Die Bindungstheorie wurde von dem britischen Kinderpsychiater John Bowlby (1907–1990) und der kanadischen Psychologin Mary Ainsworth (1913–1999) entwickelt.

!

Die **Bindungstheorie**

beschreibt in der Psychologie das Bedürfnis des Menschen, eine enge und von intensiven Gefühlen geprägte Beziehung zu Mitmenschen aufzubauen. Ihr Gegenstand ist der Aufbau und die Veränderung enger Beziehungen im Laufe des Lebens. Sie geht von dem Modell der Bindung der frühen Mutter-Kind-Beziehung aus.

Diese Bindung schreibt sich per Sozialisation in die biologischen und psychischen Strukturen der Individuen so prägend ein, dass Personen oft lebenslang – ob sie wollen oder nicht – auf ihre Familien bezogen bleiben. Wie an unsichtbaren Fäden hängen Familienmitglieder oft, ob sie räumlich getrennt sind oder nicht, aneinander, so dass sich Veränderungen im familiären Bindungsgefüge mit hoher Wahrscheinlichkeit auf alle Familienmitglieder auswirken. Dies ist eine wichtige Grundthese der Familientherapie und -beratung sowie ein wichtiges Argument dafür, die gesamte Familie (z. B. durch → zirkuläres Fragen) in den beraterischen oder diagnostischen/ therapeutischen Prozess mit einzubeziehen.

!

Zirkuläre Fragen

werden eingesetzt, um zirkuläre Prozesse in Beziehungssystemen aufzudecken und starre Kommunikations- und Interaktionsmuster, die Probleme und Konflikte innerhalb des Systems verursachen, durch eine gezielte Einnahme von unterschiedlichen Beobachterpositionen und Perspektivwechseln zu verflüssigen. Der Fragende (der Berater oder übertragen auf Lehr- und Lernprozesse z. B. der Lehrende) eröffnet den Beteiligten durch seine Frageweise Möglichkeiten, sich in andere Positionen hineinzuversetzen und sich dabei auf einen Perspektivenwechsel innerhalb des Systems einzulassen. Die triadische (von griechisch: *Dreiklang*) Frageweise provoziert ein „Mutmaßen im (oft auch virtuellen; d. A.) Beisein der anderen". Denn die Beteiligten werden angeregt, ihre Vermutungen über Wünsche, Bedürfnisse, Meinungen, Beziehungen usw. anderer Beteiligter zu äußern. Im wechselseitigen Bezug aufeinander werden neue Denkprozesse eingeleitet und Veränderungen möglich (vgl. Reich 2008, Zirkuläres Fragen). Wir fragen um die Ecke, wie z. B. in der Paarberatung: „Was, glaubst du, geht in deiner Partnerin vor, wenn ihr streitet?"

Demnach lassen sich auch die meisten Entwicklungen und Probleme von Personen verstehen und erklären durch einen Bezug auf die jeweilige familiäre Entwicklung bzw. deren individuelle Bewertung. Genau so agieren etwa psychoanalytisch und familiensystemisch orientierte Sozialarbeitskonzepte: Probleme der Klienten werden durch die Analyse von aktuellen Übertragungsbeziehungen oder – sehr hilfreich – durch → Genogramme (Abbildung 16) und → Skulpturen in einen familiären Kontext eingeordnet.

!

Ein **Genogramm**

ist eine grafische Darstellung, die in der systemischen Familienberatung und -therapie zu diagnostischen *und* therapeutischen Zwecken verwendet wird. Es ermöglicht einen raschen Überblick über komplexe Familienkonstellationen und kritische Ereignisse im Lebenszyklus der Familienmitglieder der letzten drei Generationen, wie z. B. Trennungen, Erkrankungen, Tod, Schwangerschaftsabbrüche, Fehlgeburten, Position in der Geschwisterreihe o. ä. Die Attraktivität des Genogramms liegt zum einen in seiner mehrgenerationalen Perspektive und in seinen zahlreichen Bezügen zum Alltagsdenken. Außerdem knüpft es sowohl an systemisches als auch an psychoanalytisches Denken wie an archaisches Schicksalsdenken an (vgl. Pantucek 2004, S. 2).

In der längeren Einzelarbeit mit Klienten dient es der Aufklärung über bestimmte, sich generationsübergreifend wiederholende familiale Muster. In Fallteams im Jugendamt kann es sehr gut zur schnellen Übersicht eingesetzt werden. In der Supervision eignet es sich bei Supervisanden z. B. dann, wenn sie in ihrer therapeutischen Arbeit mit ihren Klienten festgefahren sind. Dies geschieht, wenn sie mit Problemen konfrontiert sind, die sie zwar aus ihrer Herkunftsfamilie gut kennen, aber noch nicht hinreichend be- oder verarbeitet haben, so dass sie in der Folge im Verlaufe der Therapie gegenüber der Klientenfamilie oft die gleiche Rolle (z. B. Beschützer, Vermittler, Ankläger, ängstlicher Vermeider, Ablenker etc.) wie früher in ihrer eigenen Familie einnehmen und genauso ohnmächtig wie damals agieren (vgl. Roedel 1990; 2001, S. 15).

!

Eine **Skulptur** (oft auch: **Familienskulptur)**[4]

ist eine Methode in der Familientherapie zur erlebenden Darstellung und diagnostisch-therapeutischen Arbeit an Familienbeziehungen.

Die Familienmitglieder stellen sich in ihrem subjektiv passenden Abstand zueinander im Raum auf und nehmen zueinander eine körperliche Haltung ein, die die Beziehungen der Familienmitglieder zueinander ausdrückt. Dies unterstützen sie durch Gestik und Mimik. Dieses Standbild gleicht der Skulptur eines Bildhauers. Später werden die Familienmitglieder nach ihrer Wahrnehmung, ihren Gefühlen und Impulsen befragt.

Der Klient kann auch aus einer Gruppe Stellvertreter für die Mitglieder seiner Familie (je nach Thema mehrere Generationen) und für sich selbst wählen. Bei Einzelpersonen kann auch mit Stühlen, Stofftieren oder anderen Symbolen gearbeitet werden.

[4] Skulpturen sind mit der Methode der Familienaufstellung recht verwandt.

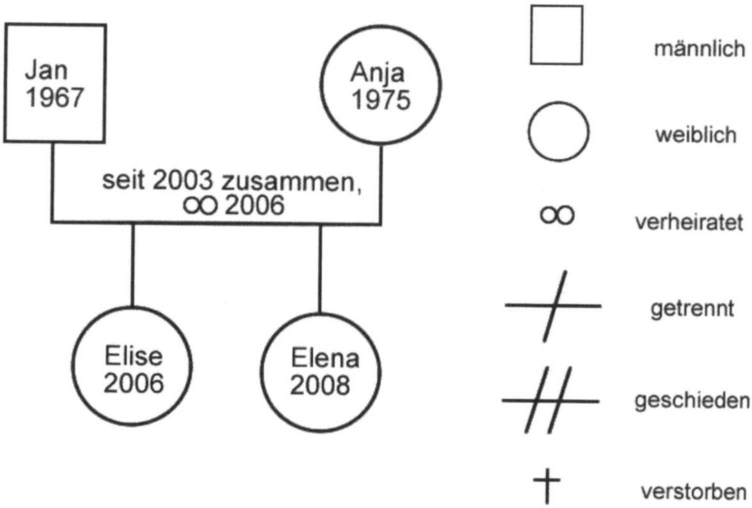

Abb. 16 Zweigenerationales Genogramm

Verhältnis der Familie zu anderen Funktionssystemen und Organisationen (strukturelle Koppelung): Hinsichtlich dieses Verhältnisses haben wir bereits beschrieben, dass familiäre Kommunikation mit ihrer personellen Kompletteinbindung in einen großen Widerspruch geraten kann zu den Funktionssystemen mit deren Flexibilität und Mobilität fordernden Erwartungen. Die Integrations- und Bindungsanforderungen von Familien können in einen Konflikt geraten mit der Notwendigkeit, sich den Erwartungen anderer Funktionssysteme anzupassen, die eher lose oder gar desintegrierte Individuen erwarten (vgl. Nassehi 1997). Besonders überintegrierte Familien können zum Problem werden für ihre Mitglieder, z. B. für die Kinder, die mit dem Eintreten der Pubertät beginnen, sich im Zuge ihrer Verselbstständigung vermehrt außerfamiliär zu orientieren.

Aber sogar die sozialarbeiterische Kommunikation selbst kann durch ihre Inklusionsangebote zu Problemen führen (vgl. Wolff 1990):

Die Ambivalenz der Sozialen Arbeit

besteht darin, dass ihre Kommunikationen nicht nur helfen, sondern die Hilfsbedürftigkeit der Klienten noch zementieren können. Nicht nur Nichthilfe, auch Hilfe ist mit Risiken verbunden.

!

Daher kann die Kopplung von Familien mit dem Funktionssystem der Sozialen Arbeit dazu tendieren, dass Klienten nicht selbstständiger und emanzipierter werden, wie dies von sozialarbeiterischen Organisationen zumeist intendiert wird, sondern im Gegenteil: Dass nämlich Klienten zunehmende Unselbstständigkeit und Inaktivität zeigen und schließlich ohne professionelle Hilfe ihre Existenz nicht mehr sichern können (Stichwort *erlernte* Hilflosigkeit).

Die soziologische Systemtheorie erklärt die Tendenz, wie aus Hilfe in negativer Hinsicht Nicht-Hilfe entstehen kann, durch drei Effekte, die sozialarbeiterische Organisationen permanent im Blick haben sollten (vgl. Baecker 1994):

- durch das *Selbsterhaltungsmotiv* der sozialarbeiterischen Organisationen: Dass die Hilfe nicht oder nicht nur den Klienten hilft, sondern in erster Linie der sozialarbeiterischen Organisation dient hinsichtlich deren Selbsterhaltung;
- durch den *Stigmatisierungseffekt:* Dass professionelle Hilfe mit der Zuschreibung von Defiziten und Diagnosen einhergeht, was dazu führen kann, dass diese Problem- und Defizitmarkierung Probleme erst verfestigt und zementiert und damit erfolgreiche Hilfe schwieriger macht als vor der Markierung;
- durch die *Ineffizienzvermutung:* Dass Hilfe unwirtschaftlich und nicht zielwirksam sein kann, weil sie Potenziale der Selbsthilfe eher verdeckt als hervorholt und aktiviert.

Die aktionale Frage

Auch in aktionaler Hinsicht gehen wir wieder von der Autopoiesis, von der Familie als Funktionssystem und vom Verhältnis der Familien zu anderen Funktionssystemen und Organisationen aus, um Handlungsoptionen für die Soziale Arbeit mit Familien in den Blick zu bekommen.

Autopoiesis: Hinsichtlich der familiären Autopoiesis sollte es der Sozialen Arbeit mit Familien in erster Linie darum gehen, die Autopoiesis, also die familiäre Selbstorganisation ernst zu nehmen, zu achten und zu stärken. Wenn dies tatsächlich geschieht, dann legt die Soziale Arbeit ihren Glauben ab, dass sie es ist, die die familiären Probleme löst, und kommt zu der Überzeugung, dass sie die Familie unterstützen kann, eigene Lösungs- und Entwicklungsmöglichkeiten zu finden und zu realisieren. Wir Sozialarbeiter/-pädagogen, die in diesem Sinne arbeiten, erkennen an, dass wir nur diese eine Chance haben: Durch die konstruktive Veränderung unserer eigenen Haltungen, Handlungen und Kommunikationsangebote Familien indirekt zu helfen. Durch die Selbstveränderung der Sozialen Arbeit wird mithin eine Selbstveränderung der Familie angeregt. Die Lösung wird als eine in der Familie sich manifestierende Kommunikation betrachtet, die zwar von außen initiiert, aber nicht direkt oder gar determinierend aus der Umwelt in die Familie hineingetragen werden kann.

Zweifellos besteht bei Kindeswohlgefährdung und nach der intensiven Prüfung von familienerhaltenden Alternativen häufig auch die Notwendigkeit, die Familienkonstellation auch *physisch* – z.B. durch Herausnahme von Kindern und Jugendlichen – zu verändern, was übrigens leider immer öfter, nämlich über 28.000-mal in Deutschland (im Jahr 2007) geschieht. Sozialarbeiter, die dies tun, wissen ausgehend von den systemtheoretischen Beschreibungen und Erklärungen dann jedoch auch, welche Verantwortung sie damit übernehmen und dass sie

– und immer auch: Die Folgen nicht in Gänze vorhersehen könnend – in die familiäre Autopoiesis eingreifen. Selbstverständlich ist damit keine Lösung der familiären Probleme gegeben, sondern es wird vielmehr erst eine Voraussetzung für *zukünftige Lösungen* geschaffen. Nach einer Kindesherausnahme beispielsweise muss die (kommunikative) Arbeit an der Lösung vielmehr intensiv beginnen, etwa durch Elternarbeit, -aktivierung, Verarbeitungsangebote etc.

Familie als Funktionssystem der modernen Gesellschaft: Wenn wir also mit der Systemtheorie die Familie als Funktionssystem betrachten, das die Komplettbetreuung von Personen, von Familienmitgliedern übernimmt, dann sollte die Soziale Arbeit hinsichtlich einer vermeintlichen stellvertretenden Übernahme dieser Funktion (z. B. in stationären Einrichtungen wie Heimen, Wohngruppen etc.) ganz bescheiden sein. Auch wenn die Soziale Arbeit einen ganzheitlichen Bezug auf ihre Klienten bzw. auf Familien benötigt, um die unterschiedlichen psycho-sozialen Probleme in ihrer wechselseitigen Bedingtheit zu betrachten und zu behandeln, so ist es aussichtslos und kaum erfolgreich, diesbezüglich mit Familien zu konkurrieren. Die Soziale Arbeit wird die besondere integrative Einbindung in Familien durch ihre eigene Inklusion *niemals* ersetzen können. Was sie jedoch kann, ist, diese Einbindungen mit ihren familiendynamischen Strukturen und Prozessen (Mustern) ernst zu nehmen und genau an diesem Punkt ihre Unterstützung und Hilfe anzusetzen. Eine Strategie wäre dann etwa die Beobachtung individuell sich zeigender Probleme im Kontext der familiären Entwicklung und der Versuch, sich Handlungsstrategien zu überlegen, die die Einnahme einer Familienperspektive erlauben, die also nichts unternehmen, was sich gegen die familiäre Autopoiesis und Funktion richten könnte.

Verhältnis der Familie zu anderen Funktionssystemen und Organisationen: Das Verhältnis von Familien zu Funktionssystemen und Organisationen ist gerade bezogen auf das Funktionssystem Soziale Arbeit und auf sozialarbeiterische Organisationen hoch relevant. Denn die Soziale Arbeit müsste versuchen, dieses Verhältnis so zu gestalten, dass es der Funktionserfüllung und der Autopoiesis der Familie entgegenkommt. Soziale Arbeit ist demnach angehalten, solche Inklusionen anzubieten, die die Familie und deren Mitglieder stärkt bei der Gestaltung ihrer Beziehungen und beim konstruktiven Ausbau ihrer Bindungen. Solche Inklusionen könnten sich anleiten lassen von den folgenden Arbeitsweisen:

- der Einnahme einer professionellen (allparteilichen) Haltung, die – im Sinne Carl Rogers' (1977) – die beziehungsgestaltenden Variablen Empathie, Akzeptanz und Authentizität zu realisieren vermag sowie der Familie die Kompetenz zubilligt, „das Beste“ für ihre Mitglieder erreichen zu wollen;
- statt zu sehr Defizite und Probleme zu fokussieren, persönliche und soziale Ressourcen, positiv bewertete Verhaltensoptionen und förderliche soziale Bindungen zu markieren und einzubeziehen sowie
- jederzeit das dialogische Prinzip des gemeinsamen Aushandelns zielgerichteter, konkreter und transparenter Handlungspläne zu beachten.

Anmerken möchten wir noch, dass aus unserer Sicht vor allem zwei Praxisformen in der Sozialen Arbeit mit Familien in Bezug auf die hier genannten Prämissen herausragen, nämlich die teilstationäre Triangel-Arbeit nach dem Konzept des Familientherapeuten Michael Biene (siehe dazu etwa Kleve 2007, S. 125 ff.) und der Verwandtschaftsrat, den beispielsweise zwei Vertreter der Sozialraumorientierung, Frank Früchtel und Wolfgang Budde (siehe dazu den fünften Theorieexkurs), leidenschaftlich einbringen.

4. Exkurs: Lebensweltorientierung als Theorie der Sozialen Arbeit

Die sozialarbeiterische Theorie der Lebensweltorientierung ist vielleicht der im deutschsprachigen Raum am meisten vertretene Ansatz in der Sozialen Arbeit. Welche sozialarbeiterische Praxis versucht heute nicht, lebensweltorientiert anzusetzen? Vor allen Dingen in der Kinder- und Jugendhilfe ist die Lebensweltorientierung einer der zentralen sozialpädagogischen Theorieansätze geworden. So ist er Ende 1980er Jahre insbesondere in der Folge des achten Kinder- und Jugendberichts der deutschen Bundesregierung entscheidend gewesen für die sozialpädagogische Fundierung des achten Buches der Sozialgesetzgebung (SGB VIII), des so genannten Kinder- und Jugendhilfegesetzes (KJHG). Obwohl das Programm der Lebensweltorientierung in der Praxis so gängig ist und trotz zahlreicher Publikationen – nicht zuletzt von Hans Thiersch (etwa grundlegend 1986; 1992) –, bleibt seine konkretere Bedeutung u. E. häufig etwas verschwommen, unklar und diffus. Im Folgenden wollen wir die Lebensweltorientierung aus der phänomenalen, kausalen und aktionalen Perspektive betrachten und wenn es sich noch anbietet, unsere Analyse mit der funktionalen Perspektive ergänzen. Zudem leiten wir aus dieser Theorie der Sozialen Arbeit Schlussfolgerungen ab, die sich auf die interaktive, organisatorische und gesellschaftliche Ebene der Sozialen Arbeit beziehen.

Bevor wir zu den einzelnen Aspekten der Lebensweltorientierung kommen, möchten wir uns bei Matthias Müller (Hochschule Neubrandenburg) bedanken, der wesentliche Thesen unserer Darstellung systematisch herausgearbeitet und in einem Manuskript zusammen gefasst hat, das eine entscheidende Grundlage für diesen Theorieexkurs ist.

Die phänomenale Frage

Der zentrale Begriff dieser Theorie ist „Lebenswelt". Was ist mit diesem Wort überhaupt gemeint? Ganz allgemein lässt sich zunächst sagen:

!

> Die **Lebenswelt**
> ist die dem Betroffenen intuitiv vertraute soziale und räumliche 'Realität' mitsamt ihren alltäglich gelebten kommunikativen Beziehungen. Sie ist insofern dessen Welt schlechthin.

Lebenswelt kann als ein Reservoir von Selbstverständlichkeiten und ein Ensemble von unerschütterten Überzeugungen verstanden werden. Es gibt daher nichts, was wirklicher und realistischer für die Person ist als ihre Lebenswelt. Systemtheoretisch könnten wir noch sagen (vgl. im Folgenden Krause 1998; 2005, 187), dass es sich bei der Lebenswelt um einen Symbolkomplex fraglos gegebener und nicht problematisierbarer Kommunikations- und Beobachtungsmuster handelt. Man könnte dies auch anhand der Differenz von vertraut/-unvertraut vereinfachen:

„Lebenswelt ist die Welt, die sich dem jeweiligen Beobachter durch jeweilige vertraute Unterscheidungen als vertraut/unvertraut repräsentiert. Eine allen Unterscheidungen vorgängige Letztunterscheidung von vertraut/unvertraut ist ausgeschlossen." (vgl. ebd.)

Systemische Soziale Arbeit könnte hier ergänzend fragen, welche Funktion die Lebenswelt für unsere Klienten erfüllt:

Die Funktion der Lebenswelt

ist es, die Umweltkomplexität (externe Komplexität) für das beobachtende System zu reduzieren.

!

Erst durch die Reduktion von Komplexität kann interne Komplexität, d. h. Systemkomplexität, aufgebaut werden.[5] Meint das Konzept Lebenswelt, dass allzu vertraute Beobachtungen nicht (mehr) fragwürdig sind, dann verweist Lebenswelt auch auf die – oft nicht bewusste – Vermeidung von Selbstbeobachtung.

Eine lebensweltorientierte Soziale Arbeit strebt an, sich auf diese soziale, räumliche und zeitliche Realität ihrer AdressatInnen einzulassen und auf die eigensinnigen und ganz spezifischen Erfahrungen und informellen Ressourcen der Adressaten Sozialer Arbeit, die sich in den jeweiligen Lebenswelten herausbilden. Durch die lebensweltorientierte Perspektive treten wir den normalisierenden, disziplinierenden, stigmatisierenden und pathologisierenden Tendenzen entgegen, die der Sozialen Arbeit aus Gründen, die wir noch betrachten werden, innewohnen. Weiterhin soll so der helfende Fokus zu Lasten des kontrollierenden Blicks gestärkt werden.

Diese theoretische Perspektive ist ein Ergebnis der so genannten Methodenkritik innerhalb der Sozialen Arbeit der 1970er Jahre. Hier ging es u. a. um die Reflexion und Überwindung des an den Normen der Mittelschicht orientierten Selbstverständnisses vieler Sozialarbeiterinnen und Sozialarbeiter. Demgegenüber werden in der lebensweltorientierten Sozialen Arbeit die Adressaten als Subjekte in jeweiligen lebensweltlichen Verhältnissen betrachtet, die es anzunehmen, zu akzeptieren und wertzuschätzen gilt. Aus dieser Sicht heraus gilt für Soziale Arbeit die besondere Maßgabe, nicht an spezielle Bedingungen geknüpfte und alltagsorientierte Hilfeangebote zu entwickeln und – bei gegebener Nachfrage – auf Dauer zu stellen. Das bedeutet ganz konkret für uns Sozialarbeiter/-pädagogen: Wir müssen leicht

[5] Auch wissenschaftliche Begriffs- und Theoriebildungen beruhen immer auch auf lebensweltlichen, d.h. vorbewussten Annahmen.

erreichbar sein, möglichst mobil sein, und unsere Hilfen sind flexibel und zeitnah in die Lebenswelt der Klienten zu integrieren – und nicht etwa andersherum.

Die Lebensweltorientierung intendiert ein Fallverstehen, in dem es um die Rekonstruktion subjektiver Weltentwürfe geht. Zusammenfassend gesagt und damit auf die Urheber des sozialarbeitswissenschaftlichen Konzeptes „Lebenswelt" kommend können wir Grunwald und Thiersch (2001, S. 1138f.) zitieren, die schreiben, dass

„Lebenswelt gesehen wird [...] als Ort eigensinniger und zu respektierender Lebensarrangements, als Ort einer notwendigen Destruktion pseudokonkreter Bewältigungsmuster und als Ort von Autonomie und Selbstgestaltung des Alltags".

Mit 'pseudokonkret' möchte Kosik darauf hinweisen, dass die direkt im Alltag Handelnden durch ihre *unmittelbare Betroffenheit* die Zusammenhänge nicht sehen, die den Alltag beeinflussen (vgl. 1967, S. 9).

Neben dem Zentralbegriff „Lebenswelt" sind in dieser Theorie insbesondere die Begriffe „Zeit", „Raum" und „soziale Bezüge" maßgeblich. Mit dem Aspekt der Zeit ist insbesondere der Bezugspunkt auf die Gegenwart, auf die gegenwärtige und aktuelle Bewältigung des Alltags gemeint.

„Die Gegenwart gewinnt angesichts der Offenheit von Vergangenheit und Zukunft ein eigenständiges Gewicht, für die Zukunft braucht es Kompetenzen und Mut, sich ins Offene hinein zu riskieren" (Grunwald; Thiersch 2001, S. 1141).

In diesem Zusammenhang stellen sich aus der theoretischen Perspektive prinzipiell drei Fragen, und zwar *erstens*: Wie bewältigen die Klienten in der Gegenwart – im Jetzt – ihre Vergangenheit – das, *was nicht mehr ist*, das, *was vorher war* und das *(endgültig) vorbei* ist? Und *zweitens*: Wie bewältigen, organisieren und gestalten sie gerade, in diesem Moment, *hier und heute* ihre Lebens- und Alltagszeit? Und *drittens*: Wie gehen sie in der Gegenwart mit der offenen Zukunft (Kontingenz) um: Welche Rolle spielt im Moment das *Danach*, das *Bisher noch nicht*, das *Später auch möglich*, das *Könnte passieren*?

Neben der Zeit wird der Alltag durch den erfahrenen und gestalteten Raum strukturiert. Insofern ist der Raum ein ganz entscheidender Bezugspunkt sowohl zur Analyse sozialer Probleme als auch hinsichtlich von Hilfe und Unterstützung bei der Lösung dieser Probleme. Wie ist es mit dem Raum (der Lebenswelt), ist er eigentlich – wie es auch unserem Alltagsverständnis entspräche – physisch gegeben oder auch konstruiert? Irgendwie beides! Denn auch hier kommt es auf die Perspektive an: Für Betroffene ist der Raum mehr als real (er wirkt pseudokonkret). Dieser nimmt insbesondere dann eine immer mehr seinsmäßige (ontologische) Qualität an, wenn sie diesem körperlich (!) nicht entfliehen können. Inhaftierte, chronisch Kranke und Behinderte oder auch Ghettoisierte erleben den Raum – bzw. die Orte in diesem – insofern als physische Restriktion und indirekte Gewalt. Das oft nicht problemlose Leben lässt uns den Raum oft als etwas erfahren, das irgendwie bewältigt werden muss. Diesen zu bewältigenden Raum der (individuellen) Lebenswelt könnten sich Sozialplaner und Sozialarbeiter beispielsweise durch zu Beginn und am Ende der Hilfen erarbeitete *Bewältigungslandkarten* für soziale Räume anschaulicher machen.

Auch für *Raum* kann die funktionale Brille Interessantes beisteuern (vgl. im Folgenden Redeppening 2008, S. 329). Die gemeinsame Erfahrung des (jeweiligen) Raums führt nämlich sozial zu der Herausbildung von Raumsemantiken. Systemtheoretisch ist *hier/dort* die basale Raumdifferenz für Beobachter. An diese knüpfen in der Systemgeschichte elaboriertere Unterscheidungen an, je nachdem, wie diese Unterscheidung mit weiteren Unterscheidungen versorgt wird (z. B. im Fall von Räumen, die als *Container* konstruiert werden wie 'Nationalstaat'). Personen sind in Containermodellen drinnen *oder* draußen: *Raum*kommunikation ist daher immer Kommunikationsvermeidungskommunikation (im Gegensatz zur *Netzwerk*kommunikation. Weil Räume (als physisch erzwungene Barrieren) die Möglichkeit zu Kommunikationsabbruch mitführen, erfüllen sie jedoch eine unverzichtbare soziale Funktion: Man *muss* nun nicht mehr kommunizieren. Positiv betrachtet kommt dem Raum daher eine sozial ganz wichtige Coping- und Schutzfunktion zu: Jetzt kann man sich vor Kommunikation, vor zu viel – zuerst noch angenehmer – Gesellschaft schützen.

Coping (von engl. *to cope with)* bewältigen, überwinden

Bei Krankheit, Strafe, Behinderung oder anderen Arten von unfreiwilliger Immobilität werden Räume genau dadurch auch zu Exklusionsmaschinen: Ständiger Ausschluss durch Einschluss. Gewachsene Hilfenetzwerke werden so großen Zerreißproben ausgesetzt, und eine – zu oft irreversible – Vereinzelung und Isolation droht. Dank Zuordnung und segmentärer Verteilung von Personengruppen ('Ausländer' oder Wohnheime für 'Wohnungslose') auf bestimmte urbane Orte und Quartiere wird Raum – wirklich immer ungewollt? – als Exklusionsinstrument auf Dauer gestellt. Systemisch bleibt festzuhalten: Raum disponiert – durch die Errichtung von Schwellen (die zu Ein- und Ausgrenzung beitragen) – entscheidend über die Möglichkeiten zu Kommunikation und hat so auch großen Einfluss auf die Lebensführung unserer Bezugspersonen.

Betrachten wir nun die *sozialen Bezüge* als dritte Kategorie des Lebensweltansatzes. Lebenswelten gestalten sich zeitlich, räumlich und selbstverständlich in sozialen Bezügen. Die Menschen sind eingebunden in vielfältige Verwandtschafts-, Freundschafts- und Liebesbeziehungen, sind verwurzelt in einem vertrauten Feld von informellen und formellen, von privaten und öffentlichen Beziehungen. In diesem sozialen Feld bewegt sich die lebensweltorientierte Soziale Arbeit auf der Basis von dessen Belastbarkeit.

Die „Hilfe unterstützt die Menschen darin, Zeit und Raum zu strukturieren, soziale Beziehungen zu ordnen und die so problematischen Alltagshandlungen und Routinen im Denken und Handeln zu verflüssigen" (Thiersch; Grunwald; Köngeter 2002; 2005, S. 163).

Lebensweltliche Soziale Arbeit knüpft „Hilfe an Chancen an, die in den Ressourcen des sozialen Felds selbst angelegt sind und die im Ineinanderspiel von Personen und Situationen gegenseitig genutzt werden können (Thiersch; Grunwald; Köngeter 2002; 2005, S. 164).

Resümierend können wir an dieser Stelle zusammenfassen, dass die drei Kategorien Zeit, Raum und soziale Bezüge wichtige Perspektiven sind, um die Gestalt und die subjektive Konstruktion der Lebenswelten professionell zu betrachten. Denn Menschen leben in der Zeit, im Raum sowie eingebunden in sozialen Bezügen; ihr Leben gestaltet sich ausgehend von diesen Dimensionen, die sowohl von „außen“, also von der Umwelt, gewissermaßen objektiv wirken als auch von „innen“, kognitiv und emotional handelnd, also subjektiv gestaltet werden.

Die kausale Frage

Hinsichtlich der kausalen Ebene sollen im Folgenden insbesondere die Gründe betrachtet werden, die belegen, warum eine lebensweltorientierte Soziale Arbeit in der aktuellen gesellschaftlichen Situation angemessen erscheint. Dazu werden wir insbesondere vier Ursachen skizzieren, die sich zugleich auch auf die drei sozialen Dimensionen Interaktion, Organisation und Gesellschaft beziehen lassen.

Erste Ursache – die zweigeteilte Gesellschaft: Diese Theorie der Sozialen Arbeit verweist – wenn auch nicht immer explizit, so zumindest implizit – auf das Gesellschaftsmodell, das vom Sozialphilosophen Jürgen Habermas (1981) entwickelt wurde. Demnach können wir davon ausgehen, dass sich unser Sozialsystem gleichzeitig in zwei wesentliche Bereiche funktional ausdifferenziert: *Zum einen* in die Lebenswelt und *zum anderen* in das System. Habermas macht dafür die Ausbildung von → symbolisch generalisierten Kommunikationsmedien verantwortlich.

!

Symbolisch generalisierte Kommunikationsmedien

sind Medien, die gegenüber der sprachlichen Kommunikation eine Entlastungs- und Vereinfachungsfunktion haben (z. B. Geld, Macht, Recht).

Sie werden von Habermas auch als Steuerungsmedien bezeichnet, da sie seiner Ansicht nach die Funktion haben, das Verhalten und Handeln von Akteuren zu steuern.

Mit Lebenswelt ist in Ergänzung zu dem dazu bereits Gesagten die private bzw. vertraute Welt der Subjekte gemeint. Hier spielen die zwischenmenschlichen Beziehungen, in denen sich die Menschen miteinander *verständigen*, in denen sie ihren Alltag gestalten, die zentrale Rolle. Es geht dabei immer auch um moralische und normative Fragen des Zusammenlebens, der sozialen Kontinuität und des gegenseitigen Austauschs. System meint demgegenüber die verwaltete Welt der formalen Institutionen, in denen es etwa um Macht (Politik), um Recht (juristisches System) und um Geld (Wirtschaft) geht.

Die Systemwelt hat sich im Zuge der gesellschaftlichen Evolution aus der Lebenswelt heraus entwickelt und – wie bereits Max Horkheimer (1967) differenziert dargestellt hat – mehr und mehr von ihr abgehoben und verselbstständigt. Auch die Soziale Arbeit ist letztlich eingewoben in die Systemwelt und tendiert dazu, die Erwartungen der genannten politischen, rechtlichen und wirtschaftlichen Systeme zu bedienen. Habermas (1981, S. 522 ff.) formuliert das sehr drastisch, wenn er sagt, dass die Soziale Arbeit dazu tendiert, die Lebenswelten zu kolonialisieren – im Sinne einer von außen oktroyierten und entsprachlichten Verrechtlichung und Ökonomisierung lebensweltlicher, d.h. verständigungsorientierter sprachlicher Interaktionsformen. Es werde „ein Netz von Klientenverhältnissen über die privaten Lebensbereiche aus[ge]breitet“ (ebd., S. 534), innerhalb dessen Professionelle stigmatisieren, pathologisieren, disziplinieren oder normalisieren. Effekt dieser Kolonialisierung sei nicht Hilfe, sondern viel eher Anpassung an das, was das System von den Menschen verlange – heute vor allem Eigenverantwortung und Flexibilität sowie äußerst schnelle Assimilation in eine sich rasant verändernde globale Gesellschaft. Die Lebensweltorientierung ist eine Theorie, die von diesem Zusammenhang ausgeht und als praktische Strategie intendiert, der lebensweltlichen Kolonialisierung durch die Soziale Arbeit entgegenzuwirken.

Zweite Ursache – die lebensweltlich pluralisierte und individualisierte Gesellschaft: Thiersch geht von so genannten Pluralisierungs- und Individualisierungsprozessen aus.

> „In unserer Gegenwart ist Lebenswelt bestimmt ebenso durch *Ungleichheiten in den Ressourcen, in unterschiedlichen Deutungs- und Handlungsmustern* wie durch *Widersprüchlichkeiten,* wie sie sich im Zeichen zunehmender Pluralisierung und Individualisierung von Lebensverhältnissen und im Zeichen der neuen Vergesellschaftungsansätze abspielen“ (Hervorhebungen im Original; Grunwald/Thiersch 2001; 2005, 1140).

Pluralisiert sind die heutigen Lebensverhältnisse, weil eine

> „Unterschiedlichkeit von Lebensstrukturen, [eine] Unterschiedlichkeit von Strukturen in Stadt und Land, für Ausländer, Übersiedler und ‘eingeborene’ Deutsche, für Jungen und Mädchen“ (Thiersch 1992, S. 20) besteht.

Gleichsam kommt es zu einer Vervielfältigung von Möglichkeiten des privaten sozialen Zusammenlebens mit unterschiedlichsten Normen und Werten. Dies zeigt sich etwa an den unterschiedlichen Formen des partnerschaftlichen und familiären Zusammenlebens. Mit Individualisierung ist angesprochen,

> „daß tradierte Lebensformen und Deutungsmuster in ihrem Verständnis brüchig werden und sich damit neue, offenere Möglichkeiten der Lebensführung für Gruppen und für einzelne ergeben“ (ebd.).

Genau genommen geht es hier um die Möglichkeiten und Chancen sowie um die Gefahren und Risiken der Selbstkonstruktion der eigenen Subjektivität und Biografie, die die verstärkte Übernahme von Verantwortung für die eigenen Entscheidungen mit sich bringen. Lebensweltorientierung geht von diesen Phänomenen aus, akzeptiert die Unterschiedlichkeit des sozialen Zusammenlebens und die damit einhergehende Relativität der Normen und Werte und inszeniert Solidarität, wo die Individualisierungsprozesse diese auszuhöhlen drohen.

Dritte Ursache – die tendenzielle Angebotsorientierung von Organisationen: Sozialarbeiterische Organisationen tendieren dazu, statt adressaten- bzw. nachfrageorientiert anzusetzen, eine Angebotsorientierung auszubilden. Demnach entwickeln die Organisationen Strategien zur Anpassung der Adressaten an ihre Strukturen, obwohl es umgekehrt intendiert wird. Hilfe bekommt nur derjenige, der in der Lage ist, sich den sozialarbeiterischen Organisationen anzupassen und ihre Erwartungen und Bedingungen zu erfüllen (Abbildung 17).

Abb. 17 Hilfe, die an Bedingungen geknüpft ist

Aus diesem Grund beschäftigt sich die lebensweltorientierte Soziale Arbeit zu Recht mit der Entwicklung von Organisationen, die

- *ambulante Hilfe* vorrangig gegenüber stationären Hilfen zu realisieren versuchen,
- sich gegenüber *den Lebenswelten öffnen* und sich dort (im Raum) ansiedeln, wo sie gebraucht werden und dann (zeitlich) öffnen, wenn es den Adressaten möglich ist, sie zu erreichen,
- ihre *Programme und Methoden an die Lebenswelten anpassen* (wieder Abbildung 17) und sich hinsichtlich ihrer Leistungen flexibilisieren.

Vierte Ursache – die asymmetrische professionelle Interaktion: Lebensweltorientierte Soziale Arbeit befasst sich mit der Entwicklung einer aushandlungsorientierten Interaktion:

„Was gelten soll, muß ausgehandelt werden; Aushandlung ist das Medium, in dem das Profil von Lebensräumen und Bewältigungsmustern bestimmt werden muß" (Grunwald/Thiersch 2001; 2005, S. 1140).

Denn die klassische professionelle Interaktion tendiert dazu, einseitige Asymmetrien, Hierarchien zwischen Laien (Klienten) und Experten (professionellen Sozialarbeitern) zu etablieren, die es verunmöglichen, sich konstruktiv und für die Adressaten nützlich auf deren lebensweltliche Bezüge einzulassen. Daher wird daran gearbeitet, eine professionelle Interaktion zu etablieren, die sich in einer strukturierten Offenheit vollzieht. Professionelle *strukturieren* die Interaktion freilich, aber die *Inhalte und die Themen*, die besprochen werden, sind lebensweltlich von den Klienten kommend. Hilfeprozesse werden demnach vornehmlich in Dialogen, Diskursen und Verständigungen bzw. durch Aushandlungen vollzogen, also in der Kommunikationsform, der der Lebenswelt am ehesten entspricht.

Die aktionale Frage

Wie sicherlich bereits augenscheinlich wurde, ist die lebensweltorientierte Perspektive ausgesprochen praxisbezogen bzw. handlungsorientiert. Die grundsätzliche Leitorientierung besteht diesbezüglich darin, Respekt gegenüber der Eigensinnigkeit von Lebenswelten zu zeigen. Die weiteren zentralen Postulate sollen kurz aufgeführt und erläutert werden:

- **Pragmatisch agieren** – in Bezug auf die Zeit, den Raum und die sozialen Bezüge. Hierbei geht es darum, die Adressaten – auch mittels pädagogischer Strukturierung – dabei zu unterstützen, passend mit ihrer Zeit, ihren Räumen und ihren sozialen Bezügen umzugehen, beispielsweise bei der Entwicklung und der Aufrechterhaltung von Alltagsstrukturen und -kompetenzen in Familien, etwa beim Aufstehen, Essen, Wirtschaften oder in der Freizeit.

- **Unterstützung zur Lebensbewältigung:** Es soll vor allem darauf hingewirkt werden, passende Selbst- und Lebenskonzepte zu finden, um sich in der pluralisierten und individualisierten Gesellschaft zurechtzufinden, die gerade dort hohe Anforderungen an die Subjekte stellt, wo es um die Entwicklung von eigenen Biografien und Lebensentwürfen geht.

- **Aushandlungsorientiertes Definieren von Problemen und Planen von Hilfen:** Diagnosen und Indikationen von Hilfen sollen gemeinsam mit den Adressaten entwickelt werden. Darüber hinaus gilt es, grundsätzlich die Verhältnisse und Ressourcen der Adressaten zu berücksichtigen.

- **Allgemeine Prävention:** Fallorientierten Hilfen bzw. der Entstehung von sozialen Problemen soll vorgebeugt werden durch die Schaffung gerechter Lebensverhältnisse und die Gestaltung von passenden Erziehungskontexten.

- **Spezielle Prävention:** Es soll vorausschauend geholfen werden, d.h. bevor sich schwierige Lebensverhältnisse in chronischen Krisen zuspitzen und verfestigen.

- **Alltagsnähe:** Mit diesem wichtigen Postulat der Lebensweltorientierung wird intendiert, dass die Hilfen unmittelbar dort präsent sind, wo sie gebraucht werden, dass die Angebote mithin gut erreichbar und niedrigschwellig sind sowie an den Lebenserfahrungen der Adressaten anschließen.

- **Integration:** Hiermit wird das Postulat erhoben, dass die Soziale Arbeit dazu beiträgt, Lebenswelten ohne Ausgrenzung, Unterdrückung und Gleichgültigkeit zu gestalten.

- **Partizipation:** Damit ist das bereits mehrfach erwähnte Prinzip gemeint, dass alle Möglichkeiten der Beteiligungs- und Mitbestimmungsmöglichkeiten der Klienten hinsichtlich der Hilfeprozesse genutzt werden sollen. Auch hier heißt der zentrale Prozess: interaktives Aushandeln.

- **Dezentralisierung/Regionalisierung und Vernetzung:** Die Organisationen sind kleinräumig zu gestalten, und zwar an den Orten, wo sie von denen, die sie benötigen, am ehesten erreicht werden können. Trotz dieser räumlichen Differenzierung ist auf eine vernetzte Struktur der regionalisierten Dienste zu achten.

Nach dieser knappen Zusammenfassung wichtiger aktionaler Postulate der Lebensweltorientierung soll abschließend in tabellarischer Form zusammengeführt werden, wie sich diese Theorie im Kinder- und Jugendhilferecht wiederfindet.

Tab. 3 Lebensweltorientierung im SGB VIII (KJHG)

Lebensweltorientierung im achten Sozialgesetzbuch (SGB VIII) zusammengestellt von Matthias Müller	
SGB VIII	**Zielstellung / Perspektiven / Postulate** (vgl. Münder u. a. 1998)
Allgemeine Vorschriften: Recht auf Erziehung, Elternverantwortung, Jugendhilfe (§ 1)	*Akzeptanz der Adressaten in ihren Lebenslagen.* Soziale Arbeit setzt bei den vorhandenen Erfahrungen und Fähigkeiten (*Ressourcen*) und nicht bei den Defiziten an. Jugendhilfe ist nicht antragsabhängig, sondern muss bei Bekanntwerden des Jugendhilfebedarfs einsetzen *(Abbau institutioneller Schwellen).*
Leistungen der Jugendhilfe: Jugendarbeit (§ 11)	Es ist eine *kleinräumige und lebensweltorientierte Angebotsstruktur* in der Jugendarbeit zu entwickeln. Lebensbereiche wie Arbeit, Familie, Schule etc. müssen dabei berücksichtigt werden. Sie sind zentral für junge Menschen und beeinflussen die *Integration in die Erwachsenenwelt.*
Hilfe zur Erziehung (§§ 27ff.)	Der Blick für die Auffälligkeiten von Kindern und Jugendlichen wird auf das *soziale Umfeld* und somit auf deren *lebensweltliche Bedingungen* gelenkt. Der *herzustellende Lebensweltbezug gilt für alle Hilfen*, auch für Heimunterbringungen (§ 34), d.h. bei Unterbringungen müssen die regionalen und sozialen Bezüge von Kindern und Jugendlichen sowie deren Familien mit einbezogen werden.
Hilfeplanung (§ 36)	Bei der Inanspruchnahme von Leistungen (nach den §§ 27ff.) sind die jungen Menschen und die Personensorgeberechtigten so zu beteiligen, dass die gewählte Hilfeform ein Ergebnis des Aushandlungs- und Verständigungsprozesses unter der größtmöglichen Berücksichtigung der Interessen aller an der Hilfe Beteiligten darstellt *(Partizipation).*
Träger der Jugendhilfe, *Zusammenarbeit,* *Gesamtverantwortung:* Jugendhilfeausschuss, Landesjugendhilfeausschuss (§ 71)	Der Jugendhilfeausschuss hat die Aufgabe, *ressortübergreifend* zu agieren. Seine Querschnittfunktion kann etwa die Beschäftigung mit Arbeitsmarkt-, Umwelt- und Raumplanungspolitik im Bezug auf die Kinder und Jugendliche bedeuten.
Gesamtverantwortung, Grundausstattung (§ 79) Jugendhilfeplanung (§ 80)	Die Gesamtverantwortung für die Umsetzung des Jugendhilferechts obliegt dem Jugendamt, somit auch die Verantwortung dafür, dass Einrichtungen und Veranstaltungen den *jeweiligen örtlichen Mitteln und Adressaten angepasst sind.*
Zusammenarbeit mit anderen Stellen der und öffentlichen Einrichtungen (§ 81)	Im Rahmen der Planungsverantwortung des öffentlichen Trägers der Jugendhilfe ist bei der Bedarfsfeststellung die *Beteiligung der Betroffenen* zwingend – unter der Zielvorgabe, die *unterschiedlichen Lebenslagen der Adressaten zu berücksichtigen* sowie Kinder- und Jugendhilfe *orts- und bürgernah* zu organisieren. Junge Menschen müssen in ihrer *Ganzheitlichkeit* betrachtet werden, deshalb ist Kinder- und Jugendhilfe auch immer im *Zusammenhang mit anderen Sozialisationsbereichen* zu sehen, z.B. mit Schulen, Stellen der beruflichen Aus- und Weiterbildung, Stellen des öffentlichen Gesundheitsdienstes, Stellen der Bundesanstalt für Arbeit, Trägern anderer Sozialleistungen, Polizei, Justizvollzugsbehörden etc.

Und natürlich hat auch das Konzept der Lebensweltorientierung seine Schattenseiten. Zur Ambivalenz von Lebensweltorientierung lassen wir seine Autoren selbstkritisch zu Worte kommen (Grunwald/Thiersch 2001; 2005, S. 1146):

> „Die Intention einer direkten, der Situation angepassten, individualisierten und leicht zugänglichen Hilfe hat als Kehrseite Formen der Präsenz der Sozialen Arbeit in der Lebenswelt, die die Schreckensvision einer gleichsam professionell durchsetzten und damit professionell gedeuteten und kontrollierbar werdenden sozialen Wirklichkeit als Gefahr heraufbeschwören. Nun steht die Intention von Hilfe und Unterstützung in den lebensweltlichen Verhältnissen nicht zur Diskussion; gegen die in ihr liegende Gefahr aber braucht es das deutliche, offensive und selbstkritische Insistieren auf der Intention von Lebensweltorientierung, in der der Respekt vor der Eigensinnigkeit von Lebensverhältnissen sich in der Sicherung der Mitbestimmungs-, Einspruchs- und Verweigerungsrechte der Adressatinnen ebenso repräsentiert wie professionell-institutionelle Selbstkritik und Takt als Respekt und Zurückhaltung angesichts der Eigensinnigkeit von Lebensverhältnissen."

Wir lesen diese interessante Aussage unter anderem als Bestätigung der praktischen Wichtigkeit und Richtigkeit des systemischen 'Eigensinnigkeits-Theorems' *Autopoiesis.* Zudem dient sie uns als Vorführung von prominenter Stelle für die subjektiv und sozial unaufhebbare *Ambivalenz der Sozialen Arbeit.*

5. Exkurs: Sozialraumorientierung als Theorie der Sozialen Arbeit

Als eine der innovativsten Theorie- und Methodenperspektiven hat sich seit Anfang der 1990er Jahre die Sozialraumorientierung etabliert. Wolfgang Hinte, Frank Früchtel und Wolfgang Budde können als Protagonisten dieses Ansatzes betrachtet werden, denen es darum geht, sowohl die Theorie als auch die Praxis der Sozialen Arbeit durch Sozialraumorientierung voranzubringen (siehe ins-besondere Budde/ Früchtel/Hinte 2006; Hinte/Treeß 2007; Früchtel/Cyprian/Budde 2007a, 2007b; Haller/Hinte/Kummer 2007; für weitere Perspektiven dazu auch Kessl/Reutlinger 2007). Im Folgenden geht es uns – wie auch bei den anderen Theorieexkursen – eben nicht darum, die Gesamtheit dieses Ansatzes zu präsentieren; es sollen wie angekündigt zentrale phänomenale, kausale und aktionale Dimensionen dieses Theorieprogramms skizziert werden.

Die phänomenale Frage

Aus der Distanz fällt zunächst auf, dass die Begriffe „Sozialraum" und „Sozialraumorientierung" in der Praxis der Sozialen Arbeit inzwischen häufig verwendet werden, dass aber nur selten eindeutige Definitionen zu vernehmen sind, die deutlich machen können, worum es dabei überhaupt geht. Mindestens *drei* unterschiedliche Verwendungskontexte des Sozialraumbegriffs lassen sich ausfindig machen:

- Erstens wird hinsichtlich von *Verwaltungs- und Zuständigkeitsräumen sozialer Dienstleister* von Sozialräumen gesprochen; hier geht es um die Frage, welche Einrichtungen für welche geographischen Regionen, nun: Sozialräume „zuständig" sein sollen.

- Zweitens scheint der Begriff der „Sozialraumorientierung“ verwendet zu werden für Perspektiven, die vormals als *Gemeinwesen- oder Stadtteilarbeit* bezeichnet wurden; in dieser Hinsicht geht es um aktivierende Prinzipien und Methoden in der Sozialen Arbeit, um die Wohnbevölkerung bestimmter Regionen für Probleme zu sensibilisieren und mit ihnen gemeinsam Lösungsversuche zu initiieren.

- Drittens wird deutlich, dass „Sozialraumorientierung“ ebenfalls gebraucht wird, um den *Bezug auf subjektiv konstruierte Räume der Adressaten* zu veranschaulichen. Demnach wird davon ausgegangen, dass auch Räume nicht objektiv vorgegeben sind, sondern durch das individuelle und soziale Handeln der Menschen erst geschaffen werden. Jede/r erschließt sich somit seinen/ihren eigenen Raum bzw. seine/ihre eigenen Räume.

Bei genauer Betrachtung des Konzeptes kann sichtbar werden, dass alle drei Bedeutungsebenen des Räumlichen in dieser Theorie Verwendung finden. In diesem Sinne äußert sich etwa Stefan Gillich (2007, S. 168), wenn er schreibt, dass mit

„*Sozialraumorientierung* erstens Menschen (individueller Sozialraum), zweitens ein geographischer Sozialraum und drittens handlungsleitende Prinzipien gemeint [sind].“

	Fallbezogene Dimension	**Fallunspezifische Dimension**	**Metakonzepte**
Methodische Ebenen der Arbeitsformen	Lebenswelt Feld 1 Stärkemodell	Gemeinwesen-arbeit Feld 2 Fall-unspezifische Arbeit	Lebenswelt-orientierung ↕ Gemeinwesen-arbeit
Organisatorische Ebene der Steuerung	Organisationen der Sozialen Arbeit Feld 3 Flexibilisierung	Die Organisation der Sozialen Arbeit Feld 4 Raumbezogene Steuerung	Organisations-entwicklung ↕ Neue Steuerung

Abb. 18 Sozialraumorientierung I nach Budde/Früchtel

Weiterhin lassen sich die phänomenalen Perspektiven dieser Theorie, also ihre Blickrichtungen und Beschreibungsebenen, mit zwei von Budde und Früchtel (Abbildung 18) bzw. von Früchtel, Budde und Cyprian entwickelten Tabellen

(Tabelle 4) veranschaulichen. In der ersten Tabelle werden insbesondere die interaktionalen (Felder 1 und 2) und organisatorischen Ebenen (Felder 3 und 4) der Sozialraumorientierung veranschaulicht (siehe Abbildung 18; vgl. Budde/Früchtel 2006, S. 29).

Im *Feld 1* trifft sich die fallbezogene Dimension mit der methodischen Ebene der Arbeitsformen. Hier geht es um eine lebensweltorientierte Soziale Arbeit (siehe dazu den vierten Theorieexkurs), in der die Adressaten ausgehend von ihren Stärken bzw. Ressourcen gesehen werden. Dabei spielen insbesondere psycho-soziale Beratungskonzepte eine Rolle, wie sie in den letzten Jahrzehnten vor allem im systemischen und lösungsorientierten Ansatz sowie im Empowerment entwickelt wurden (vgl. Springer/Welbrink 2007).

Mit dem *Feld 2* wird der Blick erweitert in Richtung einer fallübergreifenden Dimension, in der die Gemeinwesenarbeit Pate steht. Hier geht es nicht mehr um konkrete Fälle, sondern um eine Perspektive, die ansetzt, bevor die Adressaten zu Fällen werden. Nicht mehr die Verhaltensweisen von Menschen sind im Visier der Arbeit, sondern die rahmenden sozialen Verhältnisse.

Das *Feld 3* leitet über zu organisatorischen Fragen der Steuerung und Entwicklung sozialarbeiterischer Träger, denen eine hohe Flexibilität im Einstellen auf die sich permanent verändernden Lebensbedingungen und Interessen der Adressaten abverlangt wird.

Mit dem *Feld 4* schließlich wird ein Prinzip bezeichnet, wie diese Organisationen zukünftig steuerbar sind, nämlich nicht über die gängige einzelfallbezogene Finanzierung in Form von Tages- oder Fachleistungsstundensätzen, sondern durch eine raumbezogene Steuerung, sprich: Durch Sozialraumbudgets.

In der folgenden Tabelle 4 wird die mehrdimensionale Perspektive der Sozialraumorientierung ebenfalls deutlich (vgl. Früchtel/Cyprian/Budde 2007b, S. 13).

Die Tabelle spricht für sich selbst. Erwähnt werden könnte noch, dass Früchtel, Cyprian und Budde ihr Modell nach den Anfangsbuchstaben ihrer vier phänomenalen Perspektiven benannt haben: SONI.

Die kausale Frage

Was sind nun die Gründe für eine sozialraumorientierte Soziale Arbeit? Welche Ursachen benennt diese Theorie selbst, wie erklärt sie ihre eigene Notwendigkeit und Passung? Dies sind die kausalen Fragen, die wir im Folgenden – zumindest ansatzweise – zu beantworten versuchen. Dabei orientieren wir uns an den *drei* Ebenen Interaktion, Organisation und Gesellschaft.

Interaktion: Warum ist also hinsichtlich der sozialarbeiterischen *Interaktion* eine sozialraumorientierte Perspektive notwendig? Dazu möchten wir zwei Antworten anbieten.

Tab. 4 Sozialraumorientierung II nach Früchtel / Cyprian / Budde

Sozialstruktur Strukturbezug statt Individualisierung von sozialen Problemen. *Die gesellschaftliche Ebene*	**Organisation** Regionale Flexibilisierung und Inklusion statt funktionale Differenzierung und Standardisierung. *Die organisatorische Ebene*
Netzwerk Feldbezug statt Verengung auf den „Fall". *Die interaktionelle Ebene*	**Individuum** Stärkemodell der Aneignung statt Bedarfsmodell des Hilfeempfängers. *Die interaktionelle Ebene*

Die *erste* kausale Antwortet lautet: Weil die Soziale Arbeit eine professionelle Interaktion benötigt, die im Kontext der Lebenswelten der Klienten von deren *Willen* und *persönlichen* wie *sozialen* Ressourcen ausgeht. Gerade auf der interaktionalen Ebene tendiert die Soziale Arbeit permanent dazu, ihren Auftrag zu gefährden, nämlich Hilfe zur Selbsthilfe zu leisten (siehe Ackermann 2007). Denn die professionelle Interaktion schafft einen sozialen Kontext, in dem sich zwei Rollenmuster ausdifferenzieren: Professionelle / Experten und Klienten / Laien. Diese Asymmetrie zwischen den Hilfeleistenden und den Hilfeempfängern kann sich verfestigen und damit genau das verhindern, was sozialarbeiterische Hilfe intendiert: Die professionelle Beziehung wieder aufzulösen.

Insbesondere eine klassisch ansetzende Soziale Arbeit, in der von den Professionellen für die Klienten deren Bedarfe analysiert und die Probleme identifiziert werden, schafft etwas, das an anderer Stelle (vgl. Kleve 2008) der *interne Verweisungszusammenhang* der Sozialen Arbeit genannt wurde: Wenn sozialarbeiterische Hilfe einmal begonnen hat, dann identifiziert sie immer wieder neue Hilfebedarfe, und Klienten werden zu „Stammgästen" im Hilfesystem. Demgegenüber setzt die Sozialraumorientierung auf eher symmetrische Hilfebeziehungen. Klienten werden als Experten für ihr Leben gesehen. Die Konsequenz daraus lautet: Die Hilfen sollten ausgehend von *deren Willen* gestaltet werden.

Ein besonders radikales Beispiel für eine so konzipierte sozialarbeiterische Interaktion ist der aus Neuseeland kommende → Verwandtschaftsrat, der nach den Protagonisten der Sozialraumorientierung (insbesondere nach Frank Früchtel und Wolfgang Budde) die klassische Hilfeplanung ersetzen soll. Demnach werden die lebensweltlichen Netzwerke von Menschen als soziale Ressourcen in die Planung von Hilfe grundlegend einbezogen. Nicht die Professionellen erarbeiten die Ideen für Lösungen, sondern die Klienten und ihre sozialen Bezugspersonen selbst – freilich in einem von den Professionellen dafür eigens gesetzten förderlichen Rahmen (siehe ausführlich dazu Früchtel/Cyprian/Budde 2007a, S. 34ff.). Weil es eine neue und recht interessante Methode ist, wollen wir hier kurz die wichtigsten Aspekte des Verwandtschaftsrates aufführen (im Folgenden Früchtel/Budde 2006, S. 7f.):

!

Der Verwandtschaftsrat
ist eine Methode, die in radikaler Form versucht, die Bedingungen von Beteiligten für Lösungsplanungen zu realisieren, um so Kolonialisierungsrisiken durch Professionen und Verwaltungen entgegenzuwirken.

Das in Neuseeland entwickelte Verfahren der Hilfeplanung in der Jugendgerichtshilfe und in den Hilfen zur Erziehung beruht auf der Erkenntnis, dass klassische Hilfeplanungsverfahren zu expertenlastig sind und oft zu Ergebnissen führen, die besser zu den Hilfsorganisationen und Fachkräften passen als zu den Beteiligten. Familien sind aber in den allermeisten Fällen durchaus selbst imstande, Lösungen zu entwickeln. Ob das gelingt, hängt jedoch davon ab, dass einige Rahmenbedingungen erfüllt werden können:

- Die am Prozess beteiligte Familiengruppe (Verwandte, aber auch gute Freunde) ist genügend groß.
- Es gelingt, die Problemlösungskultur der Familiengruppe zu erfassen und ihr Raum zu geben.
- Die Fachkräfte dürfen bei der Lösungsentwicklung selbst nicht mittun, ja nicht einmal dabei sein.
- Zwischen den Fachkräften existiert eine strikte Arbeitsteilung: Das Jugendamt stellt die Probleme dar und formuliert einen entsprechenden Lösungsauftrag. Der aus einer anderen Organisationseinheit stammende Koordinator wacht nur über die Prinzipien des Verwandtschaftsrates, mobilisiert viele Leute zur Teilnahme und tut alles, damit der Prozess ein Heimspiel der Familie wird.
- Darüber hinaus verfügen die Professionellen über die notwendigen Kenntnisse über fallunspezifische Ressourcen, dass sich Netzwerklücken der direkt Beteiligten durch Ressourcen des Sozialen Raumes schließen lassen.

Diese Form der Hilfeplanung erfordert also von den Fachkräften die Einnahme einer völlig neuen Haltung – einer Haltung, die es ermöglicht, eigene Vorstellungen und Lösungsideen zurückzustellen bzw. gänzlich fallen zu lassen, sich vollkommen auf das einzulassen, was die Betroffenen selbst entwerfen.

Die *zweite* kausale Antwort hinsichtlich der interaktiven Ebene: Sozialraumorientierung stellt eine passende Theorie Sozialer Arbeit dar, weil sie dabei hilft, die sozialen Verhältnisse von vornherein bei der Beschreibung und Erklärung von Problemen einzubeziehen. Die sozialraumorientierte Perspektive verortet die Adressaten Sozialer Arbeit in die sie einbettenden sozialen Räume (Beziehungen,

Familien, Gemeinwesen etc.). Innerhalb der Sozialraumorientierung wird also „der Fall im Feld“ (Hinte) betrachtet, innerhalb einer sozialen Umwelt, die als Sozialraum oder auch ganz klassisch als Gemeinwesen bezeichnet werden kann. Die Orientierung am Gemeinwesen bzw. am Sozialraum hat *vor* der Betrachtung des Einzelfalls Priorität, weil es so bestenfalls gelingt, innerhalb der sozialen Umwelt der Klienten präventiv zu arbeiten, so dass sich die Wahrscheinlichkeit des Entstehens von Fällen nachhaltig verringert. Beginnt die Fallarbeit jedoch, ist in der Interaktion von Anfang an eine der wichtigsten Ressourcen das, was an sozialen Beziehungen und Unterstützungsmöglichkeiten im sozialen Raum entdeckt und woran konstruktiv angeschlossen werden kann. Diese Perspektive ist deshalb so wichtig, weil die Soziale Arbeit (insbesondere auch aufgrund ihrer rechtlichen Rahmenbedingungen) vor allem individuelle Hilfebedarfe benennt, um davon ausgehend individualisierte Lösungen anzubieten. Die klassische Orientierung, Personen in der Situation bzw. ihrer Umwelt zu sehen und gleichfalls die Umwelt in die Interventionen mit einzubeziehen, wird tendenziell vernachlässigt. Genau hier bietet die Sozialraumorientierung alternative Konzepte.

Organisation: Wechseln wir die soziale Ebene, kommen wir zur *Organisation*. Auch diesbezüglich sollen zwei Gründen für die Bedeutung des sozialraumorientierten Theorieansatzes erwähnt werden.

Der *erste* Grund, der für einen sozialraumorientierten Blick spricht, ist der, dass sozialarbeiterische Organisationen zu einer problematischen Angebotsorientierung neigen. Dadurch wird verhindert, dass individuelle oder soziale Probleme tatsächlich gemäß den Bedürfnissen und Interessen der Adressaten angegangen werden können. Vielmehr führt diese Orientierung dazu, Klienten in vorgeformte Standards zu pressen, beispielsweise in bestimmte Paragraphen des Kinder- und Jugendhilferechts (SGB VIII). Die Frage, die die sozialraumorientierte Perspektive nun eröffnet, ist, *wie* Organisationen der Sozialen Arbeit beschaffen sein müssen, damit eine am Willen, den Stärken und den Kompetenzen der Klienten ausgerichtete Soziale Arbeit überhaupt möglich werden kann. Hier lautet die Antwort, dass sich lernende Organisationen etablieren müssten, die sich mit ihren Aufgaben verändern. Eine zentrale Forderung ist demnach, dass die gängige Angebotsorientierung in der Sozialen Arbeit in Richtung Nachfrageorientierung umgewandelt wird.

So sollen also nicht die Gesetze des SGB VIII bestimmen, wie Klienten hinsichtlich ihrer Unterstützungsbedarfe beschrieben werden, sondern umgekehrt. Die Klienten mit ihren Bedürfnissen, Interessen und Willensbekundungen sollen Dreh- und Angelpunkt sein für das, was an Hilfe – auch quer zu den „Säulen“ des SGB VIII – konstruiert und realisiert wird. Nur so sind die vielfach geforderten ‘Maßanzüge’ für Hilfen herstellbar. Die Struktur von passgenauen Hilfen kann zwar manchmal deckungsgleich sein mit den Angeboten des SGB VIII, wahrscheinlicher ist jedoch, dass diese Struktur quer liegt zu diesen Säulen, etwa quer zu den §§ 27ff. SGB VIII (Hilfen zur Erziehung). Noch einmal prägnanter zusammengefasst: Eine sozialraumorientierte Soziale Arbeit ist notwendig, weil sie dabei hilft, organisatorische Strukturen einzufordern und zu entwickeln, die sich nicht nur an den eigenen organisatorischen Logiken, sondern vor allem auch an den ‘Logiken der Fälle’ orientieren.

Der *zweite* Grund für einen sozialraumorientierten Theorieblick auf der Ebene der Organisationen ist die finanzielle Steuerung, die in der Sozialen Arbeit in der Regel nicht sehr intelligent ist. Was sich in einer kapitalistischen Gesellschaft nicht verändern lässt, ist der Einsatz von Geld als zentralem Steuerungsmedium. Ein solches Steuerungsmedium ist beispielsweise jenes Geld, welches von den öffentlichen zu den freien Trägern fließt als Bezahlung für deren Leistungen, die im gesetzlichen Auftrag des Staates und delegiert an die freien Träger von diesen aus-, durchgeführt, vollzogen werden. Allerdings erfolgt die Bezahlung derzeit in der Regel über so genannte Fachleistungsstunden- oder Tagessätze. Die Anzahl der Stunden, die mit den Klienten gearbeitet wird, bestimmt die Menge des Geldes, das bei den freien Trägern eingeht. Gemessen wird also rein ökonomisch lediglich die zeitliche Quantität. Dies führt dazu, dass sich hinter dem Rücken der helfenden Akteure, hinter dem Rücken der Sozialarbeiter organisatorische Strukturen einstellen, die es attraktiv machen, möglichst lange mit den weniger komplizierten und weniger aufreibenden Fällen zu agieren. Und wenn der Nachschub an Fällen mal ins Stocken gerät, weil der öffentliche Träger aufgrund finanzieller Engpässe zum Sparen angehalten ist, dann kann es schon mal vorkommen, dass der freie Träger aus existenziellen Gründen an Fällen festhalten muss, die möglicherweise schon beendet werden könnten.

Dies ließe sich möglicherweise durch eine alternative Finanzierungsform, die mit der Sozialraumorientierung vielfach vorgeschlagen wird, aushebeln: Mit den – scheinbar rechtlich problematischen – Sozialraumbudgets. Hiermit lassen sich Träger fallunabhängig finanzieren mit der Vorgabe, dass sie ein Budget bekommen und mit diesen Mitteln über einen festgelegten Zeit- und Sozialraum alle Fälle übernehmen müssen. Es wird u. E. schnell deutlich, dass Träger unter diesen Voraussetzungen fachlich und ökonomisch andere Schwerpunkte setzen würden als Träger, die einzelfallfinanziert sind. Die präventive Arbeit, also zu verhindern, dass überhaupt Fälle entstehen, würde attraktiver werden; ein größeres Gewicht läge in der *Nachhaltigkeit* der Arbeit, um zu verhindern, dass ehemalige Fälle erneut zu Fällen werden.

Gesellschaft: Kommen wir schließlich zur *gesellschaftlichen Ebene*. Hier können wir ausgehend von den Konzepten der Sozialraumorientierung die These entwickeln, dass eine ernsthafte Implementierung der Sozialraumorientierung das gesellschaftliche System der Sozialen Arbeit verändern wird. Warum? Nun, Soziale Arbeit realisiert sich im klassisch modernen Sinne funktional differenziert, sie dreht sich als gesellschaftliches System vor allem um die eigene Achse; genau dies lässt sich mit dem systemtheoretischen Konzept der selbstreferentiell-geschlossenen bzw. autopoietischen Operationsweise darlegen (siehe dazu den dritten Theorieexkurs). Demnach ist das System vor allem darauf orientiert, die eigene systemische Dynamik und Expansion auf Dauer zu stellen. Die Effekte, die es für die gesellschaftliche Umwelt produziert, werden systematisch ausgeblendet, weil das System seine eigene Perspektive totalisiert. Ein solcher Effekt ist beispielsweise das so genannte Hilfeparadox, dass Soziale Arbeit statt nachhaltig und konstruktiv in Richtung Problemlösung zu helfen, potenziell dazu beitragen kann, dass sich die Problemstrukturen verfestigen, dass die Klienten ihre Probleme und deren Lösung an die Helfer delegieren und von diesen abhängig werden.

In Ergänzung dazu offenbart sich mit der Sozialraumorientierung eine reflexive Differenzierungsstrategie der Sozialen Arbeit (vgl. ausführlich Kleve 1999/2007, S. 195 ff.). Demnach würde die Soziale Arbeit verstärkt beginnen zu beobachten, welche Wirkungen ihre Leistungen in ihrer Umwelt, z. B. in den Lebenswelten der Klienten zeitigen. Sie würde versuchen, problematischen Wirkungen entgegenzusteuern. Eine Soziale Arbeit, die neben der funktionalen Differenzierungsstrategie Reflexion anstrebt, hält sich permanent offen für Veränderungen und hat ihr zentrales Ziel im Blick: Klienten in Richtung Selbsthilfe zu stärken und nachhaltig zu unterstützen.

Eine solche sozialarbeiterische Orientierung könnte Diskurse aufnehmen, die bereits in den 1970er Jahren als Kritik an der grenzenlosen Ausdehnung „professioneller Entmündigungssysteme“ geführt wurden:

> „Die neuen Spezialisten (wie Erzieher, Ärzte und Sozialarbeiter; d. A.), die nichts anderes tun, als solche menschlichen Bedürfnisse zu befriedigen, die ihre Zunft erst erfunden und definiert hat, kommen gern im Namen der Liebe daher und bieten irgendeine Form der Fürsorge an“ (Illich 1977; 1979, S. 14).

Wesentlich an dieser Kritik war bereits damals der Ruf nach der ‘Systembegrenzung’ professioneller Dienstleistung und der Suche nach möglichen Alternativen, die zur nachhaltigen Stärkung der Kompetenzen und Selbsthilfekräfte der Bürgerinnen und Bürger führen.

Problematisch an einem solchen Diskurs ist heute jedoch, dass er ganz schnell verwechselt wird mit neoliberalen Forderungen einer Zurückdrängung des Staates zugunsten von mehr Markt. Hier wird jedoch alles andere gefordert als die Ausdehnung der Marktwirtschaft! Vielmehr lautet unsere These, dass die marktförmige Organisation bio-psycho-sozialer Dienstleistungen in den Sozial- und Gesundheitsberufen zu einer ‘Verdinglichung’ des Menschlichen als monetär quantifizierbare Größe führt. Aufgrund dieser impliziten, hier explizit gemachten Kritik an modernen Prinzipien der Sozialen Arbeit könnte man daher sogar davon sprechen, dass die Sozialraumorientierung eine neue innovative *Kapitalismuskritik* innerhalb der Sozialen Arbeit darstellt (vgl. Kleve 2008).

Die aktionale Frage

Wie soll nun auf der praktischen Handlungsebene eine sozialraumorientierte Soziale Arbeit realisiert werden? Welche Strategien bieten die Protagonisten dieser Theorie der Praxis? Interessant ist, dass die Sozialraumorientierung ein sehr reichhaltiges Angebot an Methoden und Techniken gesammelt und systematisiert hat, um der Praxis Möglichkeiten an die Hand zu geben, um im Sinne dieser Theorie zu handeln. Wir weisen in diesem Zusammenhang noch einmal auf die vorzügliche theoretische und methodische Darstellung des Ansatzes von Früchtel, Cyprian und Budde (2007a, 2007b) hin. Im Folgenden möchten wir aber eher allgemeine Handlungsmaximen bzw. methodische Prinzipien darstellen, wie sie etwa Hinte (siehe

Hinte; Treeß 2007, S. 45ff.) immer wieder zu Recht formuliert:

- **Konsequenter Ansatz am Willen der Adressaten!** Entscheidend für eine sozialraumorientierte Soziale Arbeit ist, dass tatsächlich von dem ausgegangen wird, was die Klienten wollen. In diesem Zusammenhang wird etwa ein Wunsch von einem Willen unterschieden. Ein Wunsch ist eine Formulierung, mit der ein Mensch eine Erwartung zum Ausdruck bringt, deren Erfüllung er an einen anderen delegiert. Demgegenüber wird ein Wille als eine Formulierung verstanden, die ein Ziel in Reichweite bringt, das derjenige, der den Willen formuliert, auch selber, und zwar durch eigene Handlungen, zu erreichen trachtet. „Der *Wille* ist eine Haltung, aus der heraus ich selbst nachdrücklich Aktivitäten an den Tag lege, die mich dem Erreichen eines von mir erstrebten Zustandes näher bringen“ (ebd., S. 46). Die professionelle Arbeit hat in diesem Zusammenhang die Aufgabe, diesen Willen des Klienten zunächst zu erheben und sodann so zu konkretisieren, dass die einzelnen Schritte für dessen Realisierung deutlich werden.

- **Aktivierende Arbeit und Förderung der Selbsthilfe!** Unmittelbar verbunden mit der Orientierung am Willen ist das zweite Prinzip. Hier geht es darum, Eigeninitiative zu unterstützen und alle Potenziale der Selbsthilfe zu fördern. Dabei ist zunächst einmal zu sehen, dass Soziale Arbeit mitunter genau das Gegenteil von dem bewirkt, was gefordert wird: Sie deaktiviert teilweise und ist nicht selten einseitig auf Fremdhilfe ausgerichtet. Daher gilt es umzusteuern: „Sozialraumorientierung zielt nicht auf Fürsorge, sondern auf die Herstellung von Gerechtigkeit durch staatlich garantierte Unterstützung eigener Aktivität in möglichst selbstbestimmten Lebenszusammenhängen“ (ebd., S. 58). Unmissverständlich formuliert Hinte (ebd.), dass das Ziel Sozialer Arbeit nicht darin bestehen sollte, „die Gestrauchelten, vom Pech Verfolgten oder anderweitig Benachteiligte ‘wieder aufzurichten’, sondern darum, Arrangements zu schaffen, in denen Menschen in prekären Lebensverhältnissen unter gezielter und sorgfältig angesetzter öffentlicher Unterstützung möglichst aus eigener Kraft ‘ihr Leben leben können’“ (ebd.).

- **Konzentration auf die Ressourcen!** Soziale Arbeit ist aufgrund ihrer öffentlich-rechtlichen Struktur strukturell defizitorientiert. Es müssen Probleme und Symptome benannt werden, damit Soziale Arbeit anlaufen kann. Umso wichtiger ist es, in der methodischen Arbeit umzusteuern. Denn nur wenn Menschen fähig werden, auf eigene Stärken und auf die Ressourcen ihres näheren und weiteren sozialen Umfeldes zurückzugreifen, können sie ihre Schwierigkeiten lösen und ihre prekären Lebensumstände nachhaltig verbessern. Die sozialraumorientierte Soziale Arbeit besteht zum großen Teil darin, gemeinsam mit den Menschen deren Ressourcen zu erkunden und zu versuchen, diese für das Erreichen der Ziele der Klienten einzusetzen. Dabei werden vier Dimensionen von Ressourcen unterschieden: *Personengebundene Ressourcen* – etwa Eigenschaften, Fähigkeiten, Motivationen oder Erfahrungen von Personen; *soziale Ressourcen* – Beziehungen der Menschen, die stützend und förderlich sein können; *materielle Ressourcen* – finanzielle Möglichkeiten oder anderer Besitz und schließlich *infrastrukturelle Ressourcen* – etwa Einrichtungen im jeweiligen Gemeinwesen, die letztlich der Befriedigung von persönlichen und sozialen Bedürfnissen dienen.

- **Zielgruppen- und bereichsübergreifend ansetzen!** Soziale Arbeit schränkt sich oft selbst ein, sowohl hinsichtlich bestimmter Zielgruppen als auch hinsichtlich ihres begrenzten „sozialen Bereiches". Sozialraumorientierung fordert daher, die Grenzen zu sprengen. So geht es darum, die klassischen Barrieren etwa der Kinder- und Jugendhilfe, der Sozial- oder Arbeitslosenhilfe zu überschreiten: „Eine in manchen Projekten bedauerlicherweise vorgenommene Definition (um nicht zu sagen: Etikettierung) bestimmter Betroffenengruppen führt leicht zu einer engen, zielgruppenbornierten Arbeit, bei der übersehen wird, in welchem Ausmaß die Angehörigen der jeweiligen Gruppe in einem sozialräumlichen Kontext eingebunden sind" (ebd., S. 73). Die Grenzüberschreitung zeigt sich, indem „[u]nter Verzicht auf vorgängige Etikettierungen [...] die Aufmerksamkeit auf den gesamten Stadtteil und die gesamte Wohnbevölkerung gerichtet [wird]" (ebd.). Dabei spielt eben auch der Anschluss an nicht sozialarbeiterische Kontexte eine Rolle. Sozialraumorientierte Soziale Arbeit ist dann erfolgreich, wenn sie es schafft, Probleme der Lebensführung so anzugehen, dass die sozialen, materiellen und infrastrukturellen Ressourcen eines Gemeinwesen so zusammenfließen können, dass tatsächlich eine nachhaltige Unterstützung für Betroffene möglich wird, die sich bestenfalls „von selber" trägt, also nicht dauerhaft professionell „gemanagt" werden muss.

- **Kooperation und Abstimmung der professionellen Ressourcen!** Wenn Grenzen überschritten werden, dann sind freilich gemeinsame Absprachen notwendig, muss ein Miteinander organisiert und geplant werden. Genau dies ist mit diesem Prinzip gemeint. „Heute werden in gebietsbezogen angelegten Projekten über vielfältige Foren ('Vernetzung') im Wohnquartier tätige (professionelle und ehrenamtliche) Akteur/innen aus verschiedenen Bereichen angeregt, Absprachen zu treffen und Kooperationen bezogen auf Einzelfälle, Gruppierungen und Aktionen einzugehen und gemeinsame Projekte zu entwickeln und durchzuführen. In solchen Gremien können bedeutsame Weichen für die Arbeit im Quartier gestellt werden, und zwar häufig in einer tastenden, auf abgestimmten Einschätzungen beruhenden Art und Weise, aber durchaus zügig und schnell reagierend" (ebd., S. 76). Wichtig dabei ist jedoch, dass sich diese Vernetzungen *einfügen* in die sozialräumliche Struktur, dass sie ebenfalls von den Interessen und Bedürfnissen der Menschen ausgehen und nicht neue „abgehobene" Ebenen generieren, die eher zu einer professionellen Verfremdung als zu einer Lebensweltorientierung beitragen.

Weiterführende Literatur

Dialektik der Aufklärung

Horkheimer, Max; Adorno, Theodor W. (2006): Dialektik der Aufklärung. Philosophische Fragmente. 16. Aufl., Frankfurt/a. M.: Fischer Taschenbuch Verlag

Marcuse, Herbert (2005): Der eindimensionale Mensch. Studien zur Ideologie der fortgeschrittenen Industriegesellschaft. 5. Aufl., München: Deutscher Taschenbuch-Verlag

Lebensweltorientierung

Grunwald, Klaus; Thiersch, Hans (2008): Praxis lebensweltorientierter sozialer Arbeit. Handlungszugänge und Methoden in unterschiedlichen Arbeitsfeldern. 2. Aufl., Weinheim: Juventa-Verlag

Psychoanalyse

Freud, Sigmund (2004): Vorlesungen zur Einführung in die Psychoanalyse. 13., unveränd. Aufl., Frankfurt/ a. M.: Fischer-Taschenbuch-Verlag

Stemmer-Lück, Magdalena (2004): Beziehungsräume in der Sozialen Arbeit. Psychoanalytische Theorien und ihre Anwendung in der Praxis. Stuttgart: Kohlhammer.

Systemtheorie der Familie

Schlippe, Arist von; Schweitzer, Jochen (2003): Lehrbuch der systemischen Therapie und Beratung I. 9. Aufl., Göttingen: Vandenhoeck und Ruprecht.

Schlippe, Arist von (2004): Personzentrierung und Systemtheorie – Perspektiven für psychotherapeutisches Handeln. Göttingen: Vandenhoeck und Ruprecht.

Sozialraumorientierung

Früchtel, Frank; Cyprian, Gudrun; Budde, Wolfgang (2007): Sozialer Raum und Soziale Arbeit 1. Textbook: Theoretische Grundlagen. Wiesbaden: VS.

Früchtel, Frank; Cyprian, Gudrun; Budde, Wolfgang (2007): Sozialer Raum und Soziale Arbeit 2. Fieldbook: Methoden und Techniken. Wiesbaden: VS.

Werkstattnotizen

JVW: „Wir haben hier ein wenig über dialektisches Denken und Handeln nachgedacht. Der 'höchste' oder 'tiefste' – wie man möchte – Gegensatz Sozialer Arbeit ist sicher die unauflösbare Spannung zwischen Hilfe und Nichthilfe. Denn Hilfe macht hilflos – Nichthilfe aber auch! Unser Ansatz – der postmodernen Sozialen Arbeit – versucht nun, diese (u. v. a.) Differenzen freizuschaufeln. Denn diese Differenzen stellen für uns eben keine Probleme dar, die dialektischer Auflösung (Aufhebung) 'bedürfen'. Sondern wir nutzen Differenz, den Unterschied allgemein, als wichtigen Treibsatz und als Beziehungspotenzial, da sich gerade daraus Erkennen und Handeln erst aktualisieren können. Diese Position verliehe der Differenz zweifellos eine Ausnahmestellung, nicht nur in der Sozialen Arbeit. Mir scheint Differenz generell der Treibsatz schlechthin menschlicher Gesellschaft zu sein. Ich habe in letzter Zeit in der Werbung der Regionalbahn eine Anti-Gewalt-Kampagne gesehen. Ein Spot lautet: „Du kannst entscheiden!" (gegen Gewalt). Die grundlegend sozialpädagogische Botschaft scheint mir hier zu sein: 'Egal, was du tust – es wird einen Unterschied für uns, für dich machen'. Es wird also eine Unterscheidung, die einen Unterschied macht, angeliefert. Wäre dann „Willst du erfolgreich handeln, biete Unterscheidungen an" nicht ein schönes, universales Arbeitsmotto für uns Sozialarbeiterinnen und Sozialarbeiter?"

HK: „Ja, da stimme ich dir zu. Soziale Arbeit tritt ja immer dann auf den Plan, wenn es in einer und immer derselben Weise verläuft, die von unterschiedlichen Beobachtern als problematisch bewertet wird. Du kannst hier an unterschiedliche Kreisläufe oder auch Teufelskreise denken, etwa an die Kreisläufe von Armut und Verschuldung, von Erziehungsproblemen, von Gewalt in sozialen Beziehungen, von Schulproblemen etc. Sozialarbeiterinnen und Sozialarbeiter werden dann tätig, wenn aus diesen Kreisläufen kein einfaches Entrinnen möglich ist, wenn immer und immer wieder das passiert, was als problematisch eingeschätzt wird. Genau hier ist die Strategie dann: Erzeugung von Unterschieden, die für die Beteiligten der Teufelskreise Unterschiede machen, die es ihnen also ermöglichen, anders zu handeln und zu denken. Die Soziale Arbeit ist in dieser Hinsicht, um mit einem Buchtitel von Paul Watzlawick zu sprechen: „Die Möglichkeit des Andersseins". Wie dieses Andere dann konkret aussieht, ist nicht im Vorfeld bestimmbar, es sollte jedoch als weniger problematisch bewertet werden können als das, was Ausgangspunkt der sozialarbeiterischen Kommunikationen war."

JVW: „Ich bin ein wenig beunruhigt aufgrund des Tatbestandes, dass wir hier nur wenige Theorien beispielhaft durchleuchten konnten. Die jeweiligen Vertreter anderer Theorien werden uns das hoffentlich nicht persönlich übel nehmen (lacht). Z. B. wenn ich mal an das selbst ernannte 'Systemtheoretische Paradigma der Sozialen Arbeit' (vertreten von Silvia Staub-Bernasconi, Werner Obrecht, Kaspar Geiser und Christian Spatscheck) denke, das ich wirklich nicht uninteressant finde."

HK: „Na ja, es geht uns ja darum, dass wir 'Werkzeuge' anbieten, die es ermöglichen, Theorien zu rekonstruieren und zu systematisieren, und nicht darum, eine vollständige Darstellung von relevanten Theorien der Sozialen Arbeit zu präsentieren. Wer diese Präsentation sucht, kann auf andere Bücher zurückgreifen. Mir war jedoch wichtig, dass alle drei von uns unterschiedenen Theorie-Kategorien vorhanden sind: Theorien in der Sozialen Arbeit, Theorien über die Soziale Arbeit und Theorien der Sozialen Arbeit. Unser Anspruch ist also nicht die Vollständigkeit, sondern die exemplarische Erläuterung der Praktikabilität unserer – wenn du so willst: 'Theorie-Analyse-Tools'."

JVW: „Hm. Wir haben vermutet, dass die Sozialraumorientierung für eine neue Art von Kapitalismuskritik stehen könnte. Steht demnach die zu beobachtende Konjunktur der Sozialraumorientierung beispielhaft für einen allgemeinen Trend der Politisierung der Sozialen Arbeit den – wie Peter Sommerfeld, den las ich soeben in den gerade erschienenen Blättern der Wohlfahrtspflege – wohl viele begrüßen würden? Oder nüchterner analysiert 'nur' für eine Bedeutungszunahme von räumlichen Markierungen in den Kommunikationen von Hilfesystemen der Sozialen Arbeit ?"

HK: „Ich glaube nicht, dass die Sozialraumorientierung für einen neuen allgemeinen Trend der Politisierung Sozialer Arbeit steht. Die Kapitalismuskritik der Sozialraumorientierung kommt ja eher untergründig, paradoxerweise Hand in Hand mit einer scheinbaren Neoliberalisierung der Sozialen Arbeit daher. Die klassische Politisierung der Sozialen Arbeit kann man eher als eine linke Sozialdemokratisierung verstehen, die in einer Ausweitung sozialstaatlicher und sozialarbeiterischer Leistungen den Fortschritt sieht. Die Sozialraumorientierung, wie ich sie sehe, setzt anders an, nämlich bei den Potenzialen der Bürgerinnen und Bürger, ihre Belange selbst in die Hand zu nehmen, und zwar jenseits formaler staatlicher bzw. funktionssystemischer Organisation. Der Verwandtschaftsrat etwa ist ein Beispiel für die Zurückdrängung professioneller zugunsten lebensweltlicher Lösungsansätze, für die Wiedergewinnung der selbstverantwortlichen Bürgerlichkeit jenseits systemkonformer Lösungen der staatlichen Sozialbürokratie. Mit anderen Worten, die Sozialraumorientierung ist, mit Habermas gesprochen, ein Versuch, aus den von den autopoietischen Funktionssystemen kolonialisierten Lebenswelten in Richtung selbstbestimmter Lösungen auszubrechen."

Lerneinheit VI

ERLEBEN – Die Simulation sozialer Systeme

VI. ERLEBEN – Die Simulation sozialer Systeme

Die meisten Leute halten Dabeisein und Erleben für das Gleiche.

Ausgangspunkte

In der Praxis systemischer Therapie, Beratung, Supervision und Organisationsentwicklung ist in den letzten Jahren ein Verfahren in einem solch rasanten Tempo populär geworden wie in der Geschichte des systemisches Ansatzes kaum ein anderes: Die systemischen Aufstellungen (siehe etwa Weber/Schmidt/Simon 2005). Praktiker wie Klienten berichten über die erstaunliche Wirksamkeit von Aufstellungen – sowohl hinsichtlich der *Reflexion* systemischer Strukturen als auch bezüglich der *Intervention* in komplexe Sozialsysteme wie Familien, Teams und Organisationen. Dabei ruft das, was bei diesem Verfahren geschieht und was damit intendiert wird, bei Kollegen, die zum ersten Mal mit → Aufstellungen konfrontiert werden, zumeist Skepsis hervor. In gewisser Weise zu Recht, denn es heißt allgemein:

!

In **Aufstellungen**
werden Strukturen von sozialen Systemen durch die räumliche Positionierung von Personen im Raum und von Personen zueinander 'abgebildet' (kopiert).

Das klingt spektakulär, ist es manchmal auch, aber schauen wir erst einmal weiter. „Aufstellung" ist ein weiter Begriff geworden, und Aufstellungen kann man ganz unterschiedlich durchführen.

!

Eine **zentrale Prämisse der Aufstellungsarbeit**
ist, dass die Wahrnehmungen von Stellvertretern an den ihnen zugewiesenen Plätzen in einer Aufstellung wichtige Hinweise zu den Beziehungen und Dynamiken des dargestellten Systems geben können und dass die Empfindungen, die die Repräsentanten an den ihnen gegebenen Plätzen wahrnehmen, wichtige Informationen über die Befindlichkeiten der tatsächlichen Personen geben, die sie vertreten.

Es gibt viele verschiedene Möglichkeiten, Aufstellungen zu machen, und es werden dann auch unterschiedliche Dynamiken ablaufen und unterschiedliche Schritte angeregt. Der Prozess einer Aufstellung geht jedoch meist so: Ein Falleinbringer, der hinsichtlich eines sozialen Systems, an dem er teilnimmt, eine ihn bewegende Frage bzw. eine Problemstellung klären möchte, wird eingeladen, für die am relevanten System teilnehmenden Personen Stellvertreter bzw. Repräsentanten aus einer Gruppe (z.B. während einer Fallsupervision, eines Teamgesprächs, einer

Fortbildung oder einer Lehrveranstaltung) aufzustellen. Diese Stellvertreter erfahren jedoch kaum etwas über die Personen, die sie in der Aufstellung repräsentieren, sondern werden ausgehend von dem artikulierten Anliegen bzw. der Fragestellung des Falleinbringers relativ schnell zueinander positioniert.

Das Erstaunliche, das bei vielen – auch klügeren Köpfen – zu Herumrätseln und Kopfzerbrechen geführt hat, ist nun, dass diese Repräsentanten, diese Stellvertreter in der Aufstellung Empfindungen und Wahrnehmungen äußern, von denen die Falleinbringer zumeist sagen, dass sie denen der Personen des dargestellten Systems mehr oder weniger stark entsprechen! Also allein durch die Gruppierung von Personen im Raum, die hinsichtlich ihrer Nähe und Distanz, ihrer Positionswinkel sowie ihrer Blickrichtungen vom Falleinbringer „modelliert" werden, entstehen bei diesen Personen Wahrnehmungen und Gefühle, die darauf hindeuten, dass eine Aufstellung als eine „Kopie" (Baecker 2007) des dargestellten System-Originals gelten kann.

Angesichts der mittlerweile vielfältig beschriebenen Effekte von systemischen Aufstellungen unterbreiten wir den Vorschlag, dieses sehr wirkungsvolle und effektive Verfahren verstärkt auch für die Ausbildung an Hochschulen (z. B. in Seminaren, Weiter- und Fortbildungen oder Supervisionen) einzusetzen. Im Folgenden werden wir aber nicht die Komplexität und den Möglichkeitsreichtum dieses Verfahrens präsentieren (siehe dazu unsere Vorschläge für weiterführende Literatur). Hier ist es uns lediglich möglich, einige wenige, jedoch zentrale Aspekte dieses Verfahrens anzureißen, und zwar um neugierig zu machen, um anzuregen, es auch einmal zu erproben, wie effektiv systemische Aufstellungen auch in Ausbildungskontexten der Sozialen Arbeit eingesetzt werden können. Dieses Anreißen und Anregen geschieht in *vier* Schritten: *Erstens* erläutern wir kurz, wie das beschriebene Phänomen erklärbar ist, dass aufgestellte Systeme als Kopien 'realer' Systeme aufgefasst werden können; *zweitens* skizzieren wir knapp die Geschichte der Aufstellungsmethodik; *drittens* werden einige Vorschläge gemacht, wie systemische Aufstellungen zur Systemanamnese, -diagnose und -intervention in Ausbildungs- und Praxiskontexten eingesetzt werden könnten; und *viertens* wird eine Aufstellungsmethode präsentiert, die uns besonders dann brauchbar erscheint, wenn es um die Reflexion und Bewältigung von zahlreich in der Praxis der Sozialen Arbeit auftretenden Ambivalenzen geht.

Systemische Resonanz und repräsentierende Wahrnehmung

Das Phänomen, nämlich dass die aufgestellten Repräsentanten Wahrnehmungen und Gefühle äußern, die die Falleinbringer regelmäßig als die von den am 'realen' System beteiligten Personen geäußerten Wahrnehmungen und Gefühlen bewerten, haben Insa Sparrer und Matthias Varga von Kibéd (2004, S. 99) mit zwei Konzepten beschrieben: Mit → systemischer Resonanz und mit → repräsentierender Wahrnehmung.

!

Systemische Resonanz

kennzeichnet das Phänomen, dass sich fremde aufgestellte Personen als Repräsentanten an den geeigneten Stellen in der Aufstellung 'resonant' zu den Beziehungsstrukturen des dargestellten Systems verhalten.

!

Mit **repräsentierender Wahrnehmung**

wird die Beobachtung benannt, dass sich bei einer systemischen Aufstellung die Körperempfindungen der Repräsentanten in Übereinstimmung mit den Beziehungen des dargestellten Systems ändern.

Inzwischen gibt es auch eine ernst zu nehmende wissenschaftliche Untersuchung von Peter Schlötter (2005), die diese beiden von Varga von Kibéd und Sparrer beschriebenen Phänomene empirisch versucht zu bestätigen. Außerdem lässt sich soziologisch – vor allem system- und netzwerktheoretisch – erklären, wie dieses Phänomen zustande kommt, nämlich durch die Möglichkeit, soziale Strukturen durch räumliche Strukturen zu kopieren (vgl. Baecker 2007). Demnach lassen sich soziale Systemstrukturen und Systemprozesse durch die räumliche Anordnung von Personen zueinander simulieren, so dass eine räumliche Struktur entsteht, die der sozialen Beziehungsstruktur ähnlich ist und sogar ungefähr entspricht. Dadurch wird es den aufgestellten Personen der System-Kopie möglich, Informationen über das System-Original zu erzeugen, also etwas wahrzunehmen, was zu den Wahrnehmungen im 'realen' System passt.

Die systemische Resonanz und die repräsentierende Wahrnehmung konnten wir – insbesondere Heiko Kleve – in unzähligen Aufstellungen beobachten, an denen wir als Repräsentanten, Falleinbringer oder Aufstellungsleiter beteiligt waren. Daher eignet sich unseres Erachtens dieses körperorientierte Verfahren vortrefflich, um Systemanamnesen, -diagnosen und -interventionen durchzuführen. Weitaus effektiver als rein verbal-kommunikative Verfahren der Systemreflexion und -intervention zeitigen Aufstellungen nachhaltige und einprägsame Wirkungen. Diese haben das Potenzial, Unterschiede zu inszenieren, die wiederum konstruktive und äußerst brauchbare Unterschiede im relevanten System machen. Fest steht: Nach einer Aufstellung, also nachdem die Struktur und Dynamik eines Systems betrachtet und theoriegeleitet eingeschätzt werden konnte und nachdem das aufgestellte System, also die System-Kopie hinsichtlich der Struktur zu Veränderungen angeregt wurde, wird anders wahrgenommen und gesprochen hinsichtlich des Original-Systems und der daran beteiligten Personen. Es liegt auf der Hand, dass dadurch auch Verhaltensänderungen mehr als zufällig erwartbar, also wahrscheinlicher werden.

Systemische Aufstellungen – eine kurze Entwicklungsgeschichte

Das, was wir heute mit der von Varga von Kibéd/Sparrer (2005) und Sparrer (2006) geprägten Methode als → Systemische Strukturaufstellungen auf elaborierte Weise bezeichnen können, hat in der psycho-sozialen Landschaft eine längere Wegstrecke hinter sich.

> **Systemische Strukturaufstellungen**
> sind ein Gruppensimulationsverfahren, das Systeme mithilfe von Personen darstellt (Sparrer 2006, S. 16).

!

Denn es geht zurück auf das szenische Darstellen von psycho-sozialen Prozessen und ist verwandt mit dem Theatralisieren (siehe Koch/Naumann/Vaßen 2000). Bekanntlich liegt eine Wurzel der Aufstellungen auch beim von Moreno[1] entwickelten → Psychodrama (siehe knapp dazu etwa Goeschel 2002).

> Beim **Psychodrama**
> stehen die szenische Darstellung im Spiel und die Einbeziehung und Aufarbeitung des im Spiel Erlebten im Mittelpunkt. Im Verlauf einer Psychodramasitzung gibt es immer zwei 'Bühnen': Die Bühne des im Rahmen des therapeutischen Vertrags vorhandenen Hier und Jetzt (das ist im Rahmen der *Psychodramagruppe* die Bühne der Gruppe mit ihrem Leiter; im Rahmen des *Monodramas* die reale Beziehung zwischen Therapeuten und Patienten) und die 'Bühne', auf der das eigentliche Spiel, die szenische Darstellung, erfolgt (vgl. Ottomeyer/Wieser 2000, S. 549).

!

Eine andere Wurzel lässt sich finden in der Arbeit amerikanischer Therapeuten, z.B. bei Fritz Perls[2] durch den Einsatz eines 'leeren Stuhls' oder Virginia Satir[3] und Peggy Papp, die die Inszenierung von familiären Beziehungen in Form von Familienskulpturen einsetzten (vgl. Simon/Clement/Stierlin 1999, S. 91ff.). Natürlich ist das klassische Rollenspiel, das in der Aus-, Fort- und Weiterbildung von psycho-sozialen Praktikern (insbesondere für den Erwerb von Beratungs- bzw. Kommunikationskompetenz) gerne und häufig eingesetzt wird, ebenfalls mit dem Verfahren der Systemischen Aufstellungen verwandt. Zunächst jedoch gerieten systemische Aufstellungen als Verfahren kritisch in die Fachdiskurse, und zwar aufgrund der umstrittenen Arbeit Bert Hellingers.

Hellinger, ursprünglich ein katholischer Priester, Missionar und Schulleiter in Afrika, fing Anfang der 1970er Jahre an, unterschiedliche psychotherapeutische

---

[1] Jacob Levy Moreno (1889–1974) gilt als der Begründer der Gruppenpsychotherapie.

[2] Friedrich Salomon Perls (1893–1970) gilt als einer der maßgeblichen Begründer der Gestalttherapie.

[3] Virginia Satir (1916–1988) war eine der bedeutendsten amerikanischen Familientherapeutinnen.

Kompetenzen (insbesondere gruppendynamischer, psychoanalytischer, primärtherapeutischer, transaktionsanalytischer und familientherapeutischer Ausprägung) zu erwerben (vgl. hierzu und zum Folgenden Weber 1997, S. 324ff.). Eine besondere Erfahrung waren für ihn Aufstellungen von Familien, die er in den 1970er Jahren u.a. bei der Familientherapeutin Thea Schönfelder erlebt hat. Dort wurde er zum ersten Mal mit dem beschriebenen Phänomen konfrontiert, Gefühle wahrzunehmen, die mit Situationen und Dynamiken des Original-Systems korrelieren, das in kopierter Form aufgestellt wurde. Fortan nutzte Hellinger diese Möglichkeiten der systemischen Resonanz und der repräsentierenden Wahrnehmung, verklärte diese Phänomene jedoch mystisch und esoterisch. Dagegen bieten Varga von Kibéd und Sparrer (2005), Schlötter (2005) und Baecker (2007) Beschreibungen und Erklärungen an, die wissenschaftlichen Gütekriterien genügen und so die Effekte von Aufstellungen sozialpsychologisch und soziologisch passend analysieren und begründen können.

Zurück zu Hellinger, dessen Arbeit lange Jahre unbeachtet blieb; erst mit dem von Gunthard Weber herausgegebenen Buch *Zweierlei Glück* (1997), in dem Seminare und Workshops zur Familienaufstellung transkribiert wiedergegeben werden, begann die Fachöffentlichkeit sich schnell verstärkt mit der Arbeit von Hellinger zu befassen. Dabei zeigte sich sehr schnell, dass die Beschäftigung mit Hellinger die Experten in zwei Lager aufspaltet: In Befürworter und Gegner (siehe zur Hellinger-Kontroverse etwa Nelles 2005). Die Gegner kritisieren insbesondere den autoritären Stil Hellingers, sein konservativ wirkendes Familienbild und seinen Umgang mit Klienten, die nach Aufstellungen ohne Nachbetreuung in die 'Eigenverantwortung' entlassen werden. Die Befürworter heben dagegen die Wirksamkeit der Hellinger-Aufstellungen hervor und anerkennen seine unkonventionelle Art, mit psychosozialen Problemen umzugehen, die unvermutet Lösungen hervorscheinen lässt, und zwar aus Richtungen, die eher ungewöhnlich sind.

Eine solche Richtung ist etwa der Blick auf die Beziehungsdynamiken von früheren, nicht mehr lebenden Familiengenerationen, mit denen wir – als die heutige Generation – manchmal destruktiv und leiderzeugend verstrickt sein können. Aber auch für diese mehrgenerationale Perspektive in der Betrachtung von Familiendynamiken lassen sich wichtige Vorläufer erkennen, insbesondere die Erkenntnisse von Ivan Boszormenyi-Nagy[4] und Geraldine Spark (1973), die mit dem inzwischen zum Klassiker avancierten Werk *Unsichtbare Bindungen* publiziert wurden.

Die überaus kritische Haltung der systemisch-wissenschaftlichen Fachöffentlichkeit zu Hellinger ist seit längerem bekannt und durch die sogenannte *Potsdamer Erklärung zur systemischen Aufstellungsarbeit* nun auch dokumentiert. In dieser verdeutlicht eine Vielzahl bekannter und führender systemisch vorgehender Praktiker und Sozialwissenschaftler[5], dass

[4] Iván Boszorményi-Nagy (1920–2007) gilt allgemein als der 'Erfinder' der Mehrgenerationen-Perspektive in der systemischen Therapie.

[5] Siehe dazu: http://www.syst-strukturaufstellungen.de/in-dex.php?id=24,20,0,0,1,0 [24.09.2008].

„[...] viele seiner Aussagen und Vorgehensweisen explizit als unvereinbar mit grundlegenden Prämissen systemischer Therapie anzusehen sind, etwa die Vernachlässigung jeder Form von Auftragsklärung und Anliegenorientierung, die Verwendung mystifizierender und selbstimmunisierender Beschreibungen ('etwas Größeres', 'in den Dienst genommen' u. ä.), die Nutzung uneingeschränkt generalisierter Formulierungen und dogmatischer Deutungen ('immer, wenn', 'schlimme Wirkung', 'mit dem Tode bestraft', 'der einzige Weg', 'das Recht verwirkt' u. ä.), der Einsatz potenziell demütigender Interventionen und Unterwerfungsrituale, die angeblich zwingende Verknüpfung der Interventionen mit bestimmten Formen, des Menschen- und Weltbildes (etwa in Bezug auf Genderfragen, Elternschaft, Binationalität u. a.), die Vorstellung, über eine Wahrheit verfügen zu können, an der eine Person mehr teilhaftig ist als eine andere. Dies führt zu der Verwendung verabsolutierender Beschreibungsformen und impliziert, dass keine partnerschaftliche Kooperationsbeziehung angestrebt wird".

Trotz aller berechtigten und notwendigen Kritik kann als bleibender Verdienst Bert Hellingers angesehen werden, dass er das Verfahren der systemischen Aufstellungen so populär gemacht hat. Wie dem auch sei: Nun kann endlich ernsthaft angefangen werden, sich mit systemischen Aufstellungen intensiv zu beschäftigen, sie zu beforschen und von etwas zu viel esoterischen und mystifizierenden Erklärungen und Ballast zu befreien.

Das Aufstellen von sozialen Systemen: Vorgehensweise und Möglichkeiten

Ein interessanter Aspekt an den systemischen Aufstellungen ist für uns, dass sie in vielen Kontexten (z. B. in Teambesprechungen, Supervisionen, Fort- und Weiterbildungsgruppen, Hochschulseminaren) recht unkompliziert eingesetzt werden können. Wenn wir auf 'normale Weise' versuchen, komplexe Beziehungsdynamiken sozialer Systeme darzustellen, sie erlebbar und sodann auch besser (wissenschaftlich-theoretisch) beschreibbar und erklärbar zu machen, gelangt unsere Sprache oft an ihre Grenzen. Wir neigen inzwischen dazu, den jeweiligen Teilnehmern unterschiedlicher Gruppensettings vorzuschlagen, jedwede thematisierte und zu analysierende Beziehungsdynamik (z. B. auch gruppendynamische Themen und Konflikte) mittels einer Aufstellung zu betrachten. Zumeist ist der Erkenntnisgewinn groß, und es entstehen zahlreiche Lösungs- bzw. Handlungsideen für den Falleinbringer bzw. für die jeweilige Gruppe.

Aber auch im Gespräch mit Einzelnen lassen sich Beziehungsdynamiken aufstellen. Hierzu eignen sich Aufstellungsfiguren, die es inzwischen in vielen Versionen gibt.[6] Das Interessante, was sich hier zeigt, ist, dass die Intensität und der Erkenntnisgewinn selbst bei der Aufstellungsarbeit mit Figuren oft ganz beträchtlich ist (vgl. dazu auch Sparrer 2004, S. 111 f.). Die Einzelperson, mit der gearbeitet wird, kann so relativ schnell die 'Metaperspektive' – d. h. eine Perspektive, von der die anderen Perspektiven *mit gesehen* werden können – einnehmen. Sie schafft es dann auch viel leichter als in einem einfachen Gespräch, die Perspektiven der anderen Beteiligten einzunehmen, um die *Relativität* – also die Bedingtheit – z. B. der jeweiligen

6 Siehe dazu beispielsweise http://www.aufstellungsfiguren.de [20.09.2008].

Definition der Problemsituation, oder genereller, der unterschiedlichen Wahrnehmungen der Anderen und damit auch ihrer eigenen Wahrnehmung zu erfassen.

Wie bereits erwähnt, können Aufstellungen der *Systemanamnese*, der *Systemdiagnose* und der *Systemintervention* dienen. Wie dies geschieht, wollen wir im Folgenden in *drei* Schritten – eben anamnestisch/phänomenal, diagnostisch/kausal, handlungs- bzw. interventionsorientiert/aktional – veranschaulichen.

Systemanamnese – die phänomenale Ebene

Die Systemanamnese kann als der *erste Schritt* einer systemischen Aufstellung betrachtet werden. Hier geht es um die, wie wir auch hier klären wollen (siehe ausführlich dazu 4. Kapitel), *phänomenale Frage*: „Was ist los?" bzw. „Was geschieht?" Ein Falleinbringer benennt so knapp wie möglich ein *Anliegen*, bestenfalls eine *Frage*, die er hinsichtlich eines sozialen Systems, an dem er selbst beteiligt ist (z.B. als professioneller Helfer, als Praktikant etc.), für sich klarstellen möchte. Eine solche Frage könnte beispielsweise sein, wie aus einer aktuellen Konfliktsituation ein Ausweg gefunden werden kann oder wie eine bestimmte Beziehungsdynamik im Hilfeprozess erklärbar ist und wie darauf reagiert werden könnte.

Zu Beginn einer Aufstellung sollte das Ausgangsanliegen bzw. die Ausgangsfrage explizit benannt werden; denn dieses Anliegen bzw. diese Frage fungiert als Auftrag (als der Fokus), der im Verlauf und spätestens am Ende der Aufstellung fokussiert wird. Es ist ganz wichtig zu wissen, *was genau* der Falleinbringer mit der Aufstellung erreichen will, um den Aufstellungsprozess auf dieses Ziel hin zentrieren zu können und die Komplexität der vielfältigen Möglichkeiten des Interpretierens und Intervenierens, die sich während Aufstellungen ergeben, passend zu reduzieren.

Wenn der Auftrag des Falleinbringers geklärt ist, wird nach den Personen gefragt, die aus Sicht des Falleinbringers am relevanten System beteiligt sind. Wenn es sich um ein Familiensystem handelt, könnte nach Nennung der beteiligten Personen zur besseren Übersicht vom Aufstellungsleiter ein Genogramm gezeichnet werden, das um jene Personen oder Institutionen (z.B. der Sozialen Arbeit) ergänzt werden kann, die zwar nicht zum Familiensystem, aber zu Systemen gehören, die mit der Familie interagieren und für das Anliegen ebenfalls eine gewisse Bedeutung haben. Auch hinsichtlich anderer Systeme (z.B. Teams, Gruppen etc.) sollte eine knappe und einfache Visualisierung der beteiligten Personen vorgenommen werden. Wenn die beteiligten Personen (inklusive des Falleinbringers selbst als Mitglied des relevanten Systems) benannt wurden, wird der Falleinbringer gebeten, aus dem Kreis der anwesenden Personen Stellvertreter für die zuvor genannten Personen (und für sich selbst) auszuwählen. Wenn dies geschehen ist, nimmt der Falleinbringer die Personen jeweils an die Schulter und stellt sie langsam zueinander in Beziehung, und zwar so, wie es seiner inneren Projektion von den Beziehungen der Beteiligten zueinander entspricht. Dabei kommentiert er sein Tun nicht, sondern versucht, die Positionierung mit gesammelter und ruhiger Konzentration zu realisieren.

Bei der 'Modellierung' des Aufstellungsbildes bekommt es der Falleinbringer immer mit *drei veränderlichen Größen* zu tun:

- mit dem Abstand der Personen zueinander (Nähe und Distanz),
- mit dem Standwinkeln der Personen zueinander und
- mit den Blickrichtungen.

Wenn alle Personen gruppiert wurden und der Falleinbringer nach einer entsprechenden Rückfrage des Aufstellungsleiters signalisiert, dass die Personen so stehen, wie es seinem inneren Bild bzw. seinem Gefühl entspricht, tritt der Falleinbringer etwas zurück oder setzt sich, so dass er den Prozess der Aufstellung von 'außen' betrachten kann.

An diesem Punkt werden die aufgestellten Repräsentanten gebeten, sich in ihre Positionen hineinzufühlen, also wahrzunehmen (bzw. zu beobachten), was die jeweilige Stellung bei ihnen für Gefühle und ferner für Gedanken auslöst. Nach wenigstens einer halben Minute kann der Aufstellungsleiter fragen, welche Wahrnehmungen sich eingestellt haben. Sodann berichten die Stellvertreter nacheinander über ihre Gefühle und Gedanken. Der Aufstellungsleiter kann das Geäußerte noch einmal mit seinen Worten zusammenfassen, es spiegeln (paraphrasieren) oder die Repräsentanten, die zu stark 'im Kopf' sind, die also zu sehr aus einer kognitiven, rationalisierten Perspektive berichten, bitten, über ihre Gefühle, die die jeweilige Position angeregt hat, zu sprechen.

Wenn alle Stellvertreter sich geäußert haben, sollte der Falleinbringer das, was er gehört hat, kommentieren dürfen. Dieser Kommentar beantwortet vor allem die Frage, ob die Aussagen von den aufgestellten Repräsentanten Ähnlichkeiten mit bekannten Aussagen oder Situationen aus dem System-Original aufweisen. Weiterhin sollte der Auftrag, das Anliegen bzw. die Frage fokussiert werden, da sich beim Falleinbringer möglicherweise bereits erste Ansätze einer Klärung bzw. einer Antwort eingestellt haben.

Mit Varga von Kibéd und Sparrer (2005, S. 181) könnten wir nun sagen, dass es mit der Systemanamnese in Aufstellungen zunächst einmal darum geht, einem Metaprinzip dieser systemischen Arbeit gerecht zu werden: *Anerkenne das, was sich im System faktisch bzw. phänomenal als gegeben zeigt*!

Systemdiagnose – die kausale Ebene

Die Systemdiagnose ist der zweite Schritte einer systemischen Aufstellung. Jetzt geht es um die *kausale Frage*: „Warum ist das so?", „Warum geschieht es so?" Hier richtet sich die Aufmerksamkeit auf das Bilden von theoretischen Hypothesen bezüglich der in der Aufstellung sichtbaren Systemdynamik, die ja deutlicher wurde durch die Äußerungen der Repräsentanten. Auch die Hypothesen dienen dem Auftrag, d. h. dem Anliegen oder der Fragestellung des Falleinbringers, so dass sie ausgehend davon gebildet werden sollten.

Während der Systemanamnese wurde vor allem die Innenperspektive der Aufstellung betrachtet, die Repräsentanten äußerten ihre Wahrnehmungen. Außerdem konnte der Falleinbringer aus seiner Perspektive die Äußerungen der Stellvertreter als mehr oder weniger passend, brauchbar oder interessant kommentieren. Jetzt bietet es sich an, die weiteren vorhandenen Perspektiven als Ressourcen für die

Hypothesenbildung zu nutzen, insbesondere die Perspektiven der Mitglieder der Gruppe, die nicht aufgestellt wurden und die in der Regel in einem Halbkreis um die Aufstellung sitzen und als Prozessbeobachter fungieren. Die Gruppenmitglieder können nun ausgehend von ihrer Außenperspektive eingeladen werden zu verbalisieren, was sie hinsichtlich der Aufstellung (z. B. bezüglich der Beziehungskonstellationen) wahrnehmen und wie sie dies interpretieren. Auch der Aufstellungsleiter kann seine Ideen dazu äußern. Der Falleinbringer hört sich dies an, wird aber noch nicht gebeten, die Hypothesen zu kommentieren; vielmehr wird ihm empfohlen, das für ihn Brauchbare von dem für ihn Unbrauchbaren zu trennen, sozusagen das eine ins kognitive Schatzkästchen, das andere in die kognitive Restetonne zu werfen.

Die Hypothesen während der Systemdiagnose können einerseits ganz kreativ, ausgehend von den jeweils eigenen Wahrnehmungen der Gruppenmitglieder oder des Aufstellungsleiters, konstruiert werden. Wie beim systemischen Hypothesenbilden üblich, kommt es hier nicht darauf an, 'richtige' Hypothesen zu bilden, sondern einen *Möglichkeitsraum von Interpretationen* zu öffnen, aus dem der Falleinbringer das herausholen kann, was er aus seiner Sicht benötigt, um sein Anliegen zur klären.

Neben dieser Freiheit des Hypothetisierens lassen sich aber andererseits unterschiedliche systemische Annahmen als Ausgangspunkte für die Hypothesen zugrunde legen, welche sich in der Betrachtung von Aufstellungen immer wieder als bedeutend erwiesen haben (vgl. Varga von Kibéd und Sparrer 2005, S. 181 ff.). Diese Annahmen, die zuerst Hellinger ausgehend von Beobachtungen in Familienaufstellungen beschrieben hat (vgl. zusammenfassend etwa Ulsamer 2001; Nelles 2006), benennen in gewisser Weise *faktische Regeln*, die offensichtlich in den unterschiedlichsten Systemen wirken und deren Nichteinhalten zu Problemen führen kann. Fünf dieser bedeutenden Annahmen sind im Folgenden als systemische Strukturprinzipien knapp aufgeführt.

- **Prinzip der Zugehörigkeit bzw. des Nichtausschlusses:** Jedes Systemmitglied hat das gleiche Recht, dass es als zum System dazugehörig wahrgenommen und kommuniziert, also nicht aus dem System ausgeschlossen wird. Dieses Prinzip „sichert die Existenz des Systems, da sonst der Zugehörigkeitsbegriff und damit die Systemgrenze problematisch wird" (Varga von Kibéd/Sparrer 2005, S. 183). Werden in dieser Weise dazugehörige Personen aus sozialen Systemen ausgeschlossen, hat dies häufig unterschiedliche Symptome zur Folge, die sich zumeist auflösen, wenn die Personen (zumindest virtuell während der Aufstellung) wieder ins System hineingeholt werden.

- **Prinzip der systeminternen direkten zeitlichen Reihenfolge:** Innerhalb von Systemen haben diejenigen, die eine ältere Systemmitgliedschaft vorweisen, mehr Rechte als jene mit einer jüngeren Systemmitgliedschaft. Dieses Prinzip „sichert die Möglichkeit des Systemwachstums" (ebd.), da sonst der Raumverlust der früheren Systemmitglieder zu Gegenreaktionen gegen das Systemwachstum führen könnte. Diejenigen, die die ältere Mitgliedschaft zu einem System aufweisen, müssen wahrnehmen können, dass sie von den Personen mit der jüngeren Mitgliedschaft entsprechend ihrer Position geachtet werden. Ist dies nicht der Fall, kann es zu unterschiedlichen Konflikten kommen.

- **Prinzip der intersystemischen umgekehrten zeitlichen Reihenfolge:** Zwischen Systemen hat das spätere, also das jüngere System Vorrang vor dem älteren bzw. früher gebildeten System. Dieses Prinzip „sichert die Systemfortpflanzung, da sonst die schwächere Grenze des jüngeren Systems häufig zu dessen Reabsorption durch das ältere oder zur Diffusion führt" (ebd.). Neue Systeme können sich aus bereits bestehenden Systemen nur herausdifferenzieren, wenn das ältere System dem neuen die nun sich einstellende Grenzbildung zugesteht, wenn das jüngere System sich primär mit sich beschäftigt.
- **Prinzip des höheren Einsatzes:** Diejenigen Systemmitglieder, die für das System einen höheren Einsatz leisten, haben Vorrang und andere Rechte als diejenigen, deren Einsatz geringer ist. Dieses Prinzip „sichert die Immunkraftbildung des Systems, da ohne die Förderung derartiger Funktionen das System potentiell stabilisierende Kräfte nicht in ausreichendem Maße ausbilden dürfte" (ebd.). Systeme stabilisieren sich durch den Einsatz ihrer Mitglieder. Nur wenn dieser Einsatz auch entsprechend geachtet wird, ist er anhaltend und sichert die Systemexistenz.
- **Prinzip des Ausgleichs von Geben und Nehmen:** Systemmitglieder binden sich aneinander durch die Wechselseitigkeit von Geben und Nehmen. Wer gibt, schafft damit eine „Anspruchsberechtigung", von anderen, denen er gegeben hat, zu bekommen. Wer bekommen hat, generiert damit eine (ökonomische) „Schuld", anderen, die ihm gegeben haben, ebenfalls etwas (zurück)zugeben. Allerdings ist nur eine permanent sich einstellende Differenz zwischen dem, was gegeben und dem, was genommen wird, bindungsfördernd. Systeme gehen auseinander, lösen sich auf, wenn es zu einem vollständigen Ausgleich von Geben und Nehmen kommt. Systeme entwickeln sich konstruktiv, wenn sich ein von allen Seiten geachtetes Wechselspiel von Geben und Nehmen einstellt.

Wichtig ist bei den genannten Prinzipien, dass ihr hypothetischer Charakter sowie ihre Relativität beachtet werden: Es kommt darauf an, wie die Systembeteiligten diese Aspekte jeweils *wahrnehmen* und wie darüber *kommuniziert* wird; daraus ergeben sich dann Wirkungen, die Einfluss auf die Systemdynamik haben.

Ausgehend von diesen Annahmen lassen sich Hypothesen bilden, die schließlich auch als Ausgangspunkte für Interventionen genutzt werden können:

- *Erstens* kann während der Systemdiagnose überlegt werden, ob ein für die Klärung des Anliegens wichtiges, ja dazugehöriges Systemmitglied (noch) nicht durch einen Stellvertreter der Aufstellung repräsentiert wurde. Oft zeigt sich in Aufstellungen, in denen Systemmitglieder fehlen, dass ein Repräsentant ins Weite oder ins Leere schaut, sich also auf keine andere aufgestellte Person mit seinem Blick bezieht.

- *Zweitens* lässt sich betrachten, wie die innersystemischen Grenzen zwischen den Mitgliedern verlaufen, ob die früheren bzw. länger am System beteiligten Mitglieder einen ihnen angemessenen Platz haben, der symbolisiert, dass sie andere Rechte haben als die später dazugekommenen Mitglieder.
- *Drittens* könnte beobachtet werden, wie die intersystemischen Grenzen zwischen unterschiedlichen Teilsystemen der Aufstellung konstituiert sind. Davon ausgehend ließe sich die Frage klären, ob jüngere Teilsysteme bzw. dessen Mitglieder genügend (Beziehungs-)Raum bekommen, um sich als System zu stabilisieren.
- *Viertens* kann geprüft werden, ob die Systemmitglieder, die für das System eine besonders bedeutende Funktion haben (insbesondere aufgrund ihres Einsatzes bzw. ihrer Leistung), einen ihnen angemessenen Platz einnehmen.
- Und *fünftens* ist interessant zu beobachten, wie sich im aufgestellten System die Prozesse des Gebens und Nehmens realisieren. Lässt sich hier eine Wechselseitigkeit beobachten?

Diese Fragen können *zum einen* aus der Außenperspektive (z. B. von den Gruppenmitgliedern und dem Aufstellungsleiter) beantwortet werden; *zum anderen* sollten sich dazu aber auch die aufgestellten Repräsentanten äußern und ihre Wahrnehmungen aus der Innenperspektive der Systemaufstellung artikulieren.

Systemintervention – die aktionale Ebene

Die Systemintervention lässt sich als der dritte Schritt einer systemischen Aufstellung bezeichnen. Jetzt geht es um die *aktionale Frage*: „Was ist zu tun?" Ausgehend von den Hypothesen wird nun überlegt, wie die aufgestellten Personen umgestellt werden können, so dass sich eine Konstellation ergibt, die aus der Innenperspektive aller Repräsentanten in der Aufstellung einen *fühlbaren Unterschied* ausmacht hin zum Besseren bzw. zum Passenderen.

Ausgehend von den eben genannten fünf Prinzipien könnten beispielsweise bisher nicht aufgestellte, aber dazugehörige, hoch relevante Systemmitglieder dazugestellt werden. Ältere, also länger am System beteiligte Mitglieder könnten im Verhältnis der jüngeren, kürzer am System beteiligten Mitglieder so umgestellt werden, dass sie einen ihrer Wahrnehmung nach passenderen Platz einnehmen. Jüngere Teilsysteme bzw. deren Mitglieder könnten von älteren Teilsystemen bzw. deren Mitgliedern deutlicher separiert bzw. differenziert werden, so dass sie mehr Entfaltungsraum bekommen. Außerdem könnten diejenigen, die für das System mehr Einsatz zeigen als andere, eine dieser Situation angemessene neue Position erhalten, so dass ihre besondere Leistung sich auch in ihrer Position im System zeigt. Und schließlich könnten Rituale des Gebens und Nehmens überlegt werden, um Prozesse des Ausgleichs oder der Wechselwirkung wieder in Gang zu setzen.

Die Umgruppierungen kann der Aufstellungsleiter vornehmen – aber auch Gruppenmitglieder, die Ideen über die neuen Plätze haben, könnten das Umstellen ausführen. Und manchmal ist es passend, dass der Falleinbringer selbst ausprobiert, wie er nach den Erkenntnissen aus der Systemanamnese und -diagnose die Positionen der Stellvertreter verändern würde und welche Wirkungen dies im aufgestellten System hat. Entscheidend ist jedoch, dass nach jeder Veränderung, nach jeder Umstellung, die aufgestellten Repräsentanten sich darüber äußern, was sich in ihrer Wahrnehmung, in ihrem Fühlen durch die Veränderung verändert hat, ob es aus ihrer systemischen Innenperspektive nun eher 'besser' oder eher 'schlechter' ist. Das Ziel besteht freilich darin, dass Plätze gefunden werden, die einen Unterschied zum Ausgangsbild ergeben, der zumindest als 'eher besser' bewertet werden kann.

Die Systemintervention ließe sich aber auch über die Selbstorganisationstendenzen der aufgestellten Personen in der repräsentierten Systemdynamik realisieren. Innerhalb eines aufgestellten Systems ist zumeist ein systemisches 'Wissen' darüber vorhanden, wie sich die Stellvertreter zueinander umstellen müssen, damit sich ein positiver Unterschied ergibt. Daher können die Repräsentanten gebeten werden, sich langsam einen neuen Platz in Bezug zu den anderen Personen (d. h. hinsichtlich Nähe und Distanz, des Standwinkels und der Blickrichtungen) zu suchen, der einer Verbesserung im Vergleich zu der vorherigen Position gleichkommt.

Wenn schließlich eine aus der Innenperspektive der Repräsentanten als besser wahrgenommene Konstellation gefunden wurde, ist das Ende einer Aufstellung erreicht. Nun sollte der Falleinbringer sich die Konstellation genau anschauen, die Position seines Stellvertreters betrachten und bestenfalls für einen Moment 'seinen' Platz in der Aufstellung einnehmen, also den Stellvertreter bitten, sich auf seine Position stellen zu dürfen.

Der Falleinbringer wird am Ende eingeladen, sich die Endkonstellation genau einzuprägen, denn letztlich wirkt eine Aufstellung über die veränderte Wahrnehmung des Systemmitglieds, das sein Anliegen mithilfe einer Aufstellung bearbeitet hat. Hier wird ganz auf die zentrale systemische These vertraut:

> Die **Verhaltensänderung** eines Systemmitglieds
>
> wird Veränderungen des Verhaltens der anderen Mitglieder nach sich ziehen und damit eine neue Systemdynamik anregen (zuweilen auch Domino- bzw. Schmetterlingseffekt genannt).

!

Und – aber das müsste jetzt bereits bekannt und klar sein: Die eingetretenen Änderungen müssten später als besser im Vergleich zur ursprünglichen Lösung des Problems bzw. in Bezug zur vorherigen Systemdynamik bewertet werden.

Tetralemma-Aufstellung als Reflexion und Bewältigung sozialarbeiterischer Ambivalenzen

In der Sozialen Arbeit müssen wir uns ganz oft mit widersprüchlichen Perspektiven vertraut machen, in deren Blickfeldern noch keine Lösung gefunden wurde. Es gibt für diese Problematik eine wunderbare und mittlerweile klassisch gewordene Beschreibung:

Zu König Salomon, dem Richter, dessen Weisheit sprichwörtlich war, kamen zwei Nachbarn, die miteinander im Streit lagen. Der erste trug seinen Standpunkt vor. Der Richter hörte aufmerksam zu und sagte zu ihm, als er alles gehört hatte: „Da hast du recht." Dann hörte er den anderen, der alles ganz anders vortrug. Er hörte aufmerksam zu und sagte auch zu ihm, als er alles gehört hatte: „Da hast du recht." Der Wesir, der dem aufmerksam gefolgt war, konnte nicht mehr an sich halten und sprach dem König leise ins Ohr: „Die Aussagen der beiden widersprechen sich völlig. Sie können doch überhaupt nicht beide recht haben!" Da wandte sich der König ihm zu, lächelte und sagte: „Da hast du recht."

Abschließend wollen wir eine Aufstellungsvariante präsentieren, die besonders für analoge oder ähnliche Situationen, nämlich sozialarbeiterische Kontexte geeignet ist. Sie erlaubt, das zu reflektieren und konstruktiv zu managen, was sich in der Praxis alltäglich einstellt: Unterschiedlichste Ambivalenzen, d. h. widersprüchlichste Erwartungen und Entscheidungsalternativen. Daher müssen wir es besonders in der Sozialen Arbeit lernen, „mit Gefühlen umzugehen, die angesichts ambivalenter Situationen angemessen sind", wie C. Wolfgang Müller (1999, S. 12) fordert. Es sind solche „gemischten Gefühle", solche ambivalenten Empfindungen, die auch im Folgenden thematisiert werden. Wie Müller sind wir der Meinung, dass die Soziale Arbeit derartige Gefühle und Empfindungen kultiviert, dass sie sie zum einen immer wieder erfahrbar macht und dass sie zum anderen – zumindest dann, wenn sie erfolgreich agiert (siehe dazu weiterführend Kleve 2007) – einen akzeptierenden, spielerischen, ja kreativen Umgang mit ihnen findet.

In dieser Kultivierung der Ambivalenz offenbart die Soziale Arbeit ihre postmoderne Kondition und Haltung (ausführlich Wirth 2005; auch Wirth 2006). Entgegen den Bestrebungen moderner Wissenschaft und Praxis, Eindeutigkeit, Identität, Punktgenauigkeit zu erreichen, vollführt die Soziale Arbeit einen uneindeutigen, identitätssprengenden und ungenauen, ja unsicheren Weg durch die wissenschaftliche und praktische Welt. Dies wurde ihr nicht selten vorgeworfen. Auch deshalb wurde ihr der Status einer Profession und einer wissenschaftlichen Disziplin nicht zugestanden. Dies wird sich jedoch ändern, wenn wir ein anderes Verständnis von Wissenschaft gewinnen. Denn unser Maßstab, die Dinge anzugehen, kann neu überdacht werden, wenn wir uns von modernen Konzepten verabschieden und uns gegenseitig öffnen für postmoderne Ideen.

In diesem Abschnitt möchten wir dazu ein Modell für die Praxis und Reflexion im Rahmen postmoderner Sozialer Arbeit vorstellen. Es eignet sich vorzüglich dazu, den Umgang mit gemischten Erwartungen und Gefühlen zu kultivieren und einen spielerischen Umgang mit Ambivalenzen zu finden, um so kreative Handlungsoptionen in widersprüchlichen Situationen aufzuspüren: Das Tetralemma.

Tetralemma aus dem Griech. *Tetra* vier, *Lemma* Voraussetzung, Annahme

„Das Tetralemma ist ein außerordentlich kraftvolles allgemeines Schema zur Überwindung jeder Erstarrung im schematischen Denken. Es stellt also eine Synthese von schematischem Denken und Querdenken auf höherer Ebene dar."

Mit diesen Worten führt Matthias Varga von Kibéd in das Tetralemma ein. (Varga von Kibéd/Sparrer 2005, S. 77). Gemeinsam mit Insa Sparrer (2005) hat Varga von Kibéd eine bestimmte Aufstellungsform differenzierter beschrieben, nämlich die Tetralemma-Aufstellung. Ausgangspunkt ist das Konzept, dass Ambivalenzen als doppeldeutige Situationen bzw. Dilemmata verstanden nicht nur zwei, sondern mindestens vier, ja sogar fünf Seiten haben.

„Das Tetralemma ([...] 'vier Ecken' im Sinne von vier Positionen oder Standpunkten) ist eine Struktur aus der traditionellen indischen Logik zur Kategorisierung von Haltungen und Standpunkten. Sie wurde im Rechtswesen verwendet zur Kategorisierung der möglichen Standpunkte, die ein Richter zu einem Streitfall zwischen zwei Parteien einnehmen kann. Er kann der einen Partei recht geben oder der anderen Partei oder beiden (jeder hat recht) oder keiner von beiden. Diese vier Positionen wurden von buddhistischen Logikern [...] um die Negation des Tetralemmas (die sogenannte vierfache Negation [und auch dies nicht – und selbst das nicht, d. A.] erweitert" (Varga von Kibéd/Sparrer 2005, S. 77).

Wie mit dieser Definition bereits sichtbar wird, befreit uns die Idee des Tetralemmas vom zweiwertigen Denken. Die Binarität unseres Denkapparates (im Erkennen) und Handelns (im Entscheiden) wird hier zugunsten neuer Möglichkeiten aufgelöst und erweitert (Abbildungen 20, 21, 22, 23). Ein Tetralemma erlaubt es uns, in einer ambivalenten, einer vermeintlich zweiwertigen Situation mehr als jene beiden Pole zu sehen, zwischen welchen wir uns hin- und hergerissen fühlen. Es erweitert den Blick und wir werden gewahr, dass es eben nicht nur die Möglichkeit gibt, entweder das eine oder das andere zu betrachten, sondern dass es mindestens zwei weitere, zumeist ausgeblendete Pole gibt, nämlich den dritten Pol, Gemeinsamkeiten zwischen beiden ambivalenten Polen zu suchen, und den vierten Pol zu überlegen, was weder für das eine noch für das andere spricht. Das ist zunächst die einfache Tetralemma-Struktur, also das eine, das andere, beides, keines von beiden. Das erweiterte Tetralemma führt sogar eine fünfte Position ein, die darin besteht, alle vier Tetralemma-Positionen zu negieren, um zu fragen, ob es noch ganz andere Möglichkeiten als die bisher betrachteten geben könnte; und selbst diese dann gefundenen Möglichkeiten gilt es schließlich ebenfalls in Frage zu stellen.

Allein schon die gedankliche Vergegenwärtigung der möglichen, ja erweiterten Positionen innerhalb von ambivalenten Situationen kann befreiend wirken. Denn es wird nun deutlich, dass durchaus dritte, vierte und sogar fünfte Wege möglich sind, während bisher lediglich zwischen zwei Richtungen gependelt wurde. Allerdings ist es ratsam, das Tetralemma-Modell systematisch einzusetzen, um innerhalb widersprüchlicher Situationen, die die bekannten gemischten Positionen und Gefühle erzeugen, alternative Wege, neue Handlungsideen und ungeahnte Optionen zu erzeugen. Dieses systematische Vorgehen kann in Anlehnung an Varga von Kibéd und Sparrer als *Tetralemma-Wanderung* bezeichnet werden. Wandern wir einmal mit Hilfe der folgenden Grafiken (leicht verändert nach Sparrer 2006, S. 66f.) und Fragen vom Ausgangspunkt des Problems zum 'Erweiterten Tetralemma'.

Entweder-oder-Fragen

Was spricht für das eine, was für das andere?
Welche Effekte hätte eine Entscheidung für das eine oder andere?
Welche Gefühle entstehen bei diesem vertieften Betrachten des einen oder anderen?

Danach kann die dritte Position eingenommen werden: *Beides*. Hier wird nach übersehenen Vereinbarkeiten gefragt (Abbildung 20). Dazu eignen sich insbesondere Fragen, die nach möglichen Scheingegensätzen, nach Kontexttrennungen und paradoxen Verbindungen fragen:

Beides-, Sowohl-als-auch-Fragen

Sind die gegensätzlichen Standpunkte möglicherweise auf einer anderen Betrachtungsebene bzw. aus einer bestimmten Perspektive vereinbar? (Scheingegensatz I)

Gibt es (weitere) übersehene Gemeinsamkeiten, die das eine und das andere miteinander verbinden? (Scheingegensatz II)

Sind das eine und das andere möglicherweise zeitlich nacheinander oder räumlich nebeneinander vereinbar? (Kontexttrennung)

Stehen das eine und das andere möglicherweise in einem sich gegenseitig bedingenden Verhältnis zueinander, indem das eine das andere voraussetzt – und umgekehrt? (paradoxe Verknüpfung)

Der vierte Schritt der Wanderung führt zum Pol *Keines von Beiden* (vgl. Abbildung 21). Hier werden insbesondere Fragen nach bekannten, aber übersehenen Kontexten gestellt:

Keines von beiden-Fragen

Wann entstand der Gegensatz und wodurch?
Was steht dahinter?
Wodurch wurde der Gegensatz zu einer wichtigen Frage? (vergangener Kontext)
In welchen Situationen (Kontexten) taucht der Gegensatz auf, und in welchen Situationen (Kontexten) spielt er keine Rolle? (möglicherweise ausgeblendeter gegenwärtiger Kontext)
Was ist wann und wo außerhalb des Gegensatzes wichtig? (weitere ausgeblendete Kontexte)
Angenommen, der Gegensatz spielt keine Rolle mehr, worum wird/könnte es dann gehen? (zukünftiger Kontext)

Schließlich führt uns die Wanderung zur fünften Position (Abbildung 22): *... und auch dies nicht – und selbst das nicht!* Diese Position stellt eine Verneinung der bereits betrachteten vier Pole dar *(... und auch dies nicht*) und verneint auch diese Verneinung (*... und selbst das nicht!*).

Hier geht es um die Suche nach etwas ganz anderem, nach etwas, was bisher noch nicht angesprochen, was vielleicht systematisch ausgeblendet wird, obwohl es hilfreich sein könnte, um zu neuen kreativen und konstruktiven Ideen zu gelangen. Um solche Aspekte aufzuspüren, können die folgenden Fragen helfen (nach dem Infokasten und den Abbildungen weiter auf S. 194).

Dies nicht und auch das nicht-Fragen

Was wurde bisher noch nicht gesagt oder bemerkt?
Gibt es noch etwas ganz anderes Bedeutungsvolles?
Gibt es einen blinden Fleck, der bislang nicht berücksichtigt wurde?
Angenommen, Person XY hätte die bisherige Tetralemmawanderung beobachtet, was würde sie/er sagen?
Wie würde wohl jemand, der von einem anderen Stern käme, diesen Entscheidungsprozess erleben? Lassen sich Situationen denken, in denen das Dilemma/die Ambivalenz zum Lachen führt?
Wenn ja, welche?
Was ließe sich ändern, würde man die ganze Situation mit Humor betrachten?
Wie gelingt angesichts des durch die Tetralemmawanderung ausgelösten 'konstruktiven Chaos' der Schritt zum Handeln?

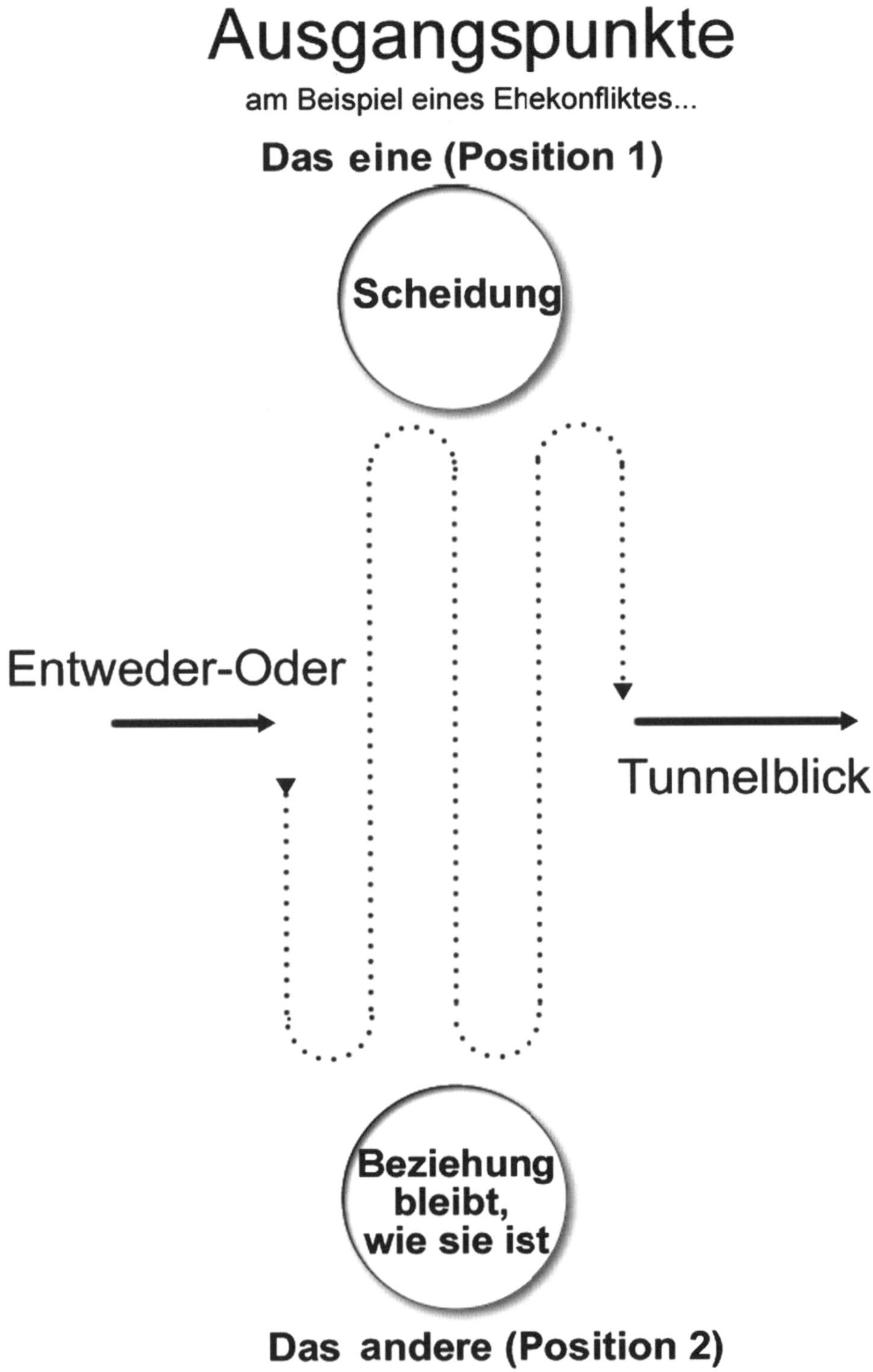

Abb. 19 Dilemma

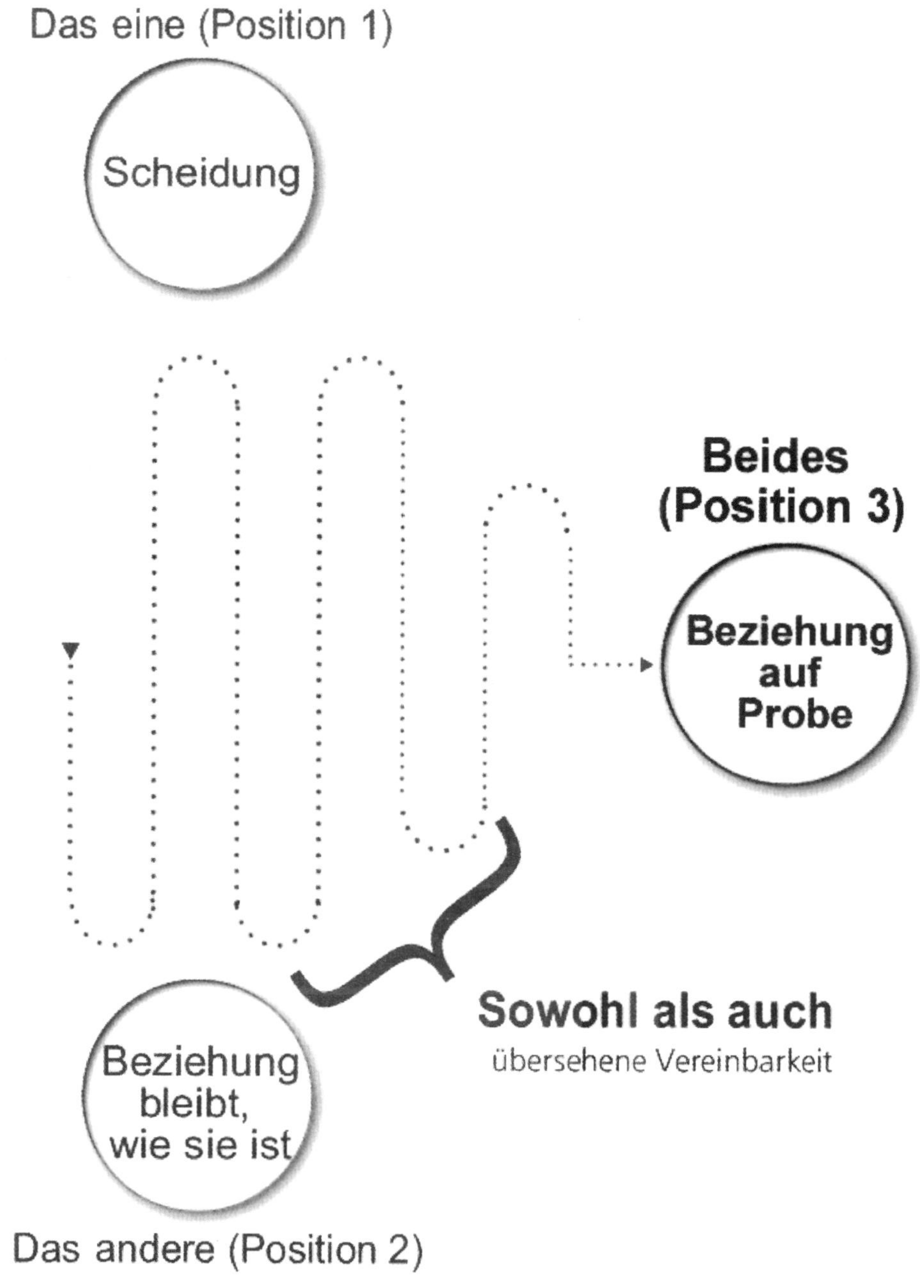

Abb. 20 Trilemma

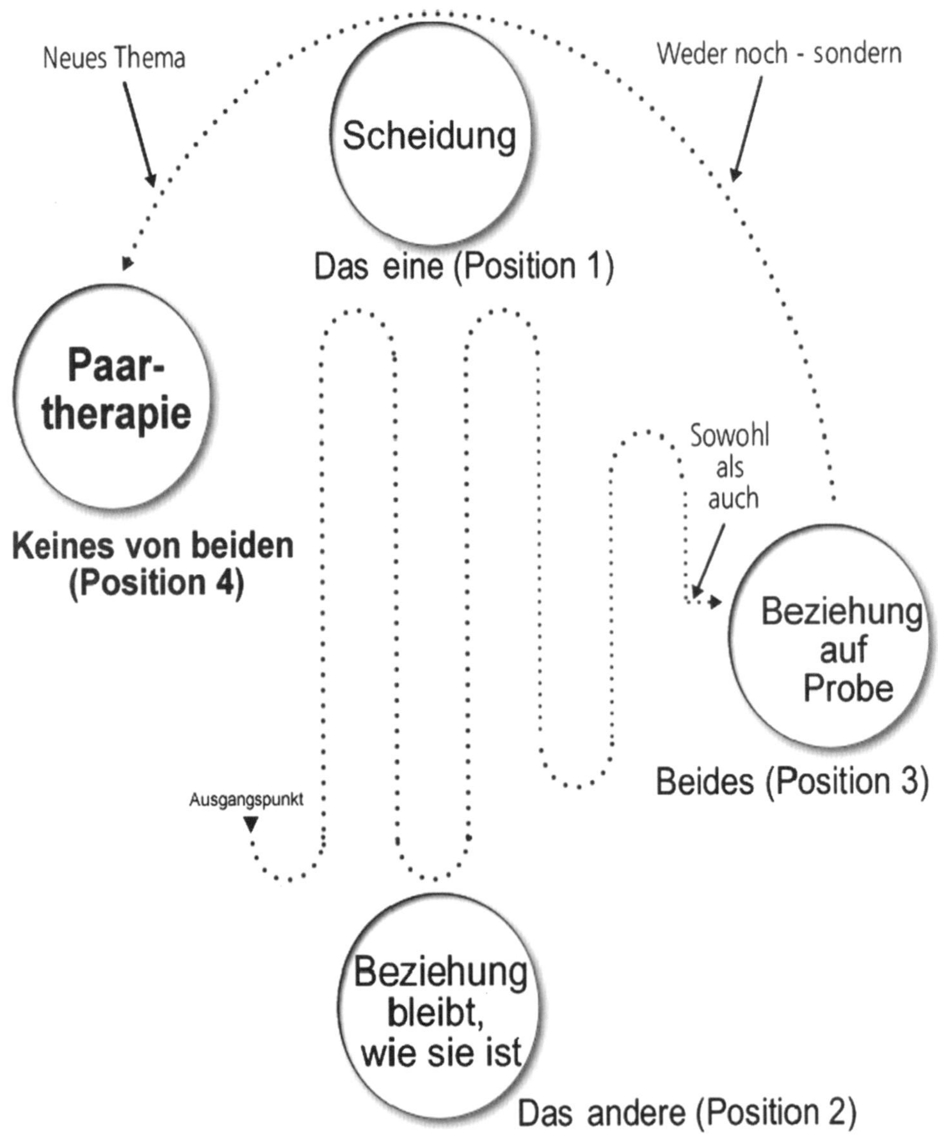

Abb. 21 Tretralemma

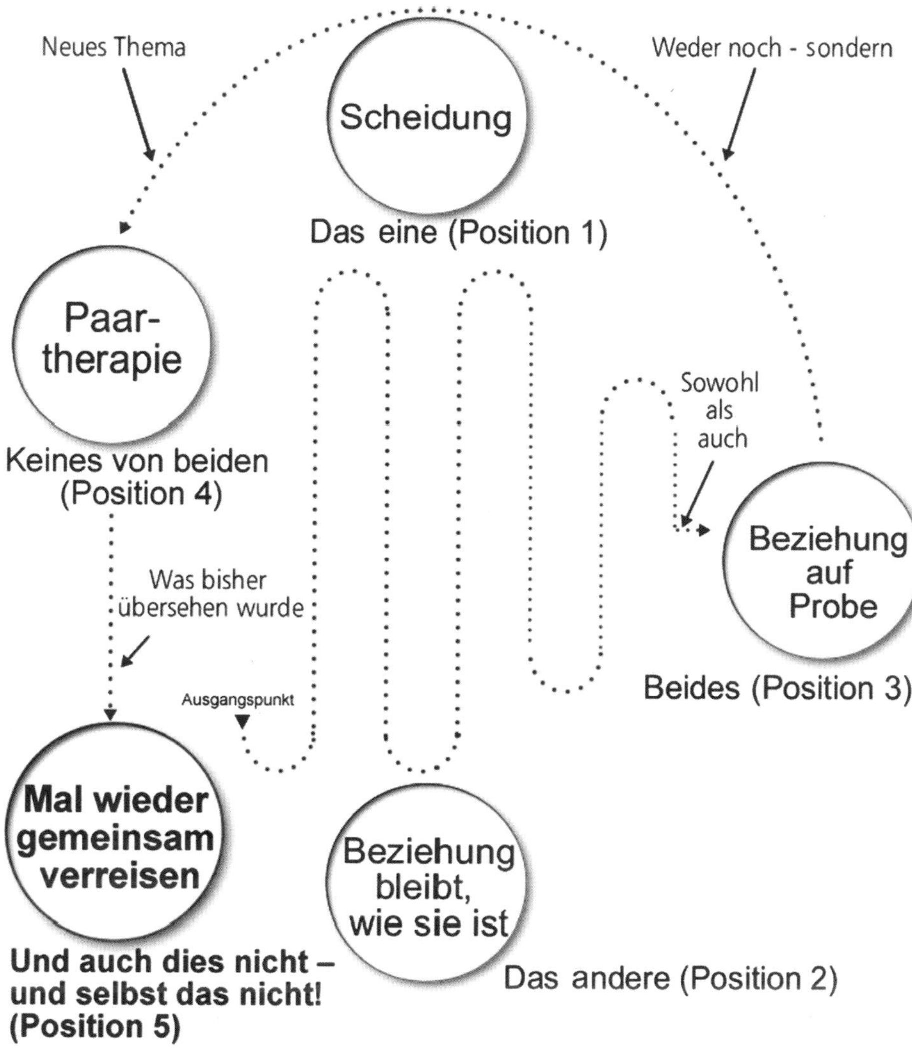

Abb. 22 Erweitertes Tetralemma

Nach dem Durchlaufen der fünften Position könnte erst einmal die Wanderung zu Ende sein. Möglicherweise sind bereits neue und brauchbare Ideen und Handlungsoptionen hinsichtlich der ursprünglich empfundenen Ambivalenz entstanden. Sollte dies noch nicht der Fall sein, kann ein erneutes Betreten der einzelnen Positionen – ausgehend von der Frage, ob sich in der Beobachtung (Beschreibung, Erklärung, Bewertung) irgendetwas verändert hat – sinnvoll sein. So kann nach dem *Neuen* gesucht werden, das die erste Tetralemma-Wanderung bereits produziert hat: Was entsteht an Ideen, Gedanken, Gefühlen und Körperempfindungen bei einem erneuten Hineinversetzen in das eine und in das andere. Was hat sich verändert? Was entsteht an Ideen, Gedanken, Gefühlen und Körperempfindungen bei einem Kontakt aus der Position des einen mit dem anderen – und umgekehrt? Was entsteht an Ideen, Gedanken, Gefühlen und Körperempfindungen beim erneuten Durchgang durch die nächsten Positionen und jeweiliger Kontaktaufnahme mit den anderen Positionen?

Um zu erspüren, welche produktive Wirkung eine Tetralemma-Wanderung in ambivalenten Situationen haben kann, ist es sinnvoll, selbst einmal zu versuchen, eine uneindeutige, zweiwertige Situation mithilfe des Tetralemmas um die weiteren Pole zu erweitern und diese konzentriert zu durchlaufen. Unsere Erfahrungen aus Ausbildung, Weiterbildung und Lehre zeigen, dass am Ende oft ein Ergebnis steht, das mit neuen, oft unerwarteten Optionen belohnt! Aber natürlich ist das nicht *das Ende*, denn zum befreiten Aufatmen über gefundene Lösungen bleibt uns nicht viel Zeit. Nachdem sich die fünfte Position als Neues etabliert hat, wird es nicht lange dauern, und es ergibt sich wieder eine – jetzt noch unbekannte – Gegenposition. So ist das Leben, könnte man fast sagen!

Abschließend wollen wir erwähnen, dass die Idee des Tetralemmas auch eine theoretische Innovation innerhalb einer postmodernen Konzeption Sozialer Arbeit darstellt. Denn postmoderne Sozialarbeitstheorie hat es sich zur Aufgabe gemacht, die vermeintlichen Eindeutigkeiten, die sozialarbeiterische Theorien, ja wissenschaftliche Beschreibungen generell, häufig anzielen und erzeugen wollen, zu dekonstruieren. Wir lehnen uns an den bekannten französischen Philosophen Jacques Derrida (1972) an, um zu zeigen, was für uns → Dekonstruktion bedeutet:

!

Unter Dekonstruktion

verstehen wir das Aufblenden und Aktualisieren der Ambivalenzen, die sich hinter den Eindeutigkeiten verbergen.

Der *Dekonstrukteur* hält, wie es Dirk Baecker (2004, S. 14) hinsichtlich einer möglichen soziologischen Grundhaltung formuliert,

> „jede Eindeutigkeit für einen Fehler". Denn „[e]s gibt eigentlich nichts, was [... er ...] nicht sofort als ambivalent betrachten könnte" (ebd.).

Mit Dietmar Kamper (1999) sehen wir diese Stufe der Ambivalenzreflexion als eine erste Stufe, als *erste Dekonstruktion* an. Diese offenbart uns die strikte Zweideutigkeit der Phänomene. Nun lässt sich noch eine *zweite Dekonstruktion* realisieren (vgl. ebd., S. 101), die „die Auflösung der strikten Ambivalenz" (ebd.) erlaubt – ohne jedoch bei einer vereinfachten Eindeutigkeit, bei der Ausblendung von Polen der Ambivalenz zu landen. Eine solche zweite Dekonstruktion geht *erstens* von dem Wissen aus, dass

> „die Geschichte des Entweder/Oder zu Ende ist und daß in einer Phase des Übergangs der Ruck vom Sowohl/Als auch zum Weder/Noch geleistet werden muß" (ebd.).

Zweitens interessiert sich eine solche Dekonstruktion für die verborgenen Werte jenseits der beiden Pole einer Ambivalenz, also sozusagen für die ‘dritten Wege'.

Diese zweite Dekonstruktion ist Konstruktion, ist das „Hören auf die Wiederkehr des ausgeschlossenen Dritten“ (ebd., S. 107).

Wir denken, es ist schnell ersichtlich, dass das Tetralemma-Modell *eine* Möglichkeit darstellt, sich von der ersten zur zweiten Dekonstruktion zu bewegen. Während die Ambivalenzreflexion als *erste Dekonstruktion* die Zweideutigkeit der Phänomene aktualisiert, ermöglicht eine *zweite Dekonstruktion* – beispielsweise als Tetralemma-Wanderung – das Konstruieren und Finden von *kognitiven*, *emotionalen* und *aktionalen* (handlungsorientierten) Möglichkeiten mit dem Ziel, Ambivalenzen als kreative Impulsgeber für produktives und angemessenes Handeln zu nutzen (vgl. ausführlich Abbildung 23).

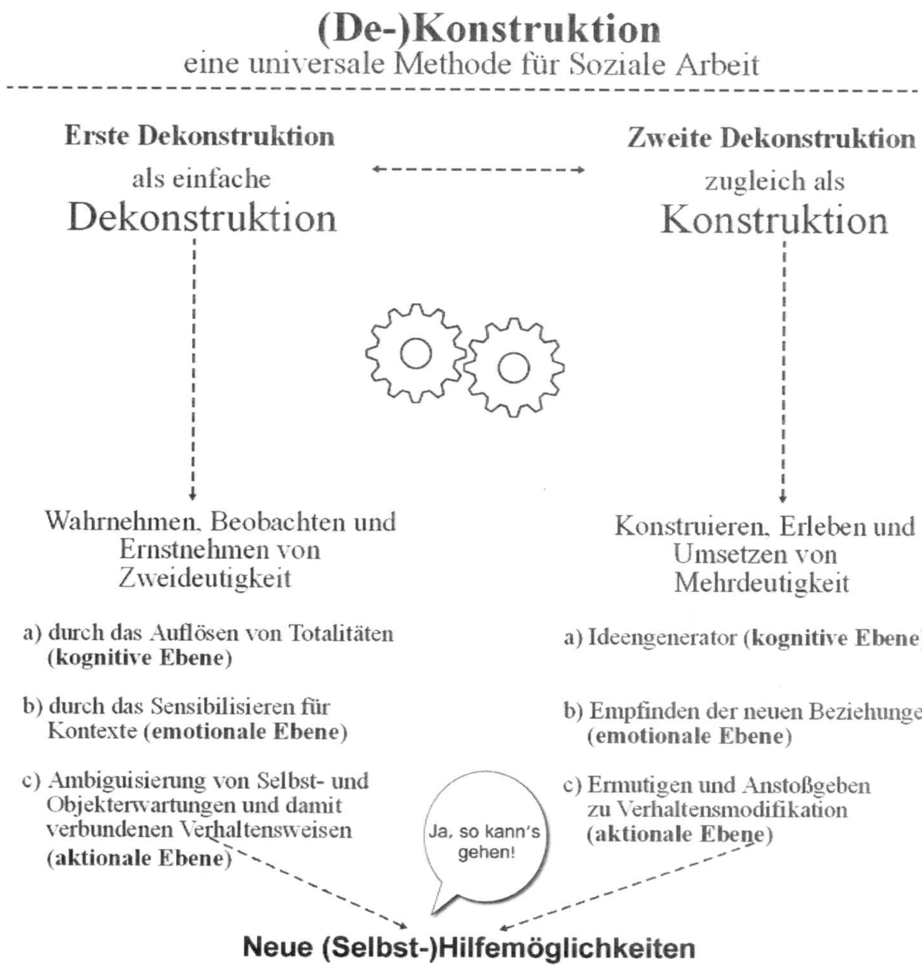

Abb. 23 Dekonstruktion als universale Methode in der Sozialen Arbeit

Damit wären wir nun schon am Ausgang unserer Einführung angelangt. Im Sinne eines – wie immer nur vorläufigen – Abschlusses unserer Arbeit gilt es festzuhalten: *Ambivalenzen sind natürlich selbst ambivalent.* Ambivalenzen sind einerseits zwar wie das Salz in der Suppe des sozialen Lebens. Ohne es würde alles gleich fad schmecken. Wir sind auf Ambivalenzen zwingend angewiesen, um unser Verhältnis zu unserer komplexen Umwelt zu ordnen und uns selbst zu reflektieren. Diese beobachteten Verhältnisse müssen eingeschätzt und begutachtet werden, um daraus Handlungsimpulse zu gewinnen und um so an unsere Umwelt angepasst zu bleiben. Ambivalenzen bilden eine Art Betriebsspannung im System, und sie sind der postmoderne Motor für unsere kognitive Wandlungsfähigkeit in einer sich immer schneller verändernden Gesellschaft. Auch in der Sozialen Arbeit müssen wir permanent mit ihnen umgehen, z. B. die Lebensführung unserer Klienten als hilfsbedürftig/ nicht hilfsbedürftig oder gesund/nicht gesund für uns oder brauchbar/nicht brauchbar einschätzen und gemeinsam mit ihnen und/oder im Team diese Ambivalenzen ausdiskutieren und bewerten. Wir müssen z. B. auch fähig bleiben in unserer Arbeit, das Minimum zu bestimmen und zu bewerten, das uns allen für ein wahrhaft menschliches Leben notwendig ist, eben weil uns der Mensch bzw. das Individuum als Umwelt des Sozialen unzugänglich erscheint. Dies bleibt eine unserer wichtigsten und komplexesten Aufgaben, bei der uns nur wenig Hilfe von außen zur Verfügung steht – der nur theoriepolitisch interessante Bezug von Sozialarbeitstheorien auf abstrakte Menschenrechte hat in der praktischen Sozialen Arbeit so gut wie keinen Nutzen – wie auch? Bei welcher Instanz sollen wir diese denn für unsere Klienten einfordern? Eine interessante Alternative bzw. ein vielversprechender Ersatz für *abstrakte* Menschenrechte könnte vielleicht der universalistische *human capability approach* des Nobelpreisträgers Amartya Sen bieten (vgl. bezogen auf Pädagogik: Otto/Ziegler 2008), doch liegt dieser Diskurs weit am Rande unserer einführenden Absichten und hier gemachten Erörterungen.

Andererseits können Ambivalenzen auch wie Sand in unserem Getriebe wirken – sie bremsen uns oder nötigen uns, innezuhalten, zu stoppen in dem, was wir tun. Im schlechtesten Fall – der unbewussten Ambivalenz – führen sie zu einer Art ratlosen Unentschiedenheit während des Hilfeprozesses und zu dessen Verschleppung mit der Hoffnung auf eine andere Lösung, z. B. von außen. Oder – nur wenig besser – die Ambivalenz produziert wie etwa im Dilemma eine Versuch-macht-klug-Mentalität, da ja – mathematisch gesehen – eine 50-prozentige Erfolgswahrscheinlichkeit besteht – egal, was man eigentlich tut.

Davor möchten wir natürlich warnen, aber in einem grundsätzlichen – und das heißt immer: Philosophischen – Sinne können wir dies nicht ändern. Auch die Ambivalenz der Ambivalenz ist – und gerade für trainierte Querdenker – unhintergehbar. Was wir aber insbesondere als Sozialarbeiter/-pädagogen tun können und sollten, ist, nicht vor diesen Ambivalenzen wegzulaufen, sondern sich ihnen methodisch und dialogisch zu stellen. Wenn wir der Ambivalenz der Sozialen Arbeit, ja der menschlichen Lebensführung überhaupt, offen in die Augen schauen und uns gemeinsam die Zeit nehmen, um uns selbstkritisch zu prüfen, ob denn der sich gerade anbietende Weg für uns wirklich der richtige ist, dann werden Ambivalenzen für uns so hilfreich sein wie Leuchttürme auf schwierigen Routen durch immer unübersichtlicher werdende soziale Felder. Aber bitte vergessen Sie eines dabei nicht: Die Landkarte ist *nicht* das Gebiet.

Weiterführende Literatur

Aufstellungen

Philipp, Wilfried de (2006): Systemaufstellungen im Einzelsetting. Platz lassen, Raum geben. Heidelberg: Carl-Auer-Systeme

Rosselet, Claude; Senoner, Georg; Lingg, Henriette K. (2007): Management Constellations – Mit Systemaufstellungen Komplexität managen. Stuttgart: Klett-Cotta

Sparrer, Insa (2006): Wunder, Lösung und System. Lösungsfokussierte systemische Strukturaufstellungen für Therapie und Organisationsberatung. 4. Aufl. Heidelberg: Carl-Auer-Verlag

Varga von Kibéd, Matthias; Sparrer, Insa (2005): Ganz im Gegenteil. Tetralemmaarbeit und andere Grundformen systemischer Strukturaufstellungen – für Querdenker und solche, die es werden wollen. 5., überarb. Aufl. Heidelberg: Carl-Auer Verlag

Werkstattnotizen

JVW: „Das Erleben des Erlebens von Aufstellenden ist zweifelsohne beeindruckend. Kritisch wurde früher zuweilen eingewendet, dass die konkrete Wirksamkeit von Aufstellungen zweifelhaft und der Mehrwert begrenzt ist, da es sich immer nur um 'snap shots' (Schnappschüsse) von sozialen Systemen handeln könne. Nun, wie wir alle wissen, verändern sich aber Beziehungen und deren Interpretationen permanent, sind in Bewegung. Folge ich dem, erfährt die Meinung von Dirk Baecker, dass eine Aufstellung eine Kopie des sozialen Systems sei, eine starke Einschränkung in Bezug auf die Lebensdauer und Gültigkeit dieser Kopie. Mit anderen Worten: Ist Aufstellung nicht viel eher einem Fußabdruck am Meeresstrand – von dem man wiederum versucht, einen Abdruck zu machen – vergleichbar, der in den nächsten heranwogenden Wellen des unbekannten Ozeans des sozialen Lebens langsam und unwiderruflich verschwindet?"

HK: „Ja, du sprichst sehr wichtige und interessante Themen an: Die Wirksamkeit von Aufstellungen, aber auch die Erklärung ihrer Funktionsweise. Aus eigenem Erleben des Erlebens in Aufstellungen (als Beobachter, als Teilnehmer und als Aufstellungsleiter) bin ich selbst immer wieder überrascht, dass und wie Aufstellungen gelingen, nämlich so, dass die präsentierten Symptome und Probleme mit bzw. nach der Aufstellung verschwinden. Wir haben hier ein Phänomen vor uns, das wir uns noch nicht so genau erklären können – zumindest nicht mit unseren begrenzten abendländischen wissenschaftlichen Möglichkeiten. Und wenn man Dirk Baeckers Aufsatz liest, so ist man hinterher auch nicht viel schlauer. Denn er sagt ja eigentlich nichts anderes, als dass Aufstellungen – wie du schon angedeutet hast – Kopien von Originalsystemen sind und dass es in diesen Kopien zu Prozessen der Selbstähnlichkeit, zu einer fraktalen Logik kommt. Aber was erklärt das? ... Meine Hypothese ist, dass Aufstellungen deshalb wirksam sind, weil sie die drei relevanten Systemebenen, die uns Menschen äußerst stark prägen, gleichermaßen intensiv ansprechen: Das Körperliche, das Psychische und das Soziale. Aufstellungen bieten eine massive Dreifachintervention, und deshalb – so meine These – sind sie so verstörend. Welche Erfahrungen hast du mit diesem Erleben des Erlebens eigentlich gemacht? Und wie fruchtbar erscheint dir – mal unter uns gesagt – unser Vorschlag, sie verstärkt auch in der Lehre und Praxis der Sozialen Arbeit einzusetzen?"

JVW: „Meine Erfahrungen sind – wie sollte es anders sein (schmunzelt) – ambivalent. Vor über zehn Jahren habe ich mal als Klient das erste Mal an einer Familienaufstellung teilgenommen. Dies erforderte meinen ganzen Mut, und es war für mich beeindruckend. Als ich die Wirkungen später für mich analysierte, stellte ich fest, dass ein ganz befreiendes und unglaubliches Erlebnis für mich war, wie meine Sicht auf die Familie, aber auch auf anderes, faktisch vor meinen Augen in Bewegung kam. Andererseits fühlte ich mich doch recht abhängig vom Therapeuten. Aber das habe ich später bei vielen anderen Interventionen, z. B. im NLP, ganz ähnlich erlebt! Ich denke heute im Rückblick, dass es eine ganz wichtige Erfahrung für mich war, faktisch zu erleben, dass die Dinge nicht so sind, wie sie sind, sondern in Bewegung, in Schwingung sind und ganz stark abhängen von der jeweiligen Interpretation, von ihrer subjektiven Konstruktion. Das hat mir viel Kraft und Selbstklarheit gegeben.

Heute schaue ich als lehrender systemischer Sozialarbeiter auf Aufstellungen und meine, dass diese eine konkurrenzlose, einzigartige Möglichkeit darstellen, soziale Systeme zu veranschaulichen. Und dies dreidimensional, wie du gerade mit Bezug auf die Systemarten gesagt hast. In der Praxis fehlt Sozialpädagogen und Sozialarbeitern vielleicht manchmal der Mut. Zu Recht, schließlich übernimmt man beim Einsatz der Methode in jedem Fall eine Verantwortung für die Wirkung. Da hilft nur Kompetenzaufbau. In der Lehre wissenschaftlicher Sozialer Arbeit stehen wir noch am Anfang. Aber den Bereich kennst du ja viel besser, schließlich bist du ja der 'Urheber'. Es gilt hier, und da denke ich, sind wir einer Meinung, viele Erfahrungen zu sammeln und methodisch auszuwerten, um zu sehen, unter welchen Bedingungen 'Aufstellungen' größtmöglichen Sinn machen. Und natürlich sollten sie eingesetzt werden! Denn es gilt ja noch zu bedenken, dass außer soziale Systeme wie Familien, Paare und Teams (Organisationen) auch Probleme (z. B. der Lebensführung), Projekte (Diplomarbeiten) oder Visionen (Karriereplanung) aufgestellt werden können, und – bei entsprechendem Vorlauf – auch wissenschaftliche Theorien. Interessant ist nun natürlich die Frage aus der Sozialarbeitspraxis, wie man personale Voraussetzungen für erfolgreiche Aufstellungen zu berücksichtigen hat, wie wir also z. B. reflexionsunvertraute Probanden dort abholen können, wo sie stehen, um mal dies und das aufzustellen."

HK: „Gerade mit, wie du sagst, 'reflexionsunvertrauten Personen' habe ich hinsichtlich der Nutzung von Aufstellungen sehr gute Erfahrungen gemacht. Mir scheint es fast so, dass Menschen, die eher fern von sozialwissenschaftlichen Paradigmen stehen, eine schnellere und zum Teil auch größere Bereitschaft zeigen, Aufstellungen zu nutzen. Auch Studierende lassen sich schnell auf die Erfahrungen ein, die Aufstellungen bieten. Inzwischen führe ich in die systemische Sichtweise mit unterschiedlichen Formen von Aufstellungen ein. Denn so wird das sicht- und spürbar, was eine zentrale systemische Idee ist: Dass unsere Gedanken und Gefühle, unsere Körperreaktionen und, ja, selbst unsere vermeintlichen festen Eigenschaften nichts anderes sind als Variablen in systemischen Zusammenhängen, in Konstellationen von welchen biologischen, psychischen oder sozialen Anordnungen auch immer."

JVW: „Das klingt interessant und weckt vielleicht Forderungen nach einen breiteren Einsatz in der Sozialen Arbeit. Mit 'reflexionsunvertrauten' Leuten meine ich natürlich und erst recht die Leute, die es schwer haben heutzutage, die bereits jetzt Überflüssigen oder von ständiger Exklusion bedrohten alltäglichen Klienten der Sozialen Arbeit wie sozial unangepasst lebende Leute, Behinderte auf Dauer, chronisch Kranke, Langzeitarbeitslose, Wohnungslose oder Hauptschüler und Schuldistanzierte. Wie sind da deine Erfahrungen ausgefallen z. B. im Gegensatz zu den gut gebildeten Studierenden in deinen Seminaren? Welche Unterschiede gab es da?"

HK: „Gerade mit solchen Menschen, also mit den klassischen Klienten Sozialer Arbeit habe ich gute Erfahrungen mit der Aufstellungsmethode gemacht. Ich habe bereits während meiner Zeit als Familienhelfer mit Aufstellungen gearbeitet, und zwar mit kleinen Figuren; das klappte vortrefflich. Da ich nebenberuflich als Berater und Supervisor tätig bin und in diesem Zusammenhang erst kürzlich eine

Klientin mit Hilfe der Aufstellungsmethode beraten habe, kann ich nur meine diesbezügliche Erfahrung bekräftigen: Solche erfahrungsorientierten Methoden verstärken die Intensität der Arbeit und wirken sehr nachhaltig. Freilich sind erfahrene Berater nötig, die es verstehen, dieses Verfahren passend zu nutzen.“

Lerneinheit VII

ZWÖLF THESEN
zur Genese der Sozialarbeitswissenschaft aus der Gestalt der Sozialarbeitspraxis

VII. ZWÖLF THESEN zur Genese der Sozialarbeitswissenschaft aus der Gestalt der Sozialarbeitspraxis

Theoretisch zwischen den Stühlen zu sitzen,
ist der der Praxis einzig angemessene Platz.

Ausgangsthesen

Erste These

Die Konsolidierung einer Sozialarbeitswissenschaft ist für die hochschulische (ausbildungsbezogene), professionelle und wissenschaftliche Weiterentwicklung der Sozialen Arbeit sowohl an den Fachhochschulen als auch an den Universitäten von ausschlaggebender Bedeutung.

Zweite These

Sowohl aufgrund der Heterogenität des allgemeinen Berufsfeldes als auch aufgrund der Heterogenität der konkreten Handlungsfelder der Sozialen Arbeit, sprich wegen des doppelten Generalismus' Sozialer Arbeit" (vgl. Kleve 2000, S. 94 ff.), ist es nicht möglich, Sozialarbeitswissenschaft im klassisch-modernen Sinne als „Leitwissenschaft" oder als eine „Zentraltheorie" zu konzipieren – alle Versuche, die dies bisher anstrebten, können als gescheitert gelten.

Dritte These

Ausgehend von der Sozialarbeitspraxis – der Profession Sozialer Arbeit – lässt sich analysieren, wie eine Sozialarbeitswissenschaft dennoch konzipierbar ist, nämlich als transdisziplinäre (Zwischen-)Disziplin.

Vierte These

Die Suche der Sozialen Arbeit nach einer klassischen, eindeutigen Identität führt zu einer andauernden Identitätskrise. Wenn wir die Perspektive jedoch ändern und von der Pluralität sozialen Lebens und der Komplexität der Probleme der Lebensführung und ihrer Lösungen ausgehen, wird die Ambivalenz und die immanente Mehrdeutigkeit der Sozialen Arbeit offensichtlich bzw. evident.

Thesen zur Sozialarbeitsprofession

Fünfte These

Sozialarbeit ist eine innovative Zwischenprofession, die *erstens* zwischen Individuum und Gesellschaft, *zweitens* zwischen den verschiedenen gesellschaftlichen Funktionssystemen, *drittens* zwischen den klassischen Professionen liegt, *viertens* zwischen verschiedenen im Widerstreit liegenden Orientierungssystemen und Diskursarten vermittelt und *fünftens* lösungsorientiert Übergänge zwischen verschiedenen Methoden schafft.

Sechste These

Sozialarbeit beschäftigt sich als Zwischenprofession mit jenen Problemen, die von den klassischen Professionen nicht, nicht mehr oder noch nicht aufgegriffen werden. Daher ist sie mit unauflösbaren Ambivalenzen konfrontiert, und zwar *erstens* hinsichtlich der von ihr zu bearbeitenden Probleme, *zweitens* hinsichtlich der von ihr einzunehmenden Perspektiven, *drittens* hinsichtlich der auf sie ausgerichteten Erwartungen und *viertens* hinsichtlich der von ihr produzierten Lösungen.

Siebente These

Als Zwischenprofession fällt es der Sozialarbeit ausgesprochen schwer, für sich einen Ort eindeutiger und dauerhafter Identität zu finden, mit anderen Worten: Eine moderne Identität zu konstruieren. Vielmehr scheint daher die Identität der Sozialarbeit eine Relation zu sein: Sie ist dynamisch, multipel, ambivalent und flüssig. Diese relationale Identität generiert ein Patchwork von unterschiedlichen Handlungstheorien und regeneriert sich aus diesen heraus. Im Klartext gesprochen: Ihre Identität ist postmodern.

Thesen zur Sozialarbeitswissenschaft

Achte These

Genauso heterogen und vielfältig wie die Profession der Sozialen Arbeit muss sich eine wissenschaftliche Disziplin Soziale Arbeit verstehen, denn es ist die mitunter hoch paradoxe Lebens-Praxis, der die Theorie zu dienen hat. Eine solche Disziplin läge demnach zwischen den traditionellen disziplinären Grenzen, ihr Markenzeichen wäre mithin die Ambivalenz von Möglichkeit und Notwendigkeit, zwischen den unterschiedlichen disziplinären Perspektiven zu kreuzen, überzugehen und zu navigieren.

Neunte These

Im Gegensatz zu den klassischen und spezialisierten wissenschaftlichen Disziplinen interessiert sich eine Sozialarbeitswissenschaft nicht für eine weitere Ausdifferenzierung des sozialwissenschaftlichen Gegenstandsbereiches, sondern sie hat die Frage im Blick, wie das breit gestreute Spezialwissen auf die Reflexion von Problemen der Lebensführung und deren sozialarbeiterische Lösung fokussiert werden kann.

Zehnte These

Sozialarbeitswissenschaft ist als eine transdisziplinäre Wissenschaft konzipierbar, die *erstens* die Verbindungslinien ihrer heterogenen Bezugswissenschaften herausarbeitet, mithin deren Disziplingrenzen überwindet, *zweitens* zwischen den Bezugswissenschaften driftet und *drittens* zwischen ihr und der Praxis neue, vielversprechende Verbindungen zulässt.

Wissenschaftspolitische Anregungen

Elfte These

Die Etablierung einer – notwendig transdisziplinären – Sozialarbeitswissenschaft ist nicht so sehr ein wissenschaftstheoretisches, sondern vielmehr ein wissenschaftspolitisches Problem, das von gesellschaftlich dominierenden Leitbildern und dem Ausgang politischer Diskurse abhängt.

Zwölfte These

Um den transdisziplinären Gehalt der Sozialarbeitswissenschaft zu institutionalisieren, müssten an Fachhochschulen und Universitäten Lehrstühle für Sozialarbeitswissenschaft eingerichtet werden, die endlich auf den seit langem bekannten Koordinations-, Moderations- und Vermittlungsbedarf bezüglich der unterschiedlichen Perspektiven auf Soziale Arbeit reagieren und – diese Entwicklung methodisch-systematisch abstützend – Theorie-Supervisionen und Theorie-Mediationen oder ähnliche Theorie-Praxis-Verbindungen einrichten.

Werkstattnotizen

JVW: „Zum Schluss möchte ich dich ein letztes Mal zu einer kleinen dialektischen Wanderung einladen. Ich finde unsere Thesen so weit gut – sie sind für mich sozusagen der 'state of the art' postmoderner Sozialarbeit. Mit ihnen ist die Soziale Arbeit weiterhin sehr gut für die Zukunft gerüstet. Mir schien jedoch während der letzten Zeit aus verschiedenen wissenschaftlichen Richtungen ein kritischer Gegenwind entgegenzukommen, der z. B. das Verhältnis von systemischem Arbeiten und der engagierten Bearbeitung von konkreten Problemen der Lebensführung betrifft. Ich denke hier zum Beispiel an eine Kritik von Eric Mührel, der der systemischen Sozialarbeitstheorie das Etikett, ich glaube, Theorie des Disengagements oder so ähnlich gibt. Ich halte das für eine fragwürdige Übertreibung in Bezug auf einen Ansatz, der sich zugegeben die Hilfe zur Selbsthilfe ganz oben auf die Agenda geschrieben hat. Aber mal Hand aufs Herz: Kann es sein, dass es erhebliche Defizite in der systemischen Denke und Praxis gibt, die damit zu tun haben, dass zu wenig Wissen über die universalen und konkreten Probleme der Lebensführung in diesem so stark den Prozess betonenden Ansatz zirkuliert? Ich meine Informationen und wissenschaftlich gesicherte Erfahrungen über gesunde Lebensführung, Kenntnisse über Haushaltsführung, Handreichungen zur Alltagstrukturierung und zum Weiterqualifizieren, Kenntnisse zur Erhöhung der politischen Partizipation, zum Umgang mit Erziehungsproblemen usw. Wenn der Kern der Lebensführung die Aufrechterhaltung eines subjektiv zufriedenstellenden Zustandes von Unabhängigkeit und Einbindung zwischen Individuum und – wie wir gezeigt haben – teils ganz unterschiedlichen gesellschaftlichen Systemen sein könnte, muss es dann im systemischen Ansatz nicht auch mehr konkretes, transdisziplinäres Wissen darüber geben – Wissen, das von systemischen Sozialarbeitern an die Klienten weitergegeben werden kann, zumal der Bedarf offensichtlich ist? Wird mit anderen Worten vielleicht doch zu viel – systemisch – darauf spekuliert, dass diese sich schon allein zurechtfinden werden?"

HK: „Ja, hier stimme ich – einerseits – zu. Ich sehe dafür allerdings nicht so sehr die Theorie in der Verantwortung, sondern die Empirie. Die Lebenslagen- oder Lebensführungsforschung hat viel nachzuholen. Andererseits vermute ich, dass wir – zumindest implizit – sehr viel Wissen über so genannte 'gesunde Lebensführung' haben. Und wir müssen aufpassen, dass aus solchen Begrifflichkeiten nicht wieder normative Vorstellungen werden, die wir als SozialarbeiterInnen anderen kontrollierend vorschreiben sollen oder wollen. Das Spektrum der Möglichkeiten ist im Menschlichen, im Individuellen und Sozialen, so groß, dass es eher passend ist, sich für die Vielfalt zu öffnen und für die Ermöglichung dieser Vielfalt zu streiten. Hier könnte ich sogar Soziale Arbeit als eine Menschenrechtsprofession sehen: Als Verteidigerin der Pluralität menschlicher Lebensweisen. Ich denke diesbezüglich etwa an eine Forschung, die eine Studierende gerade in ihrer Bachelorarbeit vorgestellt hat. Dort geht es um die scheinbar so existenzielle Kategorie von Mann und Frau. Sie hat Personen interviewt, die sich als Transgender bezeichnen und sich eben nicht eindeutig einordnen können: Diese Menschen sind sowohl Mann als auch Frau bzw. weder das eine noch das andere. Unser abendländisches Denken erlaubt uns kaum, so etwas zu akzeptieren; wir sind immer noch in einer Entweder-oder-Logik gefangen. Mich interessieren vor allem Forschungen, die sich mit der Frage beschäftigen, wie es Menschen ergeht, die sich unseren klaren Schemata entziehen, die sich nicht eindeutig – in welchen Kategorien auch immer – zuordnen können. Hier könnte man sagen, dass es darum geht, gesellschaftliche Inklusion zu ermöglichen trotz lebensweltlicher Differenz und Diversität."

JVW: „Einverstanden. Tja, ich glaube, wir sind jetzt leider ans Ende unseres gemeinsamen Projektes gekommen, aus dem ich für die Zukunft sehr viele wichtige Erfahrungen für mich mitnehme. Ich danke dir sehr herzlich für die Einladung und super Zusammenarbeit mit dir und wünsche allen Lesern eine anregende und kurzweilige Lektüre."

HK: „Auch ich danke dir sehr für die äußerst konstruktive Zusammenarbeit. Ohne dich wäre die Didaktisierung des Buches, sein Charakter als Lehrbuch der Praxis der Sozialarbeitswissenschaft niemals so gelungen. Genossen habe ich aber vor allem den anregenden Dialog mit dir – also noch einmal: Herzlichen Dank dafür!"

INDEX

LITERATUR

Ackermann, T. (2007): Fallstricke Sozialer Arbeit. Systemtheoretische, psychoanalytische und marxistische Perspektiven. Heidelberg: Carl-Auer-Systeme.

Adorno, T. W. (1966): Negative Dialektik. Frankfurt/M.: Suhrkamp.

Ameln, F. v. (2004): Konstruktivismus. Tübingen, Basel: Francke.

Anhorn, R.; Stehr, J. (2006): 'Critical Social Work'. Zur Geschichte und zum emanzipatorischen Potenzial einer kritischen Perspektive auf die Soziale Arbeit. In: Dungs, S. u. a. (Hrsg.): Soziale Arbeit und Ethik im 21. Jahrhundert. Ein Handbuch. Leipzig: Evangelische Verlagsanstalt, S. 304–318.

Auer, D. (1998): Daß die Naturbefangenheit nicht das letzte Wort behalte. Fortschritt, Vernunft und Aufklärung. In: Auer, D.; Bonacker, T.; Müller-Doohm, S. (Hrsg.): Die Gesellschaftstheorie Adornos – Themen und Grundbegriffe. Darmstadt: Primus-Verlag, S. 21–40.

Autorenkollektiv (1989): Links-Radikalismus. Linksradikale Kräfte in den gesellschaftlichen Auseinandersetzungen. Berlin: Dietz.

Bach, R. (1989): Neuer Aufbruch? Jugendbewegungen in den Ländern des Kapitals. Berlin: Dietz.

Baecker, D. (1994): Soziale Hilfe als Funktionssystem der Gesellschaft. In: Zeitschrift für Soziologie, Heft 2, S. 93–110.

Baecker, D. (2004): Wozu Soziologie. Berlin: Kadmos.

Baecker, D. (2007): Therapie für Erwachsene: Zur Dramaturgie der Strukturaufstellung. In: Groth, T.; Stey, G. (Hrsg.): Potenziale der Organisationsaufstellung: Innovative Ideen und Anwendungsbereiche. Heidelberg: Carl Auer Verlag, S. 14–31.

Bango, J. (2001): Sozialarbeitswissenschaft heute. Wissen, Bezugswissenschaften und Grundbegriffe. Stuttgart: Lucius & Lucius (UTB).

Bandler, R.; Grinder, J. (1982): Reframing. Ein ökologischer Ansatz in der Psychotherapie (NLP). Paderborn: Junfermann.

Baraldi, C.; Corsi, G.; Esposito, E. (1997): GLU – Glossar zu Niklas Luhmanns Theorie sozialer Systeme. Frankfurt/a. M.: Suhrkamp.

Bardmann, Th. M. (1996): Eigenschaftslosigkeit als Eigenschaft. Sozialarbeit im Lichte der Kybernetik des Heinz von Foerster. In: ders.; Hansen, S.: Die Kybernetik der Sozialarbeit. Ein Theorieangebot. Aachen: Kersting, S. 15–33.

Baron, R.; Landwehr, R. (1989): Zum Wandel beruflicher Identität – der Verlust bürgerlichen Selbstbewußtseins in der sozialen Arbeit. In: Olk, T.; Otto, H.-U. (Hrsg.): Soziale Dienste im Wandel 2. Entwürfe sozialpädagogischen Handelns. Neuwied/Frankfurt/M.: Luchterhand, S. 139–164.

Bateson, G. (1979): Geist und Natur. Eine notwendige Einheit. Frankfurt/M.: Suhrkamp (1982).

Bauman, Z. (1989; 2002): Dialektik der Ordnung. Die Moderne und der Holocaust. Hamburg: Europäische Verlagsanstalt.

Bauman, Z. (1991; 1995): Moderne und Ambivalenz. Das Ende der Eindeutigkeit. Frankfurt/M.: Fischer.

Beck, U. (1997): Eigenes Leben. Skizzen zu einer biographischen Gesellschaftsanalyse. In: ders.; Erdmann Ziegler, U.; Rautert, T.: eigenes Leben. Ausflüge in die unbekannte Gesellschaft, in der wir leben. München: C. H. Beck, S. 9–20.

Becker, S. (Hrsg.) (1995): Helfen statt Heilen. Beiträge der 1. Fachtagung des Vereins für Psychoanalytische Sozialarbeit Berlin und Brandenburg e. V. Ernst Federn zum 80. Geburtstag. Gießen: psychosozial.

Berger, P. L.; Luckmann, T. (1966; 1969): Die gesellschaftliche Konstruktion der Wirklichkeit. Eine Theorie der Wissenssoziologie. Frankfurt/M.: Suhrkamp.

Berndt, H. (1999): Pathos und Appell. Zum moralischen Rüstzeug der frühen Sozialarbeit, dargestellt an Alice Salomon. In: Pantuck, P.; Vyslouzil, M. (Hrsg.): Die moralische Profession. Menschenrechte & Ethik in der Sozialarbeit. St. Pölten: SozAKTIV, S. 25–48.

Beyer, W. (1989): Gespräch über Dialektik der Aufklärung (Anstatt eines Nachwortes). In: Horkheimer, M.; Adorno, T. W. (1947/1969): Dialektik der Aufklärung. Philosophische Fragmente. Leipzig: Reclam (1989), S. 284–314.

Bommes, M.; Scherr, A. (2000): Soziologie der Sozialen Arbeit. Eine Einführung in Formen und Funktionen organisierter Hilfe. Weinheim/München: Juventa.

Boock, P.-J. (1998): Das Aufbauen der Heimkampagne. In: Kunstreich, T.: Grundkurs Soziale Arbeit. Sieben Blicke auf Geschichte und Gegenwart Sozialer Arbeit, Band II. Hamburg: Agentur des Rauhen Hauses, S. 92–94.

Boszormenyi-Nagy, I.; Spark, G. (1973; 2001): Unsichtbare Bindungen. Die Dynamik familiärer Systeme. Stuttgart: Klett-Cotta.

Braun, K.-H.; Wetzel, K. (2006): Soziale Arbeit in der Schule. München: Ernst Reinhard.

Budde, W.; Früchtel, F.; Hinte, W. (2006): Sozialraumorientierung. Wege zu einer veränderten Praxis. Wiesbaden: VS.

Castaneda, C. (1972; 1976): Reise nach Ixtlan. Die Lehre des Don Juan. Frankfurt/M.: Fischer.

Cues, N. v. (1440; 2006): Von der Wissenschaft des Nichtwissens. DB Schüler-Bibliothek: Philosophie, S. 5432.

Derrida, J. (1972; 1986): Positionen. Graz/Wien: Passagen.

Deutsche Gesellschaft für Sozialarbeit (2005): Kerncurriculum Soziale Arbeit/Sozialarbeitswissenschaft für Bachelor- und Masterstudiengänge in Sozialer Arbeit. http://www.dgsinfo.de/pdf/Kerncurriculim.pdf [19.01.2006].

Deutscher Verein für öffentliche und private Fürsorge (2007): Fachlexikon der sozialen Arbeit. 6. Aufl., Baden-Baden: Nomos.

Eberhard, K. (1999): Einführung in die Erkenntnis- und Wissenschaftstheorie. Stuttgart: Kohlhammer.

Effinger, H. (2003): „Willst du erkennen, so lerne zu handeln". Zur Bedeutung berufsbezogenen Handelns in der Ausbildungssupervision. In: Sozialmagazin, 11, S. 14–22.

Effinger, H. (2005): Wissen, was man tut und tun, was man weiß. Die Entwicklung von Handlungskompetenzen im Studium der Sozialen Arbeit. In: Blätter der Wohlfahrtspflege, Heft 6, S. 223–228.

Eggemann, M.; Hering, S. (Hrsg.) (1999): Wegbereiterinnen der modernen Sozialarbeit. Texte und Biographien zur Entwicklung der Wohlfahrtspflege. München/Weinheim: Juventa.

Engelke, E. (1992): Soziale Arbeit als Wissenschaft. Eine Orientierung. Freiburg/Br.: Lambertus.

Engelke, E. (1998): Theorien der Sozialen Arbeit. Eine Einführung. Freiburg/Br.: Lambertus.

Engelke, E. (2003): Die Wissenschaft Soziale Arbeit. Werdegang und Grundlagen. Freiburg/Br.: Lambertus.

Erath, P. (2006): Sozialarbeitswissenschaft. Eine Einführung. Stuttgart: Kohlhammer.

Federn, E. (1995): Einige Bemerkungen zur Bedeutung des Helfens. In: Becker, S. (Hrsg.): Helfen statt Heilen. Beiträge der 1. Fachtagung des Vereins für Psychoanalytische Sozialarbeit Berlin und Brandenburg e. V. Ernst Federn zum 80. Geburtstag. Gießen: edition psychosozial, S. 23–26.

Finger-Trescher, U. (1984; 2005): Psychoanalytische Sozialarbeit. In: Otto, H.-U./Thiersch, H. (Hrsg.): Handbuch Sozialarbeit, Sozialpädagogik. 3. Aufl. München: Reinhardt, S. 1454–1461.

Foerster, H. v. (1981): Das Konstruieren einer Wirklichkeit. In: Watzlawick, P. (Hrsg.): Die erfundene Wirklichkeit. Wie wissen wir, was wir zu wissen glauben? Beiträge zum Konstruktivismus. München: Piper, S. 39–60.

Foerster, H. v.; Pörksen, B. (1998; 2003): Wahrheit ist die Erfindung eines Lügners: Gespräche für Skeptiker. 5. Aufl., Heidelberg: Carl-Auer-Systeme.

Foerster, H. v. (1999): Sicht und Einsicht. Versuche einer operativen Erkenntnistheorie. Heidelberg: Carl-Auer-Systeme.

Foucault, M. (1975; 1976): Überwachen und Strafen. Die Geburt des Gefängnisses. Frankfurt/M.: Suhrkamp.

Freud, S. (1912; 1999): Zur Dynamik der Übertragung. In: ders.: Gesammelte Werke. Band VIII. Werke aus den Jahren 1909–1913. Frankfurt/M.: Fischer, S. 363–374.

Freud, S. (1938; 1999): Abriss der Psychoanalyse. In: ders.: Gesammelte Werke. Band XVII. Schriften aus dem Nachlaß. 1892–1938. Frankfurt/M.: Fischer, S. 63–138.

Früchtel, F.; Budde, W. (2006): Jugend in Berlin. Tagung der Berliner Jugendhilfe am 30./31.05. 2006. Tagungsflyer.

Früchtel, F.; Cyprian, G.; Budde, W. (2007b): Sozialer Raum und Soziale Arbeit. Textbook: Methoden und Techniken. Wiesbaden: VS.

Fuchs, P. (1992): Die Erreichbarkeit der Gesellschaft. Zur Konstruktion und Imagination gesellschaftlicher Einheit. Frankfurt/M.: Suhrkamp.

Fuchs, P. (1999): Liebe, Sex und solche Sachen. Zur Konstruktion moderner Intimsysteme. Konstanz: UVK.

Fuchs, P. (2001): Mehr Theorie, mehr Spielräume. Vom Selbstverständlichen im Umgang mit Menschen (Teil VII): Ein Nachwort ohne große Gerechtigkeitsansprüche. In: die tageszeitung, 15.05.2001, S. 13.

Gaarder, J. (1991): Sofies Welt. Roman über die Geschichte der Philosophie. München/Wien: Hanser.

Galuske, M. (1998): Methoden in der Sozialen Arbeit. Weinheim: Juventa.

Gergen, K.J. (1999; 2002): Konstruierte Wirklichkeiten. Eine Hinführung zum sozialen Konstruktionismus. Stuttgart: Kohlhammer.

Giesecke, M.; Rappe-Giesecke, K. (1997): Supervision als Medium kommunikativer Sozialforschung. Frankfurt/M.: Suhrkamp.

Gillich, S. (2007): Sozialraumorientierung in der Jugendhilfe. Der Nahraum ist der Ort des alltäglichen Lebens junger Menschen. In: Blätter der Wohlfahrtspflege, Heft 5/2007, S. 167–169.

Glasersfeld, E. v. (1981): Einführung in den radikalen Konstruktivismus. In: Watzlawick, P. (Hrsg.): Die erfundene Wirklichkeit. Wie wissen wir, was wir zu wissen glauben? Beiträge zum Konstruktivismus. München: Piper, S. 16–38.

Glasersfeld, E. v. (1995; 1997): Radikaler Konstruktivismus – Ideen, Ergebnisse, Probleme. Frankfurt/a. M.: Suhrkamp.

Glasersfeld, E. v. (1999): Wie wir uns erfinden. Eine Autobiographie des radikalen Konstruktivismus. Heidelberg: Carl-Auer-Systeme.

Glinka, H. J. (2001; 2005): Biografie. In: Thiersch, H.; Otto, H.-U. (Hrsg.): Handbuch Sozialarbeit/Sozialpädagogik. 3. Aufl., Neuwied [u. a.]: Luchterhand, S. 207–220.

Göppner, H.-J.; Hämäläinen, J. (2004): Die Debatte um Sozialarbeitswissenschaft. Auf der Suche nach Elementen für eine Programmatik. Freiburg/Br.: Lambertus.

Goeschel, D. (2002): Psychodrama. In: Fachlexikon der sozialen Arbeit. Frankfurt/M.: Deutscher Verein für öffentliche und private Fürsorge, S. 736–737.

Gottschlag, J.; Wolter, G. (1988): Jugendlexikon Wissenschaftlicher Kommunismus. Leipzig: Bibliographisches Institut.

Grunwald, K.; Thiersch, H. (2001): Lebensweltorientierung: Zur Entwicklung des Konzepts Lebensweltorientierte Soziale Arbeit. In: Otto, H.-U. u. a. (Hrsg.): Handbuch der Sozialarbeit/Sozialpädagogik. Neuwied/Kriftel: Luchterhand, S. 1136–1148.

Habermas, J. (1981): Theorie des kommunikativen Handelns. Insb. Band 2: Zur Kritik der funktionalistischen Vernunft. Frankfurt/M.: Suhrkamp.

Hackewitz, W. v. (1993): Zum Verhältnis von Psychoanalyse und Sozialarbeit. In: Büttner, Ch. (Hrsg.): Psychoanalyse und soziale Arbeit. 2. Aufl. Mainz: Matthias-Grünewald, S. 20–28.

Haller, D.; Hinte, W.; Kummer, B. (Hrsg.) (2007): Jenseits von Tradition und Postmoderne. Sozialraumorientierung in der Schweiz, Österreich und Deutschland. Weinheim/München: Juventa.

Harmsen, T. (2004): Die Konstruktion der professionellen Identität in der Sozialen Arbeit. Theoretische Grundlagen und empirische Befunde. Heidelberg: Carl-Auer-Systeme.

Haye, B.; Kleve, H. (2003): Ausbildungssupervision und die Konstruktion der sozialarbeiterischen Berufsrolle. In: Sozialmagazin, 11, S. 23–32.

Herwig-Lempp, J. (2003): Welche Theorie braucht Soziale Arbeit? In: Sozialmagazin, Heft 2, S. 12–21.

Hildenbrand, B. (1999): Fallrekonstruktive Familienforschung. Anleitungen für die Praxis. Wiesbaden: VS.

Hildenbrand, B. (2005): Einführung in die Genogrammarbeit. Heidelberg: Carl-Auer-Systeme.

Hinte, W.; Treeß, H. (2007): Sozialraumorientierung in der Jugendhilfe. Theoretische Grundlagen, Handlungsprinzipien und Praxisbeispiele einer kooperativ-integrativen Pädagogik. Weinheim/München: Juventa.

Hörisch, J. (1998): Die Wut des Verstehens. Zur Kritik der Hermeneutik. Frankfurt/a. M.: Suhrkamp.

Hörisch, J. (2005): Theorie-Apotheke. Eine Handreichung zu den humanwissenschaftlichen Theorien der letzten fünfzig Jahre, einschließlich ihrer Risiken und Nebenwirkungen. Frankfurt/a. M.: Eichborn.

Hollstein, W. (1973): Sozialarbeit im Kapitalismus. Themen und Probleme. In: Hollstein, W.; Meinhold, M. (Hrsg.): Sozialarbeit unter kapitalistischen Produktionsbedingungen. Frankfurt/a. M.: Fischer, S. 9–43.

Hollstein, W.; Meinhold, M. (Hrsg.) (1973): Sozialarbeit unter kapitalistischen Produktionsbedingungen. Frankfurt/M.: Fischer.

Horkheimer, M. (1967): Zur Kritik der instrumentellen Vernunft. Aus den Vorträgen und Aufzeichnungen seit Kriegsende. Frankfurt/a. M.: Fischer.

Horkheimer, M. (1970; 1972): Kritische Theorie gestern und heute. In: ders.: Gesellschaft im Übergang. Aufsätze, Reden und Vorträge 1942–1970. Hrsg. von W. Brede. Frankfurt/a. M.: Fischer, S. 162–176.

Horkheimer, M./Adorno, Th. W. (1947/1969; 1989): Dialektik der Aufklärung. Philosophische Fragmente. Leipzig: Reclam.

Hosemann, W.; Geiling, W. (2005): Einführung in die systemische Soziale Arbeit. Freiburg/Br.: Lambertus.

Illich, Ivan (Hrsg.) (1977; 1979): Entmündigung durch Experten – Zur Kritik der Dienstleistungsberufe. Reinbek bei Hamburg: Rowohlt.

Illich, I. (1977; 1979): Entmündigung durch Experten. In: ders. (Hrsg.): Entmündigung durch Experten – Zur Kritik der Dienstleistungsberufe. Reinbek bei Hamburg: Rowohlt, S. 7–36.

Jensen, P. (2003): Kompetenz und Rolle der Supervisoren in der Ausbildungssupervision. In: Sozialmagazin, Heft 11, S. 33–37.

Kamper, D. (1999): Ästhetik der Abwesenheit. Die Entfernung der Körper. München: Fink.

Kant, I. (1787; 1995): Kritik der reinen Vernunft. In: ders.: Werke in sechs Bänden. Band 2, Köln: Könemann.

Kersting, H. J. (2002): Zirkelzeichen. Supervision als konstruktivistische Beratung. Aachen: Kersting.

Kessl, F.; Reutlinger, C. (Hrsg.) (2007): Sozialraum. Eine Einführung. Wiesbaden: VS.

Kleve, H. (1996/2003): Konstruktivismus und Soziale Arbeit. Die konstruktivistische Wirklichkeitsauffassung und ihre Bedeutung für die Sozialarbeit/Sozialpädagogik und Supervision. Aachen: Kersting.

Kleve, H. (1999/2007): Postmoderne Sozialarbeit. Ein systemtheoretisch-konstruktivistischer Beitrag zur Sozialarbeitswissenschaft. Wiesbaden: VS.

Kleve, H. (1999a): Soziale Arbeit und Ambivalenz. Fragmente einer Theorie postmoderner Professionalität. In: Neue Praxis, Heft 4: S. 368–382.

Kleve, H. (2000): Die Sozialarbeit ohne Eigenschaften. Fragmente einer postmodernen Professions- und Wissenschaftstheorie Sozialer Arbeit. Aachen / Freiburg/Br.: Lambertus.

Kleve, H. (2002): Differenz und Soziale Arbeit. Von Wegen im Umgang mit dem Verschiedenen. In: neue praxis, Heft 5/2002, S. 457–472.

Kleve, H. (2003a): Sozialarbeitswissenschaft, Systemtheorie und Postmoderne. Grundlegungen und Anwendungen eines Theorie- und Methodenprogramms. Freiburg/Br.: Lambertus.

Kleve, H. (2003b): Ideologie und Theorie in der Sozialen Arbeit. Zur ambivalenten Bedeutung der 68er Bewegung für die Sozialarbeit/Sozialpädagogik. In: Zeitschrift für Sozialpädagogik, Heft 3/2003, S. 315–330.

Kleve, H. (2004): Ambivalenzreflexive Theoriegenese in der Sozialen Arbeit – oder: Vom Staunen über die Selbstverständlichkeiten der anderen. In: Zeitschrift für Sozialpädagogik, Heft 3/2004, S. 286–300.

Kleve, H. (2005): Ausbildungssupervision als sozialarbeitswissenschaftliche Praxis. In: Supervision, Heft 1, S. 27–33.

Kleve, H. (2005a): Soziale Arbeit mit Familien. Ein Weg, der zu gelingendem Aufwachsen führt? Systemtheoretische Betrachtungen. In: gilde rundbrief, Heft 2/2005, S. 37–48.

Kleve, H. (2006a): Soziologische Kompetenz in der Sozialen Arbeit als Staunen über die Selbstverständlichkeiten der anderen. In: Sozialmagazin, Heft 10/2006, S. 44–51.

Kleve, H. (2006b): Die Praxis der Sozialarbeitswissenschaft. Anregungen für die Lehre und Reflexion von Theorien. In: Sozialmagazin, Heft 5/2006, S. 14–22.

Kleve, H. (2006c): Systemische Aufstellungen in der Sozialen Arbeit. Plädoyer für ein effektives Reflexions- und Interventionsinstrument. In: Soziale Arbeit, Heft 11/2006, S. 415–421.

Kleve, H. (2007): Ambivalenz, System und Erfolg. Provokationen postmoderner Sozialarbeit. Freiburg/Br.: Carl-Auer-Systeme.

Kleve, H. (2007a): Sozialraumorientierung als postmoderne Kritik an der modernen Sozialen Arbeit – ein systemtheoretischer Außenblick. In: Haller, D. u. a. (Hrsg.): Jenseits von Tradition und Postmoderne. Sozialraumorientierung in der Schweiz, Österreich und Deutschland. Weinheim/München: Juventa, S. 255–262.

Kleve, H. (2008): Sozialraumorientierung – eine neue Kapitalismuskritik in der Sozialen Arbeit, erscheint in: Spatscheck, C. u. a. (Hrsg.): Soziale Arbeit und Ökonomisierung – Was tun?! Berlin/Milow: Schibri. In Vorbereitung.

Kleve, H.; Haye, B. (2003): Ausbildungssupervision und Sozialarbeitswissenschaft. Supervision als Reflexions- und Integrationspraxis der Sozialarbeitswissenschaft. In: Standpunkt: Sozial. Hamburger Forum für Soziale Arbeit. 1, S. 86–88.

Klüsche, W. (1994): Befähigung zur Konfliktbewältigung – ein identitätsstiftendes Merkmal für SozialarbeiterInnen/SozialpädagogInnen. In: ders. (Hrsg.): Professionelle Identitäten in der Sozialarbeit/Sozialpädagogik. Anstöße, Herausforderungen und Rahmenbedingungen im Prozess der Entwicklung eines beruflichen Selbstverständnisses. Aachen: FHN: S. 75–109.

Klüsche, W. u. a. (Hrsg.) (1999): Ein Stück weitergedacht ... Beiträge zur Theorie und Wissenschaftsentwicklung der Sozialen Arbeit. Freiburg/Br.: Lambertus.

Knorr, M. (Hrsg.) (2004): Aufstellungsarbeit in sozialen und pädagogischen Berufsfeldern. Die andere Art des Helfens. Heidelberg: Carl-Auer-Systeme.

Koch, G.; Naumann, G.; Vaßen, F. (2000): Ohne Körper geht nichts. Lernen in neuen Kontexten. Berlin/Milow: Schibri.

Körner, J.; Ludwig-Körner, C. (1997): Psychoanalytische Sozialpädagogik. Eine Einführung in vier Fallgeschichten. Freiburg/Br.: Lambertus.

Kraus, B. (2005): Neutralität als professionelle methodische Haltung in der Sozialen Arbeit. Anspruch und Grenzen. In: Unsere Jugend, Heft 4/2005, S. 146–155.

Krause, D. (1998, 2005): Luhmann-Lexikon: eine Einführung in das Gesamtwerk von Niklas Luhmann. 4. Aufl. Stuttgart: Lucius & Lucius.

Kruse, J. (2004): Arbeit und Ambivalenz. Die Professionalisierung Sozialer und Informatisierter Arbeit. Bielefeld: transcript.

Kruse, J. (2006): Kritische Theorie und Soziale Arbeit. Ein Plädoyer für eine erneute Analyse gesellschaftlicher Widersprüche aus der Perspektive der frühen Kritischen Theorie. In: Dungs, S. u. a. (Hrsg.): Soziale Arbeit und Ethik im 21. Jahrhundert. Ein Handbuch. Leipzig: Evangelische Verlagsanstalt, S. 339–358.

Lindner, R. (2004): unbestimmt bestimmt. Soziale Beratung als Praxis des Nichtwissens. Heidelberg: Carl-Auer-Systeme.

Luhmann, N. (1984): Soziale Systeme. Grundriß einer allgemeinen Theorie. Frankfurt/M.: Suhrkamp.

Luhmann, N. (1988): 1968 – und was nun?. In: ders., Universität als Milieu. Bielefeld: Haux, S. 147–156.

Luhmann, N. (1990): Sozialsystem Familie. In: ders. Soziologische Aufklärung 5. Konstruktivistische Perspektiven. Opladen: Westdeutscher Verlag: S. 196–217.

Luhmann, N. (1991): Probleme der Forschung in der Soziologie. In: ders.: Universität als Milieu. Hrsg. von A. Kieserling. Bielefeld: Haux (1992), S. 69–73.

Luhmann, N. (1997): Die Gesellschaft der Gesellschaft. 2 Bände. Frankfurt/M.: Suhrkamp.

Luhmann, N. (1970; 2005): Aufsätze zur Theorie sozialer Systeme. Soziologische Aufklärung, Niklas Luhmann. Band 1, Wiesbaden: VS.

Lyotard, J.-F. (1979; 1994): Das postmoderne Wissen. Ein Bericht. Wien: Passagen.

Mannschatz, E. (1998): ... auf die Soziale Arbeit in der DDR – am Beispiel der Jugendhilfe. In: Kunstreich, T.: Grundkurs Soziale Arbeit. Sieben Blicke auf Geschichte und Gegenwart Sozialer Arbeit, Band II. Hamburg: Agentur des Rauhen Hauses, S. 209–247.

Merten, R. (1997): Autonomie der Sozialen Arbeit. Zur Funktionsbestimmung als Disziplin und Profession. Weinheim/München: Juventa.

Merten, R. (1997a): Wissenschafts*politik* als Wissenschafts*theorie* – 'Sozialarbeitswissenschaft'. In: Soziale Arbeit. Heft 9. S. 295–302.

Merten, R.; Sommerfeld, P.; Koditek, T. (1996) (Hrsg.): Sozialarbeitswissenschaft – Kontroversen und Perspektiven. Neuwied/Kriftel/Berlin: Luchterhand.

Mühlum, A. (Hrsg.) (2004): Sozialarbeitswissenschaft. Wissenschaft der Sozialen Arbeit. Freiburg/Br.: Lambertus.

Mühlum, A. (2004a): Zur Entstehungsgeschichte und Entwicklungsdynamik der Sozialarbeitswissenschaft – Einleitung. In: ders. (Hrsg.): Sozialarbeitswissenschaft – Wissenschaft der Sozialen Arbeit. Freiburg/B.: Lambertus, S. 9–26.

Mühlum, A.; Bartholomeyczik, S.; Göpel, E. (1997): Sozialarbeitswissenschaft. Pflegewissenschaft. Gesundheitswissenschaft. Freiburg/Br.: Lambertus.

Müller, B. (1995): Außensicht – Innensicht. Beiträge zu einer analytisch orientierten Sozialpädagogik. Freiburg/Br.: Lambertus.

Müller, C. W. (1999): Die Kultivierung gemischter Gefühle als sozialpädagogischer Beitrag zur Post-Moderne. Vorlesung aus Anlass des Symposiums zum 70. Geburtstag von Wilfried Gottschalch in der Technischen Universität Dresden am 9. Dezember 1999. Unveröffentlichtes Manuskript. Berlin.

Müller-Doohm, S. (1998): Noch die biographische Einzelperson ist eine soziale Kategorie. Konturen einer intellektuellen Biographie. In: Auer, D.; Bonacker, T. (Hrsg.): Die Gesellschaftstheorie Adornos – Themen und Grundbegriffe. Darmstadt: Primus-Verlag, S. 1–20.

Münch, R. (1995): Dynamik der Kommunikationsgesellschaft. Frankfurt/M.: Suhrkamp.

Münder, J. u. a. (1998): Frankfurter Lehr- und Praxiskommentar zum KJHG/SGB VIII (Stand: 01.01.1999). Münster: Votum.

Musil, R. (1930/42; 1978): Der Mann ohne Eigenschaften. Reinbek bei Hamburg: Rowohlt.

Nassehi, A. (1997): Inklusion, Exklusion – Integration, Desintegration. Die Theorie funktionaler Differenzierung und die Desintegrationsthese. In: Heitmeyer, W. (Hrsg.): Was hält die Gesellschaft zusammen? Bundesrepublik Deutschland: Auf dem Weg von der Konsens- zur Konfliktgesellschaft. Band 2. Frankfurt/M.: Suhrkamp, S. 113–148.

Nelles, W. (2005): Die Hellinger-Kontroverse. Fakten – Hintergründe – Klarstellungen. Freiburg/Br.: Herder.

Nietzsche, F. (1886; 1990): Die fröhliche Wissenschaft („la gaya scienza“). Leipzig: Reclam.

Nörenberg, M. (2007): Professionelles Nicht-Wissen. Sokratische Einredungen zur Reflexionskompetenz in der Sozialen Arbeit. Heidelberg: Carl-Auer-Systeme.

Otto, H.-U.; Ziegler, H. (Hrsg.) (2008): Capabilities – Handlungsbefähigung und Verwirklichungschancen in der Erziehungswissenschaft. Wiesbaden: VS.

Ottomeyer K.; Wieser, M. (2000): Psychodrama. In: Stumm, G.; Pritz, A. (Hrsg.): Handbuch der Psychotherapie. Wien: Springer, S. 549–550.

Pantucek, P. (2005): Materialien zu diagnostischen Verfahren. Auf: www.pantucek.com [02.10.2008].

Pauls, H. (2004): Klinische Sozialarbeit. Grundlagen und Methoden psycho-sozialer Behandlung. Weinheim/München: Juventa.

Peuckert, R. (2007): Zur aktuellen Lage der Familie. In: Ecarius, J. (Hrsg.): Handbuch Familie. Wiesbaden: VS, S. 36–56.

Popper, K. (1945/1992): Die offene Gesellschaft und ihre Feinde. Band II: Falsche Propheten: Hegel, Marx und die Folgen. Tübingen: Mohr Siebeck.

Popper, K. (1974; 2004): Ausgangspunkte. Meine intellektuelle Entwicklung. München: Piper.

Puhl, R. (Hrsg.) (1996): Sozialarbeitswissenschaft. Neue Chancen für theoriegeleitete Soziale Arbeit. Weinheim/München: Juventa.

Rapp, C. (2001; 2007): Aristoteles zur Einführung. 3., überarb. Aufl. Hamburg: Junius-Verlag.

Redeppening, M. (2008): Eine selbst erzeugte Überraschung: Zur Renaissance von Raum als Selbstbeschreibungsformel der Gesellschaft. In: Döring, J.; Thielmann, T. (Hrsg.): Spatial Turn. Das Raumparadigma in den Kultur- und Sozialwissenschaften. Bielefeld: transcript-Verlag, S. 317–340.

Rehfus, W. D. (Hrsg.) (2005): Handwörterbuch Philosophie (CD-ROM). Göttingen: Vandenhoeck und Ruprecht.

Reich, K. (2008): Zirkuläres Fragen. Systemischer Methodenpool. Auf: http://methodenpool.uni-koeln.de/uebersicht.html [20.09.2008].

Ritter, J. (Hrsg.) (1974): Historisches Wörterbuch der Philosophie. Band I-K. Basel: Schwabe.

Roedel, B. (1990; 2001): Praxis der Genogrammarbeit oder die Kunst des banalen Fragens. 4. Aufl. Dortmund: Borgmann.

Rogers, C. R. (1977; 1983): Therapeut und Klient. Grundlagen der Gesprächspsychotherapie. München: Fischer.

Roth, G. (2003): Aus Sicht des Gehirns. Frankfurt/M.: Suhrkamp.

Sachße, C. (2005): Geschichte der Sozialarbeit. In: Otto, H.-U.; Thiersch, H. (Hrsg.): Handbuch Sozialarbeit, Sozialpädagogik. 3. Aufl. München: Reinhardt, S. 670–682.

Salomon, A. (1928; 1998): Grundlegung für das Gesamtgebiet der Wohlfahrtspflege. In: Thole, W. u. a. (Hrsg.): KlassikerInnen der Sozialen Arbeit. Sozialpädagogische Texte aus zwei Jahrzehnten – ein Lesebuch. Neuwied/Kriftel: Luchterhand. S. 131–145.

Salomon, A. (1929; 1999): Die deutsche Akademie für soziale und pädagogische Frauenarbeit im Gesamtaufbau des deutschen Bildungswesens. In: Eggemann, M.; Hering, S. (Hrsg.): Wegbereiterinnen der modernen Sozialarbeit. Texte und Biographien zur Entwicklung der Wohlfahrtspflege. Weinheim/München: Juventa, S. 171–179.

Scherr, A. (2002): Soziale Probleme, Soziale Arbeit und menschliche Würde. In: Sozial Extra, H. 6, S. 35–39.

Schlötter, P. (2005): Vertraute Sprache und ihre Entdeckung. Systemaufstellungen sind kein Zufallsprodukt – der empirische Nachweis. Heidelberg: Carl-Auer-Systeme.

Schmidt, S. J. (1994): Kognitive Autonomie und soziale Orientierung. Konstruktivistische Bemerkungen zum Zusammenhang von Kognition, Kommunikation, Medien und Kultur. Frankfurt/M.: Suhrkamp.

Schoene, W. (1988): Übertragung. In: Fuchs, W. u. a. (Hrsg.): Lexikon zur Soziologie. Opladen: Westdeutscher Verlag, S. 802–803.

Schwing, R.; Fryszer, A. (2006): Systemisches Handwerk: Werkzeug für die Praxis. Göttingen: Vandenhoeck und Ruprecht.

Sennett, R. (1998; 2006): Der flexible Mensch. Die Kultur des neuen Kapitalismus. Berlin: Berlin Verlag.

Sidler, N. (2004): Sinn und Nutzen einer Sozialarbeitswissenschaft. Eine Streitschrift. Freiburg/Br.: Lambertus.

Sieferle, R. P. (2007): Karl Marx zur Einführung. Hamburg: Junius-Verlag

Simon, F. B.; Clement, U.; Stierlin, H. (1999): Die Sprache der Familientherapie. Ein Vokabular. Stuttgart: Klett-Cotta.

Sloterdijk, P. (1998): Sphären I. Blasen. Mikrosphärologie. Band I. Frankfurt/M.: Suhrkamp.

Sparrer, I. (2004): Wunder, Lösung und System. Lösungsfokussierte Systemische Strukturaufstellungen für Therapie und Organisationsberatung. Heidelberg: Carl-Auer-Systeme.

Sparrer, I. (2006): Systemische Strukturaufstellungen. Theorie und Praxis. Heidelberg: Carl-Auer-Systeme.

Spencer-Brown, G. (1969; 1997): Laws of Form. Gesetze der Form. Lübeck: Bohmeier.

Spiegel, H. v. (2004): Methodisches Handeln in der Sozialen Arbeit. München: Reinhardt.

Springer, W.; Welbrink, A. (2007): Qualifizierung für die Arbeit im Sozialraum: Alte Kompetenzen im neuen Gewand?. In: Haller, D.; Hinte, W.; Kummer, B. (Hrsg.): Jenseits von Tradition und Postmoderne. Sozialraumorientierung in der Schweiz, Österreich und Deutschland. Weinheim/München: Juventa, S. 235–246.

Stichweh, R. (1996): Professionen in der funktional differenzierten Gesellschaft. In: Combe, A./Helsper, W. (Hrsg.): Pädagogische Professionalität. Untersuchungen zum Typus pädagogischen Handelns. Frankfurt/M.: Suhrkamp, S. 49–69.

Thiersch, H. (1986): Die Erfahrung der Wirklichkeit. Perspektiven einer alltagsorientierten Sozialpädagogik. Weinheim/München: Juventa.

Thiersch, H. (1992): Lebensweltorientierte Soziale Arbeit. Aufgaben der Praxis im sozialen Wandel. Weinheim/München: Juventa.

Thiersch, H.; Grunwald, K.; Köngeter, S. (2002; 2005): Lebensweltorientierte Soziale Arbeit. In: Thole, W. (Hrsg.): Grundriss Soziale Arbeit – Ein einführendes Handbuch. 2. überarb. und aktualisierte Aufl. Wiesbaden: VS, S. 161–178.

Ulsamer, B. (2001): Das Handwerk des Familien-Stellens. Eine Einführung in die Praxis der systemischen Hellinger-Therapie. München: Goldmann.

Varga von Kibéd; M., Sparrer, I. (2005): Ganz im Gegenteil. Tetralemmaarbeit und andere Grundformen Systemischer Strukturaufstellungen – für Querdenker und solche, die es werden wollen. Heidelberg: Carl-Auer-Systeme.

Watzlawick, P. (1978): Wie wirklich ist die Wirklichkeit? Wahn – Täuschung – Verstehen. München: Piper.

Weber, G. (Hrsg.) (1997): Zweierlei Glück. Die systemische Psychotherapie Bert Hellingers. Heidelberg: Carl-Auer-Systeme.

Weber, G. (Hrsg.) (2002): Praxis der Organisationsaufstellungen. Grundlagen, Prinzipien, Anwendungsbereiche. Heidelberg: Carl-Auer-Systeme.

Weber, G.; Schmidt, G.; Simon, F. B. (2005): Aufstellungsarbeit revisied ... nach Hellinger? Mit einem Metakommentar von M. Varga von Kibéd. Heidelberg: Carl-Auer-Systeme.

Welsch, W. (Hrsg.) (1994): Wege aus der Moderne. Schlüsseltexte der Postmoderne-Diskussion. Berlin: Akademie.

Welsch, W. (1987; 2002): Unsere postmoderne Moderne. 6. Aufl., Berlin: Akademie.

Welsch, W. (1996): Vernunft. Die zeitgenössische Vernunftkritik und das Konzept der transversalen Vernunft. Frankfurt/M.: Suhrkamp.

Wendt, W. R. (Hrsg.) (1994): Sozial und wissenschaftlich arbeiten. Status und Positionen der Sozialarbeitswissenschaft. Freiburg/Br.: Lambertus.

Wernet, A. (2000): Einführung in die Interpretationstechnik der Objektiven Hermeneutik. Opladen: Leske + Budrich.

Willke, H. (2004): Einführung in das systemische Wissensmanagement. Heidelberg: Carl-Auer-Systeme.

Wittgenstein, L. (1921; 2004): Tractatus logico-philosophicus. Frankfurt/a. M.: Suhrkamp.

Wirth, J. V. (2005): Helfen in der Moderne und Postmoderne. Fragmente einer Topographie des Helfens. Heidelberg: Carl-Auer-Systeme.

Wirth, J. V. (2006): Helfen mit Kalkül – Ein dekonstruierendes Essay. In: Sozialmagazin, H. 3, S. 47–51.

Wöhrle, A. (Hrsg.) (1998): Profession und Wissenschaft Sozialer Arbeit. Positionen in einer Phase der generellen Neuverortung und Spezifika in den neuen Bundesländern. Pfaffenweiler: Centaurus.

Wolff, R. (1990): Von der Reaktion zur Prävention – zur konzeptuellen Weiterentwicklung des Kinderschutzes in Berlin. In: Rundbrief Senatsverwaltung für Frauen, Jugend und Familie 2/90: Perspektiven zum Kinderschutz in Berlin, S. 21–30.

Zima, P. V. (1989): Ideologie und Theorie. Eine Diskurskritik. Tübingen: Francke.

Zima, P. V. (1997): Moderne/Postmoderne. Gesellschaft, Philosophie, Literatur. Tübingen/Basel: Francke.

Raum für Notizen

Raum für Notizen

Raum für Notizen

Raum für Notizen

Grundlagen der Sozialen Arbeit

Band 29: Handlungsfeld Schulsozialarbeit

Profession und Qualität

Hrsg. von **Erich Hollenstein & Frank Nieslony**

2012. VIII, 300 Seiten. kt. ISBN 9783834011091. € 19,80

Dieser Band behandelt schwerpunktmäßig die – im Kontext eines modernen Bildungsverständnisses – zukünftig erforderliche Professionalisierung der Schulsozialarbeit. Damit rückt dieses Handlungsfeld der Jugendhilfe unmittelbar in den thematischen Mittelpunkt der zahlreich vorliegenden Konzepte, Analysen und Forschungsbefunde. Beginnend mit der Darstellung der Professionalisierungsentwicklung wird der aktuelle Stand justiert.

Der erste Abschnitt, „Organisation als Bedingung qualifizierter Praxis“, hebt im besonderen Maße die jugendhilfespezifischen Organisationsbedingungen hervor, ohne die Praxis und das berufliche Selbstverständnis aus den Augen zu verlieren.

Der zweite Abschnitt, „Handlungsfelder in wissenschaftlicher Orientierung“, zeigt, wie wissenschaftliche Erkenntnisse und Handlungswissen sich verzahnen müssen, um die Entwicklung der Profession Schulsozialarbeit weiter qualifizieren zu können. In einem Tandemverfahren werden durch WissenschaftlerInnen theoretische Voraussetzungen und empirische Befunde sowie die entsprechenden Praxisfelder von Praktikerinnen und Praktikern beschrieben (Themen: Gewalt an Schulen, Schulabsentismus, Genderkompetenz, Migration). Das Tandemverfahren kennzeichnet die wissenschaftliche Dimensionierung der Praxis.

Im letzten Abschnitt, „Perspektiven für eine offensive Schulsozialarbeit“, werden fachliche und fachpolitische Entwicklungsnotwendigkeiten genannt, auf Handlungskompetenzen, Qualitätsstandards und Organisationsmodelle eingegangen sowie eine offensive Schulsozialarbeit im Grundriss skizziert. In diese Handlungsoffensive sind insbesondere die Jugendhilfeträger involviert. Denn es gilt, die Praxis der Schulsozialarbeit auf neue Entwicklungen und Herausforderungen im Schulsystem einzustellen.

Band 28: Soziale Arbeit mit traumatisierten Menschen

Plädoyer für eine Psychosoziale Traumatologie

Hrsg. von **Heidrun Schulze, Ulrike Loch, Silke Birgitta Gahleitner**

2012. VI, 210 Seiten. Kt. ISBN 9783834010193. € 19,80

Fachkräfte Sozialer Arbeit arbeiten in der Praxis immer auch mit Menschen, die unter traumatischen Erlebnissen leiden; jedoch ohne dass seitens der Disziplin bisher eine grundlegende Theoriebildung Sozialer Arbeit mit traumatisierten Menschen vorgenommen wurde. Mit diesem Band in der Reihe „Grundlagen der Sozialen Arbeit“ wird ein Teil dieser Forschungslücke durch einen empirisch fundierten Beitrag zu einer psychosozialen Traumatheoriebildung geschlossen.

Für das vorliegende Buch wurden Fachkräfte aus zehn verschiedenen Handlungsfeldern Sozialer Arbeit zu ihren Erfahrungen in der professionellen Arbeit mit traumatisierten Menschen befragt. Hierzu zählen beispielsweise Fachkräfte aus der Kinder- und Jugendhilfe/Jugendwohlfahrt, Drogen- und Wohnungslosenhilfe, aus der Sozialen Arbeit mit alten Menschen, mit körperlich beeinträchtigten und psychisch erkrankten Menschen sowie aus der feministischen Frauen- und Mädchenarbeit. Intention dieser Studie – der Empirie und der darauf basierenden rekonstruktiven Theoriebildung – ist ein Beitrag zur weiteren Professionalitätsentwicklung, in der Arbeit mit traumatisierten Menschen als selbstverständliche AdressatInnengruppe Sozialer Arbeit zu leisten. Mit dieser Perspektive wird ein wertvoller Einblick in heraus leuchtende Handlungspraxen und darauf basierende professionelle Selbstverständnisse möglich.

Durch seine Ausrichtung an den aktuellen Traumatheorien und an der Praxis Sozialer Arbeit richtet sich dieser Band sowohl an PraktikerInnen als auch an ForscherInnen.

Schneider Verlag Hohengehren
Wilhelmstr. 13; D-73666 Baltmannsweiler

Band 27: Forschen in der Sozialen Arbeit

Exemplarische Antworten auf typische methodische Herausforderungen

Hrsg. von **Daniel Gredig** und **Stefan Schnurr**

2012. 210 Seiten. Kt. ISBN 9783834009593. € 19,80

In der Forschung zur Sozialen Arbeit sehen sich Forschende immer wieder methodologischen, methodischen und forschungspraktischen Herausforderungen gegenüber, bei deren Bearbeitung sie in der Methodenliteratur kaum Unterstützung finden.

Was bedeutet es für den Einsatz von Interviews, wenn die Interviewpersonen die Sprache der Forschenden als Zweit- oder Fremdsprache oder überhaupt nicht sprechen? Wie können Sichtweisen, Erfahrungen und Einschätzungen von nicht lautsprachlich kommunizierenden Personen in den Forschungsprozess einbezogen werden? Wie erreichen Forschende schwer erreichbare Untersuchungsgruppen? Wie lassen sich Projekte der international vergleichenden Forschung strukturieren, bei denen die Grenzen zwischen Gegenstand und Kontext vorab in der Regel unbekannt und offen sind? Wie lassen sich Gespräche als Daten empirischer Forschung nutzen? Wie können Forschende einen methodologisch begründeten und methodisch schlüssigen Umgang mit der Spannung zwischen methodischer Fremdheit und kategorial gelenkter Aufmerksamkeit finden?

In diesem Band in der Reihe „Grundlagen der Sozialen Arbeit" gewähren zehn Forscherinnen und Forscher aus der Schweiz, aus Deutschland, Großbritannien und den USA Einblick in ihre Forschungspraxis und zeigen auf, wie sie diese für Forschung in der Sozialen Arbeit durchaus typischen Herausforderungen angegangen haben.

Sie benennen die zentrale methodische Problemstellung, auf die ihr Beitrag Antworten anbietet, skizzieren das Forschungsprojekt, in dessen Rahmen ihre exemplarischen Lösungsangebote verortet sind, begründen und beschreiben ihr Vorgehen anschaulich und diskutieren, inwiefern sich die von ihnen gewählte Vorgehensweisen (nicht) bewährt haben und unter welchen Bedingungen und Umständen sie empfohlen werden können.

Band 26: Armut und soziale Ausgrenzung von Kindern und Jugendlichen

Problembestimmungen und Interventionsansätze

Hrsg. von **Jörg Fischer** und **Roland Merten**

2010. IV, 214 Seiten. Kt. ISBN 9783834007247. € 19,80

Armut und soziale Ausgrenzung von Kindern und Jugendlichen stehen 2010 im Mittelpunkt des Europäischen Jahres sowie im Fokus einer breiten Debatte über Chancen und Hemmnisse für das Aufwachsen junger Menschen in Deutschland. Kinder- und Jugendarmut beinhaltet als fachliche und politische Herausforderung nicht nur eine materielle Dimension, wie etwa in der Diskussion um die Angemessenheit von Regelsätzen für Hartz-IV-Empfänger deutlich wird. Vielmehr bedingen Armut und soziale Ausgrenzung auch das Problem ungleicher Chancen auf Bildung sowie Mangel an gesellschaftlicher Teilhabe und sozialer Integration.

Kinder- und Jugendarmut sind dadurch nicht nur ein wissenschaftliches, sondern auch ein politisches Problem, das unsere Gesellschaft in ihren sozialen Grundfesten herausfordert. Anhand der verschiedenen Erscheinungsformen und der daraus resultierenden Benachteiligungen werden Armut und soziale Ausgrenzung in ihrer individuellen Wirkung und gesellschaftlichen Bedeutung umfassend analysiert. Daran schließen sich Interventionsansätze von Kindergarten und Schule über die Jugendhilfe bis zur Politik auf Bundesebene und im kommunalen Raum an.

Der Sammelband spricht insofern Praktiker der Sozialen Arbeit, politische Entscheidungsträger und Wissenschaftler in dem Bemühen an, Armut und soziale Ausgrenzung in ihren schädlichen Wirkungen nicht als unabwendbares Schicksal, sondern als oberstes Ziel sozialstaatlichen Handelns wahrzunehmen.

Schneider Verlag Hohengehren
Wilhelmstr. 13; D-73666 Baltmannsweiler